国家自然科学基金面上项目

"债务负担视角下城镇居民住房选择与消费行为关系研究：理论机制与政策效应"（72174115）

▶ 姚玲珍 等／著

中国特色住房保障
理论与实践

ZHONGGUO TESE ZHUFANG BAOZHANG
LILUN YU SHIJIAN

中国财经出版传媒集团
经济科学出版社
Economic Science Press
·北京·

图书在版编目（CIP）数据

中国特色住房保障理论与实践／姚玲珍等著.
北京：经济科学出版社，2025.1. -- ISBN 978 - 7 - 5218 -
6641 - 4

Ⅰ. F299. 233. 1

中国国家版本馆 CIP 数据核字第 2025W47N96 号

责任编辑：杜　鹏　武献杰　常家凤
责任校对：齐　杰
责任印制：邱　天

中国特色住房保障理论与实践

ZHONGGUO TESE ZHUFANG BAOZHANG LILUN YU SHIJIAN

姚玲珍　等／著

经济科学出版社出版、发行　新华书店经销

社址：北京市海淀区阜成路甲 28 号　邮编：100142

编辑部电话：010 - 88191441　发行部电话：010 - 88191522

网址：www. esp. com. cn

电子邮箱：esp_bj@ 163. com

天猫网店：经济科学出版社旗舰店

网址：http：//jjkxcbs. tmall. com

固安华明印业有限公司印装

710 × 1000　16 开　16.75 印张　300000 字

2025 年 1 月第 1 版　2025 年 1 月第 1 次印刷

ISBN 978 - 7 - 5218 - 6641 - 4　定价：99.00 元

（图书出现印装问题，本社负责调换。电话：010 - 88191545）

（版权所有　侵权必究　打击盗版　举报热线：010 - 88191661

QQ：2242791300　营销中心电话：010 - 88191537

电子邮箱：dbts@ esp. com. cn）

前言

　　住房保障是政府保障中低收入阶层的基本居住需求，并以提升该群体租房、购房能力为目标的一项社会福利制度。住房保障体系的完善，关乎居民的福利水平和幸福感的提升，关乎新型城镇化战略的顺利推进，关乎中国经济的高质量发展，关乎政治稳定和社会和谐。本书从理论定位和实践总结入手，探讨具有时代特征、中国特色的住房保障体系。

　　共同富裕是社会主义的本质要求，以推进共同富裕为目标完善中国特色的住房保障体系是时代赋予的伟大课题。当前，住房保障体系建设要以扎实推进共同富裕为目标、平衡公平与效率为原则，既要发挥保障性住房的兜底作用，又要能起到促进居民消费和个体或家庭成长的发展功能。具体而言，完善的保障体系应能解决零住房支付能力家庭住房困难以提升社会经济总福利，解决租赁能力不足或有阶段性住房困难家庭住房问题以防止福利减少，同时又要能合理满足购房能力不足家庭的住房需求以避免经济福利问题。

　　世界各国的住房保障模式迥异，美国、英国、澳大利亚等国实施救济型住房保障制度；德国、新加坡等国的住房保障范围较为宽泛，采取福利型住房保障模式。公共住房在供应主体（政府与社会机构）、供应方式（出租与出售）、住房补贴提供方式（出租方与承租方）等方面均存在明显差异。但是，各国住房保障体系演变也具有一定规律性，发达国家都走过了一个从政府直接提供公共住房，发展到补贴公共住房开发商，再到补贴最终租房和购房消费者的过程。这一过程中，政府从直接提供住房，到补贴供应者，再到补贴消费者，从而实现"砖头"补贴到"人头"补贴的转变，主要手段包括提供住房、实施住房补贴、发展住房金融等。一般在住房供应绝对短缺问题解决之后，政府管理都从直接干预转为间接干预，保障面由宽变窄，方式也向房租补贴转变。

新中国成立以来，我国政府高度重视城乡居民的住房问题，一方面，不断探索并完善具有中国特色的住房保障体系，从计划经济体制下实施住房公有制和全社会住房保障到社会主义市场经济体制逐步确立过程中，伴随着住房的商品化、市场化改革，不断推进以配租和配售为主线的住房保障制度建设；另一方面，各届政府都本着尽力而为、量力而行的原则不断加大保障性住房的投资与建设。概括地说，我国住房保障的发展，在模式与体系上与我国经济体制特别是住房制度的改革相适应，在建设力度上则取决于各个时期的经济发展水平。

本书研究团队在对住房管理部门和住房保障典型城市进行深入调研的基础上梳理了中国住房保障体系的发展历程，分析了中国住房保障的实践经验及存在问题。研究发现，我国已进入加快发展保障性住房的阶段，但各城市的住房保障实践存在显著差异。在准入方面，对居民户籍要求在租赁型和出售型住房保障、特大城市和大中城市之间差异明显；住房困难标准较为统一，占各城市人均住房建筑面积的比例在28%～48%之间，但是否设定租赁型住房保障的收入标准存在严重分歧。本书将我国各城市的住房保障模式划分为四类：以重庆、黄石为代表的"租—售"递进模式、以西安、上海为代表的"租—售"并举模式、以北京为代表的"租—售—补"并举模式以及以常州为代表的全面货币化模式。

具有时代特征、中国特色的住房保障体系是系统解决居民住房问题的一揽子方案，需要聚焦我国住房发展目标、结合社会经济发展赋予住房保障的历史使命，根据居民住房需求和政府财力，并契合各地实际而设计。本书从功能定位、覆盖范围和发展模式三方面对该体系进行顶层设计，进而结合各城市特点进行住房保障体系的分类制定。

　　分析中国住房保障定位的历史演进可以发现，我国住房保障的功能定位为社会型住房保障。政府的角色，一方面是保障那些无力自行解决住房的人群，即低收入住房困难群体；另一方面是稳定工薪收入群体住房预期，在大城市加大保障性住房建设和供给，实现共同富裕，属于"市场经济体制下的社会型住房保障"。

　　从保障的广度与深度两个维度考量住房保障覆盖范围，我国城镇住房保障覆盖广度应包括行政区划内除本地农村户籍人口以外的城镇常住人口，从户籍性质看包括本地非农户籍人口、外地农村户籍人口和外地非农户籍人口。在外地户籍人口的保障中，应考虑其在户籍地已享受的住房保障（如宅基地、房改房等）以及其暂时性的居住需求特征，适当区别对待。而本地农村户籍人口属于农村住房保障覆盖范围。根据保证居民基本居住权的住房保障目标，支付能力是住房保障覆盖深度的确定依据。各城市应在其住房保障的定位下确定住房困难的标准，考虑当地住房市场状况（租金水平、房价水平），在合理的住房可支付性（即收入与住房支出的关系）设定下，推算当地当时住房保障的收入标准。因此，收入高低不是确定住房保障范围的依据；收入与房租、房价的关系，即支付能力，才是确定住房保障准入标准的设定依据。或者说，确定住房保障深度的两个标准——住房困难和经济困难并存且是相对的。

　　住房保障模式的选择，应从供求两个层面、四个维度去考虑。根据供给效率在政府与市场间界定供给主体，依据区域住房供求总量均衡程度在增量与存量间选择供给方式，考虑城市政府保障能力在实物与货币之间确定保障手段，分析住房保障需求性质在配租与配售之间抉择分配方式。保障模式设计思路上，强调以保障需求为导向，考虑城市政府保障能力和区域房地产市场供求状况，以保持商品住房市场价格平稳和不牺牲市场效率为代价，科学设计保障方式。

　　政府是住房保障的责任主体，负有建立健全并实施住房保障体系的责任。政府需坚持以人为本的基本理念，突出公共服务均等化、公民权利平等化，强化目标到位、主体到位和责任到位，把建好住房保障体系作为检验自身承担公共服务职能的重要指标。基于中国各地区的发展差异和各级政府的财政收支不同，需要按照"央地协同、分级管理、属地负责"的原则，构建财权与事权一致、责任界定清晰的中央与地方政府联合工作机制。当前阶段，尽管社会力量在政府主导下的定位为配角，但在住房供求基本均衡的城市，政府应逐步从"主导"转为"引导"，进而充分发挥社会力量的作用，特别在参与保障性住房供给和管理等领域。深化政府和社会力量在整个住房保障体系的互动，最终实现体系、供给、管理、创新四个方面的合作。

保障对象的认定包含两大基本要件：住房贫困和住房支付能力不足。我国城镇居民住房保障应以消除住房绝对贫困、缓解住房相对贫困为目标。测算表明，参照城镇居民住房租赁支付能力现状和住房消费收入比不高于 25% 的国际标准，租赁补贴对象的收入准入线约等于地区低收入标准；根据城镇居民住房购买支付能力现状和房价收入比 6 倍的国际标准，购房支持对象的收入准入线约等于地区中等收入标准。在住房价格偏高的一二类城市，可适当提高收入准入线。财产准入线则以家庭所持财产可支付该家庭 5 年的租房开支为基本思想进行设计。

保障标准分析表明，当前我国城镇住房保障水平是适度的。2018～2022 年，我国年均住房保障支出占 GDP 的比重为 0.88%（具体见本书第九章表 9 - 1），比照国际经验，当前我国城镇住房保障水平是适度的，但受供需因素影响，保障水平后续扩容的压力较大。故而建议，在宏观层面，一是继续保持我国当前城镇住房保障范围的目标边界，覆盖"符合条件"的住房困难家庭；二是按照住房困难程度，优先保障基本租赁需求，再扩展至保障购房需求，即以租赁保障为主、以产权保障为辅。在微观层面，则是对保障对象进行分类，根据契合保障对象的特征差异提供方式和程度不同的保障。对绝对住房贫困的低收入家庭，提供租赁完全保障，补足其可支付能力与市场基本租金之间的差额；对中等偏下收入的绝对住房贫困家庭，依据财政能力和城市产业升级等多重目标，提供租赁轻度保障，以略低于市场租金水平向其提供公共租赁住房或对急需引进人才提供适量货币补贴；对低收入的相对住房贫困家庭，支持其购买共有产权房；对中等偏下收入的相对住房贫困家庭，对其购买首套住房给予贴息减税等产权激励支持。

政府主导进行住房保障，能确保土地、资金、房源等住房保障要素的投入，见效快，但长期而言政府负担过重，且在一定程度上影响资源的配置效率。为使住房保障事业的持续良性发展，必须在政府主导转为政府引导的基本思想下，有效发挥政府有形之手和市场无形之手，系统设计住房保障要素筹措体系和运行机制，重塑住房保障机制的内在造血功能，多元筹措住房保障各类要素。

为确保中国住房保障体系的良好可持续运行，亟须建立现代化的住房保障管理制度。首先，完善住房保障法规。在全国层面制定法律，以明确公民的住房权利，通过法律法规搭建完整的住房保障管理运行架构。其次，完善住房保障管理的组织结构。从侧重政府主导的非市场化功能定位转变为侧重提供良好的住房保障服务与对住房资产的有效运营。最后，推进住房管理体系结构实现行政化与现代化的融合。

本书分为11章，各个章节的研究与写作分工如下：第一、第八、第九章，姚玲珍、刘霞；第二章，姚玲珍、王芳、乔贝；第三章，姚玲珍、李婧婷；第四章，姚玲珍、周千越；第五、第六章，姚玲珍、唐旭君；第七章，姚玲珍、韩国栋、冯钰；第十章，姚玲珍、乔贝；第十一章，姚玲珍、官兵、胡雨涵。全书由姚玲珍总纂、统稿。本书得到国家自然科学基金面上项目"债务负担视角下城镇居民住房选择与消费行为关系研究：理论机制与政策效应"（72174115）的资助。本书既可作为住房保障研究的参考用书，也可作为房地产经济以及社会保障相关学科专业的研究生教材。

由于知识和水平有限，缺点和错误在所难免，敬请各位同行和读者朋友提出批评意见和建议。

姚玲珍

2024 年 10 月

目录

contents

第一章 总 论

住房保障体系是否完善、住房保障运行机制是否可持续，既关乎被保障对象的福祉，又事关保障资源的高效配置和社会和谐稳定。在当前中国，更与新型城镇化战略、共同富裕和经济高质量发展密切相关。住房保障研究的重点在于阐释"谁来保障？保障谁？如何保障？"三个问题，这也是构建中国特色住房保障体系的核心。城镇住房保障和农村住房保障都是本书研究的范畴，当然首先需界定住房保障、保障性住房、住房保障体系这三个基本概念。

第一节 研究意义

一、现实意义

住房问题既是民生问题，也是发展问题①，做好住房保障更是解决住房问题的关键环节。在全面建设社会主义现代化国家、向第二个百年奋斗目标进军的新征程中，总结现有住房保障的建设经验、探索新的发展思路、建立现代化住房保障体系和可持续运行的机制，对扎实推进共同富裕、实现中国式现代化具有重要意义。

1. 建立完善的住房保障体系和可持续的住房保障运行机制有利于实现公共财政资源配置效率的最大化，切实扩大保障的覆盖范围和提高居民的福利水平。

一直以来，我国政府在住房保障方面投入的资源巨大，仅财政资金支出，

---

① 习近平. 习近平谈治国理政［M］. 北京：外文出版社，2014：193.

2011～2018 年间就基本稳定在 2 000 亿元左右。即使在力度有所下滑的 2019 年，也有 1 405 亿元①。另外，政府还积极引导社会资源投资建设保障房，形式包括银行贷款、债券和税收优惠等。但是由于地域广阔，各地经济发展水平、房地产市场供求关系、居民住房基础等差异极大，现有的保障投入还不足以有效覆盖所有的住房困难群体以及为其提供较高的保障水平。由此，和其他经济活动一样，保障性住房的投入、生产、分配与管理必须高度重视效率问题。系统地研究探寻效用更高的保障方式、效率更高的资源配置方式是实现全体人民住有所居目标的必要举措，也是推进住有宜居和共同富裕的前提要求。

2. 建立完善的住房保障体系和可持续的住房保障运行机制有助于推进新型城镇化战略的顺利实施。

党的十八大报告提出的走中国特色新型城镇化道路是中国共产党站在新的历史起点上审时度势、谋划未来，是推进中国现代化进程的重大战略选择。党的二十大报告也着重指出"推进以人为核心的新型城镇化"，其目的是造福百姓和富裕农民。近年来，我国城镇化率持续提高。截至 2023 年底，城镇人口占全国人口的比重即城镇化率为 66.16%②。我国城镇化已经进入关键发展阶段，但当前一些问题依然严峻，包括区域和城乡的发展仍然不均衡、保护与发展的矛盾凸显、青年人和新市民在大城市"住不下、融不进"等。在国内外环境发生深刻变化、社会主要矛盾出现转变和人口流动趋势呈现新特征之际，社会对高质量城镇化提出了新要求（郑筱津等，2023）。

从一些城市的实践看，住房保障对推进高质量城镇化有重要作用。建立完善的住房保障体系和可持续的住房保障运行机制、把覆盖全体常住人口的住房保障作为政府重要职责承担起来，实质也是为工业化、城镇化的顺利推进和为经济的腾飞扫清障碍。

3. 建立完善的住房保障体系和可持续的住房保障运行机制是我国经济高质量发展的重要保障。

高质量的经济发展是促进共同富裕的物质基础。研究显示，高昂的房价、不完善的住房保障体系会加大企业的商务成本，影响劳动力的流动和企业的选

---

① 郭镇，乐加栋. 保障房专题研究：中国城镇保障房、保障性租赁住房与房地产投资［R］. 广发证券，2022.

② 国务院新闻办就 2023 年国民经济运行情况举行发布会［EB/OL］.（2024－01－17）. https：//www. gov. cn/lianbo/fabu/202401/content_6926619. htm.

址（周怀康等，2013；许家云等，2022），进而损害实体经济的发展和城镇化的进程，同时还会对居民的正常消费产生强烈的挤出效应。建立完善的、可持续运行的住房保障体系，确保满足居民正常的基本住房需求，不仅可以促进商品房市场健康运行和房地产业的可持续发展，而且可通过降低企业商务成本吸引劳动力流入（郑思齐和张英杰，2013）和资本积聚（黄大志等，2013），以支持实体经济的高质量发展。

4. 建立完善的住房保障体系和可持续的住房保障运行机制，事关政治稳定和社会和谐发展。

共同富裕是物质富裕和精神富裕的统一。而住房既是物质文明的综合反映，也影响精神文明建设。研究表明，住房不仅承载生活功能和财富功能，更具有社会功能，影响着心理健康、家庭和谐、生育意愿、子女教育以及社区责任等（虞晓芬，2023）。1991 年，联合国通过的《关于获得适当住房权的第 4 号决议》从法律保障居民住房使用权、可支付性、适宜性以及公平的住房机会等方面概括了住房权的内涵。作为公民基本权利的住房权，不仅受法律保护，更是政府的责任。因而，保障居住权是政治和社会管理的重要内容。

世界上任何一个国家的政府都有责任和义务为居民提供基本的居住条件。住房保障实质是对社会经济发展成果的再次分配，是把部分财富以住房保障的形式转移到中低收入者手中，消除所有群体分享经济发展成果方面的障碍，缩小收入与财富分配的差距，化解社会不安定因素，形成稳定的政治局面。

而社会主义制度下的中国对住房保障承担更重要的目标，不仅是保障全体人民住有所居，更应保障人人平等获取与居住相链接的社会权利，并通过居住的美好促进人的全面发展，进而实现整体社会的和谐发展。

二、学术价值

本书从对选题的深刻理解到研究整体规划、理论框架设计、核心观点的提炼，都体现了学科前沿热点、理论创新与政策应用价值。总体来看，本书的学术价值主要体现在以下几个方面。

1. 探索住房保障的"中国模式"、丰富住房保障理论，为发展中国家和转型经济体的住房保障研究与住房保障体系建设树立一个重要标杆。

目前比较成熟的住房保障模式多以经济发达国家为背景，这些国家早已完成工业化、经过城镇化加速期而进入后工业化时期、城镇化成熟期。由于后发国家工业化、城镇化的环境已发生巨大变化，其构建住房保障体系所面临的问题与先发国家相比有很大不同。本书基于国际经验进行比较研究，结合中国实际，基于共同富裕理论系统提出具有中国特色的住房保障及运行机制体系，包括保障责任体系、准入与保障标准体系、供给和配置体系、要素资源投入保证体系、管理体系等，对保障边界、住房贫困的界定、保障方式优化、公共住房、共有产权制度等进行系统的理论研究。这些成果将丰富住房保障理论，也为发展中国家和转型经济体的住房保障模式研究与住房保障体系建设树立一个重要标杆。

2. 采用聚类分析方法，为中央提出的"分类保障"方针不仅提供理论依据，同时还丰富了我国住房保障体系研究的深度和内涵。

分类保障是近年来我国提出的住房保障重要思路，但对于如何实施分类保障则缺乏理论依据和具体指导，本书对我国住房保障的"分类分层"保障思想进行了深化。基于各类保障模式的适用条件，本书从供给水平、需求特征和保障能力三个层面构建住房保障模式的适用性评价指标体系。基于数据的有限性，本书对中国35个重点城市运用人均住房面积、出清周期、房价收入比、户籍人口比例和人均地方财政收入五个指标进行住房保障的聚类分析，将35个全国重点城市分为三个大类。根据每类城市在以上三方面的特征水平，设计其各自具有中国特色的住房保障模式，为中央提出的分类保障方针提供理论依据，也进一步丰富了我国住房保障体系研究的深度和内涵。

3. 定位共同富裕的研究视角，探讨住房保障与共同富裕的互动机制和实践途径，丰富对中国式现代化建设规律的研究。

经过党和人民的持续奋斗，我国已经实现了第一个百年奋斗目标，全面建成了小康社会，并迈入建设共同富裕的历史阶段。共同富裕是社会主义的本质要求，是中国式现代化的重要特征。新时期中国特色社会主义经济、社会的各项研究和实践工作都应以扎实推进共同富裕为宗旨。本书通过探讨住房保障与共同富裕的理论互动机制指出，解决零住房支付能力家庭住房困难有助于社会经济总福利的实现，解决租赁能力不足或有阶段性住房困难家庭住房问题有助于防止福利减少、合理满足购房能力不足家庭的住房需求以避免经济福利问题。同时，基于共同富裕基本原理的指导，对中国特色住房保障体系进行顶层设计，回答新时期住房保障"谁来保障？保障谁？如何保障？"的问题。本书丰富了对中国式现代化在住房保障领域建设规律的研究。

第二节 研究范围

一、基本概念

（一）住房保障

所谓住房保障，指由政府肩负起解决住房困难群体的责任，以确保社会成员住有所居（贾康和刘军民，2008；马黎明，2009；北京天则，2011）。由政府承担住房保障的责任主体，在理论、实践层面均已形成共识（杨红旭，2009；冯俊，2010）。但对于住房保障对象的界定，目前却存在较大分歧。

（1）狭义的住房保障观认为应将住房保障定位为救助性保障，主要解决最需要帮助的住房困难群体的居住问题（余凌志和屠梅曾，2007；刘琳，2009），是政府对小部分人的短暂性救济，是特定经济发展阶段下弥补住房市场失灵的办法（陈杰，2009）。

（2）广义的住房保障观认为住房保障应该面向全体社会成员，以满足其基本居住需要。依靠市场无法解决所有人，尤其是中低收入家庭的住房问题，因而政府需要对住房建设及供应、特别是低收入居民的住房提供各种方式的支持（张勇，2007；马黎明，2009；彭岩，2009；贾生华，2012）。陈淮（2009）认为，完整的住房保障应包含救助性保障、援助性保障、互助性保障以及自助性保障四个层次，各层次之间只有做到无缝对接与交叉覆盖，方能实现人人享有适当住房的目标。

（二）保障性住房

保障性住房是相对于商品性住房而言的，是具有一定社会福利性质与社会保障功能的住房，由政府直接或间接投资，以低于市场水平的价格出租或出售给低收入住房困难家庭。关于我国保障性住房的认定主要有以下两种观点。

一种观点认为，保障性住房与政策性商品住房存在区别。其中，保障性住房的供应对象、建设标准、销售价格或租金标准由政府作出限定，是具有社会保障性质的住房，包括共有产权房（含经济适用房）和公共租赁住房（含廉租房）等。政策性商品住房具有一定的商品特性，其土地供给、建设、定价机制基于市场机制，同时，政府通过给予补贴或限定价格的方式，使其具有一定的保障性功能,以满足中低收入购房者需求。如"两限房""自住型商品房"就属于政策性商品住房的范畴。

另一种观点认为,我国保障性住房包括经济适用住房、限价商品住房、廉租住房和公共租赁住房四种形式。这种观点认为,"自住型商品房"采用"限房价、竞地价"的方式建设,实质上是政府通过让渡土地和税收收益,间接供应低价住房。以北京为例,"销售均价原则上比同地段、同品质的商品住房价格低30%左右",体现了低价供应;从准入资格上看,本市户籍无房家庭、经济适用住房、限价商品住房轮候家庭优先购买,其主要面向中低收入家庭销售。根据对保障性住房性质的研究,本书认为,"自住型商品房"符合保障性住房的特征,属于保障性住房的范畴(李程伟,2014)。

本书认为,保障性住房包括配租型保障房和配售型保障房。前者指公共租赁住房(含廉租房)以及保障性租赁住房;后者重点针对住房有困难且收入不高的工薪收入群体以及城市需要引进的科技人员、教师、医护人员等,按保本微利原则配售。

(三) 住房保障体系

从词义上讲,体系(system)泛指一定范围内或同类的事物按照一定的秩序和内部联系组合而成的整体。尽管政界、学界都在普遍使用住房保障体系一词,但什么是住房保障体系?住房保障体系包含哪些内容?大量文献尚未见给出明确的界定。百度百科对我国住房保障体系的定义是:其主要包括四个部分——经济适用房、廉租房、限价房和公共租赁房。上海市则将由廉租住房、共有产权保障房、公共租赁住房、动迁安置住房组成的"四位一体,租售并举"体系作为上海住房保障体系。2021年,国务院办公厅印发《关于加快发展保障性租赁住房的意见》,首次明确了国家层面住房保障体系的顶层设计——以公租房、保障性租赁住房和共有产权住房为主体。这些理论都偏向于从供给或保障方式来定义住房保障体系。从学者们对我国住房保障体系存在的问题分析,如覆盖面不够广、保障方式单一、保障方式之间缺乏衔接、政策体系不完善、管理体系不健全等可以看出,住房保障体系不应只局限于供应体系。

本书认为,住房保障体系是指国家或政府依据法律规定,通过各种方式对中低收入家庭的住房困难问题进行扶持和救助的一系列政策措施的总和。住房保障体系实际上是国家或政府在住房领域提供的社会保障,其实质是国家利用财政手段在住房领域进行国民收入的再分配,目标在于保障中低收入家庭的基本住房权益，维护社会安定与和谐。住房保障体系的内容包括保障对象、保障水平、保障方式、供应体系、分配方式、经营管理办法、准入与退出制度等。

二、研究范围

关于研究的具体范围，本书还有两个值得讨论的问题。

（一）农村住房保障与城镇住房保障

我国实行的是土地二元体制。1982 年宪法规定，城市土地以及矿藏、水流、海域、森林、山岭、草原、荒地、滩涂等自然资源属于国家所有；除法律规定属于国家所有以外的农村和城市郊区土地、宅基地和自留地、自留山以及法律规定归集体所有的土地和森林、山岭、草原、荒地、滩涂属于集体所有。从此，我国确立了城市土地国家所有和农村土地集体所有并存的土地所有制架构。基于这样的土地制度，长期以来，农村住房保障与城镇住房保障并没有纳入同一个体系进行分析，且社会对农村住房保障的关注程度要低于城镇住房保障。在扎实推进共同富裕的历史阶段，中国社会需要实现全体人民的住有所居和宜居，故而农村与城镇住房保障理应统一于整体的保障体系之中，具有同等地位。当然，由于农村和城镇的住房条件基础不同，住房困难的表现和保障需求也不相同，故而农村住房保障与城镇住房保障各自体系的设计要具体问题具体分析。

另外，还有一个相关问题需予以明确。由于人口具有流动性，不应以户籍的不同将群体简单分属于农村住房保障或城镇住房保障体系中。农村转移劳动力就是一个特殊的群体，有广义和狭义之分。广义的理解是指从事非农产业的农民，即户籍为农村但从事非农产业的劳动者。狭义的理解特指从农村到城市进行工作性流动的农民，即指户籍关系在农村而主要在城镇从事非农产业、依靠工资收入或者经营性收入生活的外出务工人员。这些是我国改革开放以来，在工业化、城镇化以及农村人口非农化未同步发展情形下形成的独特社会群体，对中国特色城镇化发展起到了重要推动作用。据《2021 年农民工监测调查报告》显示，2021 年农民工总量已达到 2.93 亿人。其中，本地农民工 12 372 万人，外出农民工 17 190 万人，年末在城镇居住的进城农民工 13 256 万人。目前，农民工已在城镇常住人口中占有 1/4 的比重。在我国城镇化快速发展过程中，由于受到城乡分割的户籍制度影响，数量庞大的农民工及其随迁家属无法在就业、住房保障等领域享受与城镇居民相一致的基本公共服务。大量农业转移人口融入城市社会较为困难，市民化进程滞后。农民工，特别是居住于城镇的农民工，其在城镇的住房保障问题要得到特别重视。

（二）棚户区改造与住房保障

近年来，我国政府高度重视棚户区改造，把其作为住房保障的有机组成部分。但是从理论研究和现实状况看，棚户区改造和住房保障有如下区别：首先是理论基础。住房保障以社会保障为其理论基础，讲求的是社会公平。而棚户区改造是以契约精神为基础的，讲求的是交易公平。从学术研究看，这两个问题应分开进行研究。其次是政策目的。棚户区改造是国家为了改善民生，抑制房价过快上涨，解决和改善低收入群体住房困难而采取的宏观政策和重要措施。棚户区改造是协调城市布局，优化城市功能分区，促进城市更新的必要途径。而住房保障的主要目的只有一个，即改善城市低收入群体的住房困难。可见，棚户区改造虽然可能在一定程度上实现了住房保障的功能，但其政策目的更加广泛。最后是政策实施。从调研中发现，我国大多数城市的棚户区改造与住房保障的实施部门是独立设置的，两者依据的政策法规、办事程序都有明显差别。

因此，本书中的住房保障不包含棚户区改造这一特定领域。

第三节　研究思路

改革开放以来，我国住房保障经历了"提出、确立、缺位、发展、强化"五个阶段。经过多年探索，住房保障体系逐渐完善，但在快速推进住房保障的同时也暴露出一些问题：一是住房保障体系的系统性和完整性不强；二是地方政府和社会力量的积极性不高；三是保障对象与保障标准模糊，部分住房困难居民依然被排斥在外；四是各类保障方式之间缺乏无缝衔接；五是要素投入保证体系、法规体系和管理体系还不够健全等。迈入扎实推进共同富裕的新时代，原有住房保障体系更是面临新的挑战，如何聚焦解决好当前突出的大城市新市民、青年群体的住房困难问题，如何构建更高质量、更加公平、更可持续、更有效率的保障体系，是社会普遍关心的时代课题。

本书力求在深刻把握促进共同富裕的精神和实践要求下，以构建中国特色住房保障体系为核心，重点解决"谁来保障？保障谁？如何保障？"三个问题，具体研究思路如下。

一是理论基础和现实经验研究。一方面，理论是指导行动的指南。传统住房保障的理论包括社会保障理论、公平与效率理论、住房梯度消费和社会排斥理论。新时代下，共同富裕的基本原理和实践要求成为指导住房保障工作最重要的理论基础，因此，本书对共同富裕与住房保障的互动机制进行了阐述。另一方面，新的研究离不开对现有经验的总结和思考。本书通过文献阅读和调研，分析了住房保障的国际、国内实践经验和存在的不足。

二是具有时代特征、中国特色住房保障体系的顶层设计。本书聚焦我国新时代下扎实推进共同富裕的历史使命，围绕住房发展目标，结合各地居民的保障需求和地方经济、社会发展实际进行顶层设计。顶层设计基于功能定位、覆盖范围和发展模式三个方面展开，进而结合各地特点进行分类制定。

三是保障责任与实施体系。政府和社会力量是两大保障责任主体。本书明确了政府与社会力量在住房保障体系中的定位，指出不同发展阶段两大责任主体的功能应具有动态变化性，并探索和构建了两者互动合作的新方式、内容和途径。

四是保障对象研究。保障对象的认定包含两大基本要件：住房贫困和住房支付能力不足。本书基于我国居民住房贫困现状厘定保障对象准入标准；基于居民住房支付水平测定保障对象收入准入线和财产准入线；对保障对象进行分类，探讨了保障对象的受益排序问题。

五是保障标准研究。保障标准的制定在宏观上要立足于政府保障供给的能力和整体居民的保障需求水平。本书测算了近年来我国宏观层面整体和各地的住房保障水平并探讨了宏观供需因素对保障水平的影响。微观层面，本书基于保障对象的分类设计不同的保障方式和标准。

六是要素投入保障体系研究。住房保障体系的形成需要土地、资金和房源要素的支持。本书通过调研，系统梳理了我国当前对于这些要素的主要获取方式，分析其配置效率和存在的不足，并分类设计出各要素的筹措体系和运行机制。

七是法规与管理体系研究。具体包括法规体系和住房保障管理体系研究。前者是对现行的政策制度进行梳理，提出法规体系建设的主要内容，为住房保障制度提供长效的制度保障；后者是对各地住房保障管理体系进行调研，总结先进经验、分析存在的问题与原因，从多视角探讨如何建立完善的住房保障管理体系。

本书研究框架如图 1 – 1 所示。

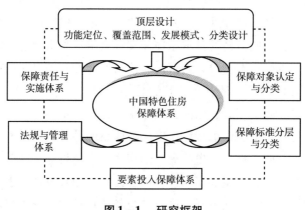

图 1 – 1　研究框架

思 考 题

1. 建立完善的住房保障体系和可持续的住房保障运行机制具有哪些现实意义？

2. 简述住房保障、保障性住房和住房保障体系的概念。

3. 农村住房保障与城镇住房保障有哪些不同（如住房困难的表现、保障需求等）？

4. 针对在城镇居住的农民工，其住房保障面临哪些问题？请举例说明。

5. 棚户区改造和住房保障有哪些区别？请简要描述。

第二章　共同富裕与住房保障的
　　　　　理论逻辑

健全住房保障体系，让更多的人享有适当的住房条件，实现全体人民住有所居，是住房领域对社会主义共同富裕理论的贯彻。共同富裕的思想起源和科学内涵，都要求以配租和配售为核心的住房保障既要消除住房绝对贫困，又要降低住房相对贫困，实现住房共同富裕。当然，以共同富裕理论推进住房保障体系建设过程中，需要关注住房梯度消费理论和社会排斥理论的应用。

第一节　共同富裕的内涵与历史演进

一、共同富裕的内涵

党的十八大以来，习近平总书记反复强调，共同富裕是中国特色社会主义的基本原则，实现共同富裕是我们党的重要使命。准确理解共同富裕的科学内涵，把握共同富裕的理论逻辑，有助于深刻掌握中国式现代化的本质要求，从而全面推进共同富裕。

（一）全民性和全面性相统一

从面向范围来看，共同富裕的主体是全民，即人人享有、各得其所，涵盖各行各业、各年龄段、各阶层的人民，而非局限于少数人、部分人。在社会主义社会，"社会生产力的发展将如此迅速……生产将以所有人的富裕为目的"①，也只有在社会主义能"广泛推行和真正支配根据科学原则进

---

① 马克思，恩格斯. 马克思恩格斯选集（第二卷）[M]. 北京：人民出版社，2012：787.

行的社会生产和分配，以便使所有劳动者过最美好、最幸福的生活"①。中国特色社会主义的本质特征和制度优越性决定，一切发展都致力于造福全体人民。

从涵盖内容来看，不能简单地将共同富裕认为是"钱包富足"，而应从物质富裕入手，扩展至精神乃至更多维度的富裕。具体而言，共同富裕是全面的富裕，是全体人民"普遍达到生活富裕富足、精神自信自强、环境宜居宜业、社会和谐和睦、公共服务普及普惠"的一种社会状态（邓泽球和李开明，2021）。

（二）共创性和共享性相统一

共同富裕的实现过程是共创富裕，需要依靠全体人民的共同努力、共同奋斗与共同创造，而不能坐享其成，不能"等、要、靠"。与此同时，共创富裕也离不开政府、市场、社会组织、全体公民的共同参与、协同发力。政府为实现共同富裕做好宏观方向的把控，提供政策支持；充分发挥市场在资源配置中的决定性作用，促进生产力不断发展；社会组织要建立起党和政府与人民群众的密切联系，调动人民群众的积极性。

共创富裕是共同富裕的起点，而共享富裕则是共同富裕的终点。习近平总书记指出："共享理念实质就是坚持以人民为中心的发展思想，体现的是逐步实现共同富裕的要求。"② 党的十八届五中全会围绕以人民为中心的发展思想，提出创新、协调、绿色、开放、共享的新发展理念，标志着共同富裕的理论从"先富论"到"共享论"的转变。

（三）阶段性和长远性相统一

共同富裕是逐步共富，既有短期、当前的阶段性成果，也有长远、未来的终极目标。一是推进共同富裕要交替进行，分阶段、分时机，不能一蹴而就，需要充分总结共同富裕推进过程中的阶段性经验，对长期性、艰巨性和复杂性的困难进行逐一有效解决；二是要将阶段性目标与长远性目标相结合，使共同富裕与社会经济发展阶段相适应，在动态发展中推进共同富裕。

① 列宁选集：第 3 卷 ［M］. 北京：人民出版社，1995：546.
② 习近平. 习近平谈治国理政（第二卷）［M］. 北京：外文出版社，2017：214.

二、共同富裕的理论逻辑

（一）共同富裕：寻求公平与效率的平衡

公平与效率的平衡是学者们长期关注的焦点问题。奥肯（2010）在《平等与效率：重大抉择》一书中指出：公平和效率都应受到重视；在两者发生冲突的场合，应当达成妥协。对于公平与效率，牺牲任何一项，必须以得到更多另一项为代价。美国哈佛大学哲学教授罗尔斯（2009）在《正义论》一书中提出了如下的公平原则："将社会及经济的不平等加以特别安排，以便使处于劣势者能获得最大的利益，并且使所有的人能获得平等的机会。"

习近平总书记提出："共同富裕是全体人民共同富裕，是人民群众物质生活和精神生活都富裕，不是少数人的富裕，也不是整齐划一的平均主义。"[①]共同富裕旨在审视和正确处理公平与效率的关系，以期实现两者的平衡。其中，"富裕"需要做大蛋糕，做大蛋糕需要发展，这就要求提高效率以促进发展；"共同"则要求注重公平，将蛋糕合理分配。需要注意的是，"共同"不等于平均，只讲效率不讲公平不符合共同富裕原则，也与社会主义的初心相背离；相应地，只求公平而不要求效率、搞平均主义也是不可取的（高培勇，2021）。因而，促进共同富裕不仅要分好蛋糕，也要做大做强蛋糕，找到一条同时兼顾效率和公平的发展路径。

（二）共同富裕：社会保障发挥兜底作用

现代社会保障理论源于福利经济学。英国经济学家庇古在《福利经济学》一书中系统阐述了福利经济学理论，他认为，具有收入再分配性质的社会保障政策可以扩大一国的"经济福利"，这是由于再分配过程中穷人得到效用的增加要大于富人效用的损失，社会总效用得以增加（庇古，1920）。他主张向富人征税补贴穷人，通过建立各种社会服务设施、住房供给、养老金、教育、失业和医疗保险等各种方式实现这一目的。20世纪30年代以后，凯恩斯主义经济学以需求管理为核心建立了社会保障经济理论，他认为社会保障对宏观经济具有积极效应。20世纪70年代，新剑桥学派主张改变分配结构，通过给低收入者补助、加强社会福利等社会保障措施以解决收入分配问题（褚超孚，

---

① 习近平. 习近平谈治国理政（第四卷）[M]. 北京：外文出版社，2022：142.

2005）。20 世纪 80 年代以后，新社会保障经济理论注重从社会保险和资本积累的关系上来论证社会保障对宏观经济均衡的影响。

当前，以保险制度、福利制度、救济制度等构成的社会保障制度在实现共同富裕中发挥兜底性作用。具体而言，社会保障是促进经济社会发展、实现广大人民群众共享改革发展成果的重要制度安排，发挥着民生保障安全网、收入分配调节器、经济运行减震器的作用（李鹏和张奇林，2024）。与此同时，在推动共同富裕的新时代，社会保障既有历史性发展机遇，也担负更大使命和角色，需要根据共同富裕的实践要求，不断丰富自身理论体系、政策体系和治理体系，推动基本公共服务均等化水平的提升和社会公平的实现。

（三）共同富裕：阶段性向上发展是关键

共同富裕是指社会全体成员享有平等的发展机会和公平的分配机会，实现全体人民共同富裕。要实现共同富裕，需要实现向上发展，即社会各阶层的生活水平都在不断提高。

社会发展是一个长期而渐进的过程。社会主义制度下的共同富裕是通过社会主义生产关系的建立和发展来实现的。社会主义制度以生产资料公有制和按劳分配原则为基础，通过不断发展生产力，实现社会财富的增加，从而为全体人民提供更多的物质财富和发展机会。实现共同富裕的过程中要求阶段性实现向上发展。这意味着要通过一定的阶段性目标和措施，逐步提高全体人民的生活水平、缩小贫富差距、增加社会公平和正义。只有实现向上发展，才能让每个人都能够分享社会发展的成果、实现共同富裕的目标。

同理，实现住房领域共同富裕的关键在于让不同消费能力的住房困难群体有充分选择经济可承受、效用最大化、相对体面居住条件的权利，并为居民提供向上流动的通道，即提供多种改善居住条件的房屋类型或居住方式（虞晓芬，2023）。

三、共同富裕的历史演进

（一）共同富裕的起源

自春秋战国时期起，共同富裕的思想便流淌于中华民族的历史长河之中。从最早《礼记·礼运》中提出"大同"思想，到封建君主制时期反对剥削制度的"均贫富"口号，再到近代孙中山"三民主义"中蕴含的"大同主义"，都是中华民族对"天下大同"的美好向往。

（二）共同富裕的探索

自李大钊、陈独秀等人将马克思主义传入中国后，无产阶级在马克思主义的指导与中国传统文化的启发下开始萌生并逐步探索共同富裕的思想内涵与实践路径。李大钊曾指出："社会主义不是让所有人都富裕或者贫困，而是要让生产、消费、分配都得到适合的发展。"[①] 在新民主主义革命时期，中国共产党团结带领农民"打土豪、分田地"，实行"耕者有其田"，从最广大群众的利益出发，推翻压迫，消灭剥削制度，实现民族独立和人民解放，为实现共同富裕打下最坚实的基础。

在社会主义革命和建设时期，我国逐步确立了社会主义的基本制度，公有制经济居于主导地位，这为我国实现共同富裕奠定了制度基础。1953 年 12 月，毛泽东首次提出"共同富裕"的概念，明确在农村党的最根本任务就是通过农业的改造使广大农民能够逐步完全摆脱贫困的状况而取得共同富裕和普遍繁荣的生活[②]。与此同时，也提出了党的根本任务是帮助农民摆脱贫困，逐步实现共同富裕。

（三）共同富裕的发展

改革开放后，邓小平同志曾指出："社会主义的本质，是解放生产力，发展生产力，消灭剥削，消除两极分化，最终达到共同富裕"，并开辟出先富带动后富的共同富裕道路，即"让一部分人、一部分地区先富起来，大原则是共同富裕。一部分地区发展快一点，带动大部分地区，这是加速发展、达到共同富裕的捷径"[③]。为了早日实现全体人民的共同富裕，邓小平还创造性地提出要建立社会主义市场经济体制，为中国经济发展注入新活力，也为实现共同富裕奠定了物质基础和保障。这一系列的决策和论断丰富了改革开放时期共同富裕的科学内涵。

（四）共同富裕的新时代

党的十八大以来，以习近平同志为核心的党中央进一步拓宽共同富裕思

---

① 中国李大钊研究会. 李大钊全集：第 4 卷 [M]. 北京：人民出版社，2013：246.
② 毛泽东文集：第 6 卷 [M]. 北京：人民出版社，1999：437.
③ 中共中央文献编辑委员会. 邓小平文选：第 3 卷 [M]. 北京：人民出版社，1993：166.

想，构成了系统科学的理论实践体系，在新时代结合马克思主义理论与中国实际，围绕共同富裕作出了一系列深刻、全面、准确的论述，为新时代共同富裕提供了科学指南。党的二十大报告指出，中国式现代化是全体人民共同富裕的现代化。共同富裕是中国特色社会主义的本质要求，也是一个长期历史过程。

第二节　共同富裕与住房保障的互动机制

在住房领域，共同富裕意味着无论人们的经济状况如何，都有权利和机会获得适当的住房条件。近些年，随着房地产市场的持续走热，我国大部分城市的房价大幅提升。高昂的房价已经超出了普通居民的承受能力，这与"居者有其屋"的共同富裕愿景背道而驰。作为居民基本生活的基础物质条件之一，住房问题关系老百姓的切身利益，在社会发展中处于重要的战略地位。在住房商品化、市场化的过程中，更需要进一步加强和完善住房保障制度建设，为实现共同富裕夯实基础。

一、理论上：共同富裕原理在住房保障中的应用

共同富裕原理是实施住房保障政策的理论基础。中国传统文化中的"大同"等思想和马克思主义经典作家对共同富裕的论断及实践为中国共同富裕思想提供了思想渊源和理论依据。共同富裕就是全体人民通过辛勤劳动和相互帮助，最终达到丰衣足食的生活水平，也就是在消除两极分化和贫困基础上的普遍富裕。这一原理是我们进行社会主义建设、发展市场经济的理论依据，是一切行动的准则，也是住房保障政策设计的准则。为了实现共同富裕，就需要政府帮助解决市场化进程中必然会出现的中低收入阶层住房困难现象，就有必要实施积极的住房保障制度。也就是说，完善住房保障制度是实现公平、消灭剥削以及实现共同富裕的有效形式和内在要求，正是共同富裕原理在解决住房问题中的具体应用。

党的十八大报告首次提出"全面建成小康社会"，这既是"两个一百年"奋斗目标的第一步，更是走向共同富裕的阶段性具体指标。"全面建成小康社会"的核心在于"全面"，难点也在"全面"。"全面"不仅仅是指不把贫困

人口带入"十四五"规划，而且涉及居民生活质量的吃、住、行、健康等基本要素均要达到小康水平。如果居民"居无定所"或"没有相对体面的住房"，则不能算小康。在全面建成小康社会的关键时期，解决好城镇居民的住房问题首当其冲。2021年7月1日，习近平总书记宣告，经过全党全国各族人民持续奋斗，我们实现了第一个百年奋斗目标，在中华大地上全面建成了小康社会，历史性地解决了绝对贫困问题，正在意气风发向着全面建成社会主义现代化强国的第二个百年奋斗目标迈进①。

当前，新一轮保障性住房规划建设正在展开②，工作重点主要集中在大城市，特别是一二线城市。这些城市住房存在结构性供给不足，由于房价高，形成大量"夹心层"，这部分居民难以负担商品住房。加大保障性住房建设和供给、让工薪收入群体逐步实现居者有其屋，有助于更好解决"夹心层"群体住房困难、缓解广大工薪收入群体，特别是新市民、青年人住房问题。新一轮保障性住房建设标志着我国将构建政府保障基本需求、市场满足多层次住房需求、租购并举的住房制度。这也是党中央站在促进实现共同富裕和中国式现代化战略全局高度作出的重大工作部署，有利于缓解大城市住房矛盾、有力有序有效推进房地产转型和高质量发展、更好拉动投资消费、促进宏观经济持续向好（亢舒，2023）。

总之，通过住房保障政策的实施，实现住房资源的公平分配，让更多的人能够享有适当的住房条件，从而实现全体人民"住有所居"，是社会主义共同富裕理论的贯彻。

二、实践上：共同富裕与住房保障的互动机制

住房保障是迈向共同富裕的基础条件。那么，在迈向共同富裕的路径探索中，住房保障覆盖哪些人群、保障方式如何完善以及应该保障到什么程度，这些都需要在共同富裕理论的指导下对住房保障制度进行探讨与研究。

---

① 在庆祝中国共产党成立100周年大会上的讲话［EB/OL］. (2021-07-15). http://www.qstheory.cn/dukan/qs/2021-07/15/c_1127656422.htm.

② 2023年4月和7月召开的中央政治局会议、10月召开的中央金融工作会议以及12月举行的中央经济工作会议和全国住房城乡建设工作会议均对"三大工程"作出部署。"三大工程"指保障性住房、城中村改造和"平急两用"公共基础设施建设。其中，规划建设保障性住房是完善住房制度和供应体系、重构市场和保障关系的重大改革。

（一）解决零住房支付能力家庭住房困难有助于社会经济总福利的实现

在对社会经济福利的讨论中，如果个人的自我供给小于个人对国民收入的贡献，对这部分人群进行资源转移并不会在很大程度上影响国民收入（Pigou，1929）。在住房保障中，住房绝对贫困人群对国民收入的贡献本身占比较小，对其长期提供住房保障对经济福利实现的影响并不大，但对社会经济总体福利的实现却很关键。因此，公共财政支出中需为住房绝对贫困人群预留部分资金建立低租金的长租住房制度，即通过公租房为零住房支付能力家庭提供适足保障，这对迈向共同富裕过程中社会经济总福利的实现具有必要性。

（二）解决租赁能力不足或有阶段性住房困难家庭住房问题有助于防止福利减少

租赁能力不足或有阶段性住房困难的家庭具有一定的收入增长潜力，所提供的住房保障机制应以有限期的过渡性租赁保障为主。所提供的保障应以基本公共服务权益平等为基础，以不降低受益人对国民收入贡献程度为前提，使保障政策执行过程中形成的资源转移激励机制与被保障对象对国民收入的贡献协调一致。防止如果个人自我供给的部分等于个人对国民收入贡献，而对住房困难者的转移使得个人自我供给有所减少时，个人贡献等于国民收入的部分也会相应减少，从而不利于共同富裕的实现。

（三）合理满足购房能力不足家庭的住房需求以避免经济福利问题

当前住房市场供求结构发生重大变化，住房保障制度的进一步完善需统筹考虑住房供给结构和市场供给的现状，不应大量新建住房。在保障方式上需结合存量住房来满足购房能力不足的家庭，消除住房相对贫困。新一轮保障性住房建设拓展了配售型保障性住房的新思路，按照保本微利原则配售给普通工薪收入群体及引进人才。而配售型保障性住房实施封闭管理，个人不得私下交易或者上市流通。这样避免了以出售方式提供保障带来的经济福利问题，避免了违背共同富裕的初衷。

总而言之，面对多样化且不断增长的住房需求，须匹配多渠道、灵活、多样化的住房保障政策体系。同时，建立高质量的住房保障制度不仅仅是住房困难群体住房需求的静态供给保障防线，还是一种区分需求层次、对被保障对象具有激励作用、具备内生发展动力的动态保障机制。通过政府、企业和社会组织的合作与支持，提高低收入家庭的自我发展能力，使之在资源有限性与需求无限性的现实矛盾中实现资源优化配置。共同富裕与住房保障可以形成互动机制（见图 2-1），共同推动社会住房的可持续发展，实现住房共同富裕。

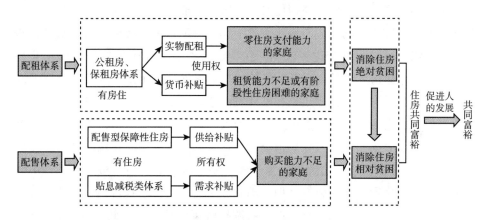

图 2-1　共同富裕与住房保障的互动机制

第三节　共同富裕与住房梯度消费理论

一、住房梯度消费理论

住房梯度消费理论以过滤论和互换论为基础。该理论认为，住宅市场的消费呈现出梯级消费规律。随着社会经济的快速发展与城市化进程的加快，购房者对住房的要求越来越高，新建住房由于品质高、户型合理、区位优越吸引着高收入阶层购买，而腾空的住房将由相对低收入家庭迁入，由此住房消费市场形成了梯级消费链。如果把住房的不同价格构成比作一座金字塔，同时把消费者不同的收入水平比作另一座金字塔，那么消费者的住房消费应该是在其中某一个相对应的住房层面上进行的（褚超孚，2005）。然而，低端住房市场通常存在着原有住房品质下降或房屋拆除等问题，而低收入家庭又难以通过自身力量去改善住房条件，造成住房梯级消费过程缓慢或中断，此时需要政府通过公共住房政策来实现住房消费公平和改善住房福利。

　　1925 年，巴基斯（Burgess）在解释芝加哥住房规划布局时最早提出"住房过滤"（filtering）一词。1997 年，麦克唐纳德（McDonald）提出了著名的"三市场过滤模型"，他将住房市场划分为低等级、中等级、高等级三个子市场，并进行了五个理论假设：一是所有住房按照消费质量高低在高等级市场、中等级市场和低等级市场中分布；二是住房消费质量等级与居民的收入呈正相关关系，即高收入者居住在高档住房内，以此类推；三是住房市场自发将不同收入水平的居民分配到相应质量的住房中，并决定合理的房价或租金水平；四是不同等级市场之间没有边界限制，在特定条件下市场中的住房可以相互替代；五是高档住房随着折旧逐渐向低等级市场过滤，直至报废拆毁。政府无论是直接投资建设保障性住房还是补贴开发商建设，都会让住房市场的正常过滤机制难以顺利运行。关于市场过滤机制与政府住房保障的关系，绝大多数学者认为住房过滤效果是建立在住房市场商品化基础之上，商品化水平越高，过滤效果越好，"在一个以住房商品化为基础的完备市场中，住房过滤顺畅，中低收入家庭的住房问题相对较轻，但并不意味着完全由市场自行调节住房供求矛盾，而是应以市场机制为主导，以政府调控政策和住房保障政策为必要补充"（解海，2013）。也就是说，在市场经济条件下，过度依赖于政府的保障来解决中低收入家庭的住房问题是较为困难的，建立并维护一个完备的、商品化的住房市场是满足全社会住房需求的基础。政府的住房保障作为市场过滤机制的补充，应致力于处于"过滤机制"之外并无法凭借自身能力在低等级市场上获得住房的人群，为其提供保障性住房满足基本住房需求，同时应尽力避免这种非市场化的干预行为对过滤机制产生影响。

二、住房梯度消费理论在实现共同富裕中的应用

　　住房消费会影响到家庭财富积累和分配，这必然与共同富裕密切相关。随着经济的不断发展，人们的生活水平不断提高，住房问题成为一个越来越重要的话题。在城市化进程中，住房是人们最为关注的问题之一，因为住房不仅仅是一个居所，更是一个家庭财富的重要组成部分。然而，城市化进程不均衡导致了住房资源的不平等分配，这使得一部分人拥有了过多的住房资源，而另一部分人却难以获得适宜的住房条件。为了解决这一问题，住房梯度消费理论被运用于此。住房梯度消费理论要求，在满足住房需求的基础上，通过不同的层次和标准来实现住房资源的合理配置，从而促进社会共同富裕。

首先，住房梯度消费理论能够促进住房资源的合理配置。在城市化进程中，住房资源的分配不均导致了住房资源的浪费和低效利用。住房梯度消费理论通过不同的层次和标准来划分住房资源的使用权，从而使得住房资源能够得到更加合理的配置。通过住房梯度消费理论可以实现住房资源的公平分配，从而促进社会共同富裕。

其次，住房梯度消费理论能够提高人们的生活质量。在城市化进程中，住房资源的分配不均导致了一些人难以获得适宜的住房条件，从而影响了他们的生活质量。住房梯度消费理论通过不同的层次和标准来划分住房资源的使用权，从而能够提高人们的生活质量。通过住房梯度消费理论可以实现住房资源的公平分配，从而使得每个人都能够获得适宜的住房条件、促进社会共同富裕。

最后，住房梯度消费理论可以促进包容性和流动性，有利于社会的和谐稳定。在城市化进程中，住房资源的分配不均可能会导致某些群体的不满情绪。住房梯度消费理论可以实现住房资源的公平分配，从而减少社会的不满情绪、促进社会共同富裕。

综上所述，住房梯度消费理论在实现共同富裕中具有重要的意义。通过住房梯度消费理论可以促进住房资源的合理配置，提高住房资源的利用效率和人们的生活质量，促进社会的和谐稳定。在我国，住房在人民生活中具有特殊地位，其数量、质量、相关配套服务以及占有与配置状况会在很大程度上影响着共同富裕目标的实现。因而在住房制度设计和住房政策实施过程中，应该充分体现共同富裕的目标和原则要求。在建立一个完备的商品化住房市场外，还应该关注新市民、青年人、老年人、多子女家庭等特定人群的住房需求。与此同时，增加可负担的住房尤其是可负担的租赁住房供应，从而不断提升我国住房市场的包容性、公平性、高效性与可持续性。

第四节　共同富裕与社会排斥理论

一、社会排斥理论

住房特征、居住区的特征不仅仅影响居民生活质量，还对居民的态度、行为、就业、子女教育等方面产生重大影响。最为典型的是位于城市中的贫民窟，简陋的住宅不仅会降低邻近房产的价值，还会容易滋生吸毒、酗酒、抢劫等犯罪问题（Weicher，1979），形成社会排斥。

社会排斥（social exclusion）起源于 20 世纪 70 年代的法国。自 1974 年法国学者勒内·勒努瓦（Rene Lenoir）首次提出"社会排斥（social exclusion）"的概念以来，其现已成为权衡社会公正和社会流动的核心概念。通常意义上的社会排斥是指个人和群体的生活方式由于受到来自社会结构的压力而发生改变，用于衡量出于社会基础性变迁以及社会的快速瓦解而带来的一系列社会问题。而现阶段最主流的含义则是指某类不幸的群体不单在劳动力市场中遭受到排斥，甚至在社会保障领域内也无法得到接纳。

社会排斥有四个关键特征：第一，集中性。社会贫困集中在城市的某些特定地区，在这些地区，弱势群体与主流社会相隔离，成为社会排斥的一部分。第二，持久性。长期面临贫困和社会剥夺的人将会面临社会排斥。第三，混合性。通过"贫困陷阱"或者由于社会服务与住房供给的质量较差强化了社会排斥的持久性。第四，僵持性。传统的政策解决方案不再有效，因为福利体系缺乏足够的灵活性进行灵敏反应（Room，1995）。

居住空间是引起社会排斥的重要原因。普遍意义上来看，居住水平往往与收入能力成正比。在不同层次的居住区之间存在着社会分层，甚至在贫民区内部也会发现社会分层现象。1995 年，李和缪里（Lee and Murie，1995）开始对住房与社会排斥之间的关系展开研究。学者巴尔与哈罗提出，每个社会都具有一类"住房供给结构"，该结构自身存在强烈的社会排斥性。进一步而言，商品住房和公共住房之间存在不同的社会排斥方式，前者进入的途径是收入和财富，低收入者只能望洋兴叹；后者的进入途径是需求和等待的能力。一般说来，在公共住房小区，低收入、低学历人群集聚，配套社会服务、社会治安差，由此形成恶性循环，从而人们进一步排斥这些弱势群体接受好的教育和为其提供更加充分的参与社会的机会，造成贫困阶层长期性贫困。

二、社会排斥理论在共同富裕中的应用

住房是人们生活的重要组成部分，也是家庭财富和社会资源的载体。然而，在当代社会，住房领域存在着各种形式的社会排斥现象，如农民工与新市民居住空间不足、居住条件简陋和环境上存在居住隔离，以及贫困人群无法获得适当的住房、单身家庭在住房领域面临不公平待遇等。这些排斥现象导致了住房资源的不公平分配，阻碍了社会的共同富裕。因此，社会排斥理论在住房

领域的应用显得尤为重要。

首先，社会排斥理论可以促使人们发现住房领域中存在的排斥问题并加以解决。宋伟轩（2011）指出，集中建设保障房将加剧中国城市居住空间的分异与隔离。陈宏胜和李志刚（2015）发现，广州保障性住房社区居民融合度低，与周边居民特别是商品房居民有较为显著的隔离情况。这种分化与隔离通过住房的邻里效应降低了人力资本与社会资本积累的可能性。社会排斥使得住房保障对象缺乏与城市主流社会的交往空间和交流机会，影响该类群体人员的社会资本积累和拓展，限制了其经济地位和社会地位的提升，这不利于共同富裕的实现。基于社会排斥理论可以发现住房领域中存在的各种不公平现象。针对这些问题，可以采取相应的措施，如实施住房保障政策、加强反歧视法律的实施、推动平等的住房政策等，从而减少住房领域中的排斥现象，促进住房资源的公平分配，推动住房领域向共同富裕的方向发展。

其次，社会排斥理论可以引导住房政策的制定和实施。基于社会排斥理论，政府和社会组织可以制定相关政策和措施来解决住房领域中的排斥问题。例如，针对贫困人群的住房排斥可以实施住房保障政策和社会救助措施，帮助他们获得适当的住房；针对少数族裔的住房排斥，可以加强反歧视法律的实施，提高他们在住房市场中的地位和权利；针对单身家庭在住房领域的不公平待遇，可以推动性别平等的住房政策，保障她们在住房领域的权利。这些政策和措施有助于减少住房领域中的排斥现象、促进住房资源的公平分配、推动住房领域向共同富裕的方向发展。

因此，在实现共同富裕的过程中应该充分理解社会排斥理论，重视新市民、青年人、农村转移劳动力、老年人等的住房问题，对其生活融入、社会融入以及政治融入加以支持与关注，可以减少其面临的社会排斥，有利于维护和增加他们的社会满足感、获得感和幸福感，也能够为共同富裕创造有利环境。韦庭学（2022）认为，如果把消除社会排斥和追求社会团结贯彻于实现共同富裕的理想之中，那么，我们所实现的将会是一个后富者活得更加舒适而先富者过得更加心安的共同富裕理想。

思　考　题

1. 如何理解共同富裕的思想起源、理论逻辑与科学内涵？

2. 如何把握共同富裕对住房保障的要求？

3. 如何理解住房梯度消费理论的内涵及其在共同富裕中的运用？请简要描述。

4. 住房梯度消费理论如何影响低收入家庭的住房品质？其对缩小贫富差距有何作用？

5. 如何理解社会排斥理论的内涵及其在共同富裕中的运用？请简要描述。

6. 社会排斥理论在住房领域的具体表现是什么？请举例说明。

第三章　住房保障的国际经验

一个国家（或地区）的住房保障模式选择，应根据该国（或地区）的政治制度、经济发展水平、文化背景、法律规范以及市场与政府的职责分配来确定，并与该国（或地区）的社会福利政策紧密相关。西方学者研究了社会福利类型与住房保障制度的匹配关系，不同的社会福利模式直接影响着住房保障制度的取向。因此，本章以艾斯平－安德森（Gosta Esping-Andersen, 2003）福利体制划分方式①为基础，分别探讨自由主义福利国家、保守合作主义福利国家和社会民主主义福利国家的住房保障实践，为我国住房保障发展提供经验借鉴。

其中，自由主义福利国家主要向贫困阶层提供住房保障，并侧重于由市场进行资源配置，典型代表有美国、新西兰等。前者是由政府建造公共住房阶段转向提供税收及金融支持阶段，重点保障低收入者和少数种族的居住权；后者则是受政党更迭的影响，已形成了多样化的住房保障体系。值得注意的是，近年来新西兰国家创造性地提出"住房连续体"概念，针对处在不同生命周期阶段的家庭提供不同类型的住房补贴。保守合作主义福利国家的住房保障不仅强调市场在住房供应中的基础性作用，还重视政府在住房保障体系中的指导性作用，代表国家有德国、法国等。德国的住房保障体系在第二次世界大战后得到了快速发展，建造了大量的福利性公共住房，但在后期逐步增加了对租房群体的补贴力度；与其他国家不同，法国的住房保障政策更关注群体的异质性，为低收入者、农村转移人口和租房群体提供住房补贴和税收减免等优惠。社会民主主义福利国家的住房保障主要通过政府配置住房资源，并且制定全方位的保障政策，以新加坡、英国为代表。

综上，大部分发达国家的住房保障体系均经历了从直接提供公共住房发展

---

① 艾斯平·安德森将福利资本主义划分为自由主义（liberal regime）、保守主义（conservative regime）以及社会民主主义体制（social democratic regime）三种福利体制。

到补贴公共住房开发商，再到补贴最终租房和购房消费者的过程，政府从直接干预转向间接干预，保障对象由住房自有者扩展至租房群体。

第一节　自由主义福利国家的住房保障

一、美国住房保障

（一）美国住房保障的发展历程

从 20 世纪 30 年代开始，美国政府就致力于解决低收入家庭的住房问题。1937 年，美国设立了最早的低收入住房项目——公共住房，这标志着美国现代住房保障制度的确立和初步发展。公共住房项目建设初期进展缓慢，随后在第二次世界大战期间被迫中断。在 1949 年颁布的《住宅法案》中，公共住房项目获得了重新启动，公共住房建设计划逐渐成为美国住房保障的核心。至50 年代末，美国住房短缺问题得到了缓解，公共住房项目随之削减，其在住房保障中的核心地位开始弱化。

20 世纪 60 年代中期起，美国大多数城市陷入财政危机，无法继续资助大规模的公共住房建设。在此情况下，政府对住房政策进行改革，新的住房补贴计划出台。1965 年和 1968 年分别推出的"房租援助计划"和"补贴住房建设计划"在一定程度上减轻了政府的财政负担。从 20 世纪 70 年代开始，美国减少直接建房，转而支持私人机构开发建设可支付住宅向低收入家庭供应（廖俊平和高堃，2007）。然而，随着低收入阶层所付房租占收入比重过大的矛盾日益突出，1974 年联邦政府通过《住房与社区发展法》终止了公共住房计划，实现住房补贴对象从住房供应者向住房需求者的转变。这种转变标志着美国住房市场结构发生了重要变化，针对低收入阶层的住房政策开始以房租补贴为主，这使得低收入阶层直接获益，住房保障体系也逐渐走向成熟。

20 世纪 80 年代以来，美国联邦政府延续以房租补贴为主的住房保障方式。1984 年，里根政府提出了"租金优惠券计划"，规定具有相关资格条件的低收入住户可以从地方政府手中领取住房优惠券。1990 年，美国政府出台了"国民可承担住宅"法案，提出充分利用现存住宅，实现住宅自有化。2002年，联邦政府首次实施"美国首付计划"，并于次年出台了《补助低收入无房户买房法案》，该法案采取对购房首付款给予直接补贴的方式来提高中低收入家庭、特别是新参加工作的年轻人的住房购买能力（姚玲珍，2009）。经历长期的发展过程，美国住房市场形成了较完善、多层次的住房保障体系。

20 世纪末开始，美国联邦政府在自有住房政策基础上融合家庭收入标准，进一步完善了住房保障政策。近年来，提高低收入和少数种族的住房自有率成为美国住房政策的重点。其中，收入融合被视为提供低收入住房的重要方式之一，而收入融合可以通过迁移计划、分散地点的公共住房等多种形式实现。其目的在于通过将低收入家庭安置在更富裕社区或将不同收入阶层的家庭集聚在同一建筑物等方式促进社会经济多元化和减少贫困集聚现象。

（二）美国住房保障的主要内容

1. 面向低收入人群的保障范围。美国政府一直以来都将"居者有其屋"作为住房保障的目标。在执行过程中，美国政府致力于满足美国居民，尤其是中低收入阶层的基本居住需求，而对高收入人群的住房需求则利用市场解决。联邦法律规定，应将解决低收入家庭的住房问题作为住房政策的落脚点和住房管理部门的主要任务，历届政府将其作为社会福利体系的重点予以关注。

例如，公共住房项目设立之初就将目标对象定位于低收入家庭。1998 年颁布的《公共住房改革法案》规定，在公共住房的所有租户中，收入低于地区平均家庭收入 30% 的家庭应在 40% 以上。与公共住房租户相似，在参与租房券项目的所有家庭中，超过 75% 为收入极低的家庭，并且很多还是老年人或残疾人。另外，在税收补贴开发项目中，大部分住房都面向低收入住户，所有项目开发的住房中超过 80% 由低收入家庭居住，只有 3% 的项目将一半以上的住房提供给高收入住户。

2. 多样化的住房保障方式。美国联邦层面的住房保障方式主要有：联邦政府直接投资的公共住房、联邦政府扶持下的私有租赁住房、税收补贴下的低收入住房以及租房券、利用金融政策缓解个人的住房资金压力。在资助规模上，租房券是目前最大的直接资助项目，而公共住房居于最后。2020 年，美国公共住房的占比仅为现有住房的 2%，在可供出租房屋中的比例为 6%。

（1）联邦政府直接投资的公共住房。公共住房是由联邦政府直接投资建设，归各地方公共住房管理局管理，但其运营成本由租户支付。在项目设立后的近 40 年里，公共住房规模逐渐扩大，并于 1994 年达到顶峰。但近年来，公共住房的建造规模已基本稳定，占政府支出的比重较低。表 3 - 1 展示了 2002 ~ 2022 年美国公共住房建造支出总额及其占 GDP 的比重。如今大部分质量较差的公共住房已被拆除，并由收入混合型①、分布较稀疏、设计标准高的住房替代，改变了以往公共住房位于极度贫困社区的局面。

表 3-1　2002~2022 年美国公共住房建造支出总额及其占 GDP 比重情况

年份	公共住房建造支出 （百万美元）	GDP 总额 （十亿美元）	占 GDP 的比重 （%）
2002	5 264	10 929.11	0.048
2003	5 216	11 456.45	0.045
2004	5 508	12 217.20	0.045
2005	5 608	13 039.20	0.043
2006	6 083	13 815.58	0.044
2007	7 222	14 474.23	0.050
2008	7 489	14 769.86	0.051
2009	8 015	14 478.07	0.055
2010	9 905	15 048.97	0.066
2011	8 220	15 599.73	0.053
2012	6 606	16 253.97	0.041
2013	5 994	16 843.20	0.036
2014	5 212	17 550.69	0.030
2015	6 428	18 206.02	0.035
2016	6 466	18 695.11	0.035
2017	6 370	19 477.34	0.033
2018	6 378	20 533.06	0.031
2019	6 545	21 380.98	0.031
2020	8 587	21 060.47	0.041
2021	9 069	23 315.08	0.039
2022	9 150	25 462.72	0.036

资料来源：美国国家经济分析局、美国商务部。

---

① 鉴于美国公共住房的失败与集中管理贫困人口的社会成本过高，美国住房政策开始转向将低收入家庭混入富裕社区。见孙斌栋，刘学良. 美国混合居住政策及其效应的研究述评 [J]. 城市规划学刊，2009 (1)：90-97.

（2）联邦政府扶持下的私有租赁住房。政府与私人机构达成补贴协议，政府提供一定的利息或运营成本补贴，要求私人机构以特定租金水平为中低收入家庭提供保障房源。这是政府与市场共同运作的保障性租赁住房模式。与公共住房相比，该租赁住房由私有的营利性和非营利性机构持有，联邦政府只给予一段时间的资助，确保中低收入家庭能够持续居住是该租赁住房面临的最大挑战。

（3）税收补贴下的低收入住房。该项目是在联邦税制的安排下，私人机构出于经济目的自行投资建设的保障性租赁住房。具体税收补贴的数额取决于住房开发项目的成本、地理位置和项目中低收入住户的比例。如图 3-1 所示，2021 年低收入住房税收补贴项目共资助了 598 个低收入住房工程，约开发了 46 240 套住房。

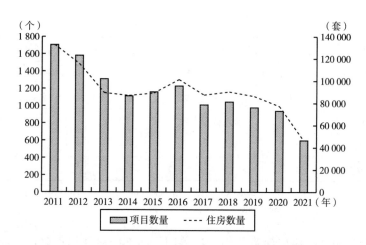

图 3-1　2011～2021 年低收入住房税收补贴每年援助状况

资料来源：Department of Housing and Urban Development（https：//www.huduser.gov/portal/Datasets/lihtc/LIHTC-2021-Tables.pdf）。

（4）租房券。租房券是面向低收入群体、规模最大的住房补贴计划，不仅成本低，而且能够帮助低收入家庭在自由市场上获得住房。但是，获得租房券的低收入家庭并不意味着一定能够享受到补贴，这是由于其所选择的公寓有一定的限定条件：一是租金不能超过租房券计划所规定的最高限额；二是公寓的建筑质量应当符合计划设定的标准；三是住房拥有者必须愿意参与租房券计划。

（5）金融支持。主要包括住房抵押贷款保险机制和住房抵押贷款证券化。

前者是为购房者提供资金保障。这一机制要求购房者购买住房抵押贷款保险，当购房者无法偿还抵押贷款时，保险公司将承担部分或全部损失。后者则是将住房抵押贷款打包成证券，通过出售来获取现金流和利润。这在一定程度上能够提高住房市场的流动性以及增加购房者获得住房贷款的可能性。

3. 人人拥有适当的居住标准。确保人人拥有适当的居住标准，维持合理、稳定的住房居住费用，是美国住房补贴以及住房政策的总体目标。现阶段，美国的住房补贴政策主要采取直接补贴的形式，直接减轻了低收入阶层的住房消费负担，从而达到政府提出的最低住房消费水平。表3–2展示了2021年租房券持有者的情况，55.5%的住户收入水平达到20 000美元以上；在住户人口结构方面，36%的家庭有至少一名年龄62岁以上的老年人，户主为老年人的家庭占比达到35.3%。

表3–2　　　　　　　　　2021年租房券持有者情况

不同收入水平的住户比例（%）		报告家庭人数与登记家庭人数（%）		未成年及老年人数（%）	
5 000美元以下	10.2	小于登记人数	5.8	至少一名 <18岁	30.6
5 001~10 000美元	13.4	等于登记人数	72.5	至少一名 ≥62岁	36.0
10 001~15 000美元	18.9	大于登记人数	7.6	户主≥62岁	35.3
15 001~20 000美元	13.0	—	—	—	—
>20 000美元	44.5				

资料来源：Department of Housing and Urban Development（https：//www.huduser.gov/portal/Datasets/lihtc/2021–LIHTC–Tenant–Tables.pdf）。

4. 分工明确的住房保障管理。在美国，各部门对住房保障的管理分工明确。在公共住房方面，联邦政府不直接承担公共住房建设和管理，但提供财政援助。而公共住房的规划、建设则由地方政府主导，地方政府拥有公共住房的征地权、选址权和开发权。地方政府设有地方公共住房管理局，具体负责公共住房相关事宜，如公共住房的申请与退出。在租房券方面，住房与城市发展部主管并制定租房券的发放与运作规则等，而具体申请受理、使用规则执行与监管由地方公共住房管理局负责。在金融政策方面，美国联邦政府更多的是将主动权交给市场机构，由其为购房者提供筹资渠道。

（三）美国住房保障的主要特点

1. 充分发挥政府和社会力量在住房保障中的作用。在住房保障建设过程中，联邦政府发挥了不可或缺的作用。美国政府一直以来对住房市场仅实施间接性的干预，崇尚市场效率。但为了解决低收入家庭的住房问题，政府采取了积极的干预政策，保障低收入家庭的基本住房权益。同时，以市场机制为基础，通过市场机制下的价格补贴、利息补贴、税收减免等经济补偿形式鼓励社会力量共同参与建设和管理住房保障。

2. 依据经济形势与供需状况优化保障方式。美国的住房保障方式是随着经济形势和房地产市场供需状况的变化而不断调整优化的。在工业化以及城市化快速发展阶段，由于面临大量的住房需求，同时，住房供应又十分短缺，政府采取直接投资建设和补贴建设公共住房的方式，在短时间内实现了住房数量的迅速增加。而在城市化后期，住房供需基本均衡，实施住房补贴这一方式更利于满足低收入家庭的个性化住房需求。

3. 住房保障相关措施的落实具有法律保障。美国主要通过立法形式来保证住房保障措施的落实，其先后颁布了《住房法》《国民住宅法》《住房与城市发展法》等法规。经过长期实践，美国形成了较为完善的住房保障立法体系，涉及公共住房补贴、房租补贴、消除贫民窟等方面，使住房保障政策的实施有法可依，确保了政策的合法性、权威性和有效性。

4. 具备发达的多层次房地产金融体系。美国具有发达的多层次房地产金融体系，住房金融工具都是与住房政策或保障房计划相配套的。住房保障的金融工具形式多元化，具有创新性，如联邦低息贷款、住房抵押贷款、房租补贴、购房补贴、税收返还、住房贷款支持债券、房屋资产证券化等，不仅有效地配合了保障房政策的实施，还提高了美国住房保障体系的运行效率和自由度。

二、新西兰住房保障

（一）新西兰住房保障的发展历程

新西兰住房保障政策很大程度上受到政党政治的影响。随着政党轮替以及经历了百年的发展，形成了较为完善的住房保障体系。具体而言，新西兰的住房保障建设主要经历了以下五个阶段。

第一阶段，自由党领导下的最初探索阶段（1905～1934年）。19世纪60年代的淘金热与70年代的大规模公共基础建设使新西兰各大城市的工人剧增。由于无力购买房屋或负担市场租金费用，大部分工人居住在非常拥挤、设施简陋的贫民窟住房，条件极其恶劣。随着城市规模的不断扩大，这些问题越来越严重。对此，自由党政府尝试利用郊区公共土地吸引工人修筑房屋，但该政策随着交通不便、缺乏贷款支持以及所有权争议等问题的出现而失败。

第二阶段，福利国家下的全面发展（1935～1990 年）。这一阶段，由工党政府通过推行低息房屋贷政策和恢复国家住房建设来改善民众的住房状况。工党执政期间只允许低收入者承租国家住房。1949 年，国家党执政后开始对住房租金制度进行改革，大幅提升国家住房租金。1950 年 8 月，国家党政府提出立法议案，允许租户购买国家住房并设立了宽松的购房条件，但要求居住者必须自住，并且 3 年内不能再申请其他国家住房。

第三阶段，国家党引导的市场化改革（1991～1998 年）。该阶段国家党对国家住房进一步改革，推出市场化出租和住房补贴。在市场化出租方面，政府废除与收入挂钩的租房机制，引入市场化租金机制，即国家住房租金与同类房屋市场出租的价格水平相一致，向国家住房租户收取市场租金，促使国家住房能更适宜于个人的需求，并缓解政府财政压力。在住房补贴方面，主要是向难以承担市场租金的低收入者提供补助，即通过市场化出租的补充措施确保低收入者的居住权益。这些改革确实缓解了新西兰政府的财政压力，却给居民带来了一定的生活压力，直接增加了居民的住房负担。

第四阶段，福利与市场的协调（1999～2008 年）。该阶段为第五届工党政府执政期间，其住房保障政策转向多元化与现实化，重视福利与市场的协调。其实施的住房保障政策具体包括：一是取消市场化租金机制，恢复与收入挂钩的租金机制，同时保留某些国家党执政时期的"消费刺激"机制；二是停止国家住房出售；三是成立新西兰住房公司管理国家住房。

第五阶段，多元主体参与住房保障建设（2008 年至今）。该阶段新西兰政府开始鼓励引导中央政府以外的力量参与住房保障的制度建设，开启了多元参与住房保障建设的时代，推动了住房保障的可持续建设。2018 年以来，新西兰政府陆续发布《住房租赁法》《住房租赁修正法案》等一系列政策，逐渐形成"住房连续体"（housing continuum）的保障体系①。

（二）新西兰住房保障的主要内容

1. 针对低收入群体的保障范围。新西兰的住房保障主要是面向住房困难

---

① "住房连续体"是针对不同家庭发展阶段提供相应的住房补贴类型的总称。

的低收入群体。社会住房供应中的国家住房仅用于出租给低收入者，并将申请者的需求程度分为四个等级，即处境危险、严重住房需求、中度需求以及低度需求或无需求。只有处境危险与严重住房需求等级的申请者才有资格获得国家住房，其他两个等级的可以获得非国家住房。

2. 实物保障与货币保障相结合的保障方式。新西兰住房保障方式主要包括两类，一类是社会住房供应，另一类是租房补贴。

（1）社会住房供应。新西兰的保障性住房统称为"社会住房"，主要包括国家住房、非国家住房类社会住房，均面向低收入群体或某些特定群体出租。其中，国家住房是由中央政府负责提供，由新西兰住房公司（Hosing New Zealand Corporation，HNZC）管理；非国家类社会住房是由地方政府或第三部门修建并持有。如图 3-2 所示，新西兰的社会住房包括国有住房和社区住房两类，均可以面向低收入家庭出售或出租。对于经济能力较差的租房家庭，政府会通过控制租金增长幅度、提供租金补贴等方式缓解经济压力。

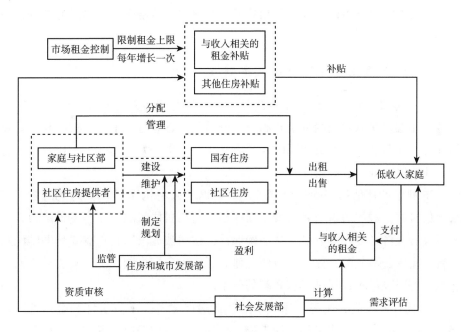

图 3-2　新西兰公共住房体系

（2）租房补贴。新西兰政府向因市场化出租而难以支付新租金的低收入者提供租房补贴。当租金超过低收入者收入的 25% 时，无论租住何种住房其租住者均可以申请该租房补贴。

3. 针对不同人群类别的保障标准。在住房政策中，新西兰政府将居民分成了高收入家庭、低收入家庭、租户、毛利人（新西兰土著居民）、移民、单亲家庭、残障人士、老年人和年轻人（初次置业者）9 类，并针对不同类别的居民实施相应的住房保障政策，让不同需求的居民享受满意的住房（张跃松和肖雪，2015）。例如，新西兰的毛利人具有高生育率和土著特色的大家族生活模式等特征，该类居民会更加渴望面积较大的房屋。因此，在给予进行住房保障时需要考虑为其提供面积较大的住房。

4. 全方位的住房保障管理。新西兰政府通过动态的居民可支付性水平情况向居民提供具有针对性的置业建议，进而提高国家住房的使用效率。在受保障前，对居民的可支付性水平状况进行分析，如果是现阶段社会住房需求不迫切的居民，则向其提出不建议申请社会住房的建议；而对符合条件的居民家庭按照需求分配国家住房。政府对获得保障后的居民家庭也要借助可支付性水平来判断是否应退出国家住房。此外，新西兰政府还提供了购买选择，居民家庭在有能力的情况下可以选择购买租住的社会住房，价格则按照当时的市场价格计算。

（三）新西兰住房保障的主要特点

1. 各级政府分工明确。在新西兰，中央政府和地方政府及其各职能部门对各自在住房保障领域的分工和职责十分明确，有效避免了业务重叠和不必要的冲突。在明确各自职责的同时，双方又相互合作，大大提高了工作效率，有利于住房保障资源的高效配置。

2. 科学的评估机制确保公平分配。新西兰政府构建了一套健全的住房需求评估机制，对住房申请者进行全面评估，包括居住状况、住房支付能力以及获得政府救济必要性等方面，从而确保社会住房被提供给真正需要帮助的低收入者，实现公平分配。此外，新西兰建立了优先分配机制，优先解决严重而紧急的住房保障需求，促进了有效率的公平形成。

3. 具有人性化的住房保障。新西兰住房保障考虑了宜居性和合适性，其提供的社会住房适应居民的生活需要。比如，国家住房综合考虑了居住者的生活环境、教育、健康等方面的需求。社会住房在增加公众福利的同时也提升了公众幸福感。

第二节　保守合作主义福利国家的住房保障

一、德国住房保障

（一）德国住房保障的发展历程

长期以来，德国住房保障体系以提升社会福利为目标，随着经济社会的变革不断进行调整。德国的住房保障建设最早可以追溯到产业革命时期，当时产业工人逐渐聚集到城市，城市化进程加快，贫困居民住房困难问题逐渐突出。1847 年，德国开始建立住房保障体系，但是这一时期的保障性住房①居住环境脏、乱并且拥挤，居住功能较差。1929 年，经济危机席卷全球，德国也未能幸免，大量失业者流落街头。为了解决大量失业者的住房问题，德国政府扩大保障范围，将失业者纳入住房保障体系。在这一时期，德国出现了"住房合作社"的浪潮，并一直延续至今。

第二次世界大战后，德国城市受到重创，首都柏林几乎被夷为平地，许多城市 50% ~90% 的住宅区被摧毁，加之资金匮乏，德国出现了严重的住房紧缺。在该情形下，德国政府制定了福利性公共住房制度，由政府出资非营利建筑公司或居民自治团体建造，确保低收入者、多子女家庭和残疾人为主的困难群体的住房需求（高新和唐永忠，2013）。福利性公共住房只租不售，向居住者收取少量租金。除政府出资外，大中型企业也可自行建造职工住宅，德国政府在企业税收上给予优惠。

1990 ~2005 年，德国住房短缺问题得到明显缓解，德国政府每年开发的福利性公共住房大为减少，仅为 20 世纪中期的 1/5，部分保障房开始转变为普通商品房投入市场。2005 年，保障房转商品房的数量便达 15 万套。德国保障性住房的来源也更加多元，除了传统的政府主导，依靠联邦、州和行政区政府的住房建设基金建造公共住房之外，还引进市场资金建设公共住房。德国政府规定，地产商或个人自有资金达到公共住房项目投资额的 15% 以上时，可为项目申请免息或低息贷款（汤勃和张炯，2011）。与此同时，德国政府两次修改《住房补贴法》，一方面将住房补贴扩展到原东德地

---

① 德语为 Sozialwohnung。

区，另一方面依据生活成本调整住房补贴，目的在于降低租赁者的经济负担（孙斌艺，2023）。

2005 年以后，德国政府的住房政策逐渐向市场主导转化。通过减少公共住房建设和各类住房补贴进一步推动住房市场化。2005 年 12 月，德国政府宣布自 2006 年起废除住房所有权津贴，对新建或新购住房不再提供津贴。同时，公共住房逐步退出，其在整个住房存量中的比重不断降低。至 2021 年底，德国住房存量达到 4 300 多万套，户均套数约为 1.04 套，其中，人均拥有住房面积达到 47.7 平方米，高于世界主要发达国家的平均水平（孙斌艺，2023）。

（二）德国住房保障的主要内容

1. 极为广泛的保障范围。在德国，住房保障政策的目标群体极为广泛，覆盖了绝大部分住房困难群体。德国住房保障政策的目标不仅是帮助贫困人群解决居住问题，也包括满足中低收入家庭的居住需求。据不完全统计，德国超过 3/4 的人口有权享有公共住房并获得政府住房补贴。这种住房保障模式已经不仅仅服务于"住房困难公民"，而且扩大为"一般公民"。

具体而言，德国住房保障对象主要包括低收入群体、特殊人群（如老人、残疾人、怀孕妇女等）和关键工作者（如公务员、教师、医生、警察等）。一般要求申请家庭没有自己的住房，收入在国家规定的水平以下，并且在申请城市工作或居住一定年限，保障房的租金一般为市价的 50%~60%。当保障对象收入增加超过政府规定水平时，政府允许其继续居住，但要提高租金标准或以市场价格收取租金，从而实现不同阶层在居住空间上的融合。

2. 颇具特色的保障方式。德国主要采取了社会福利住房、房租补贴以及住宅储蓄等住房保障方式，其中，住房储蓄制度是德国住房保障的一大特色。

（1）社会福利住房。该住房由国家支持建造租金较低的住宅，所以被称为"福利住房"。德国社会福利住房主要分为两种，一种是由市政住房公司、公共住房公司、私营住房公司等非营利机构建设的社会福利住房，另一种是由住房合作社建设的合作社住房。由于社会福利住房的建设标准制定得很高，其租金处于较高水平，只能满足贫困群体中的相对"高收入群体"。目前福利房租住家庭中大约 14% 的家庭已经不属于福利房供应对象，而转为按照市场租金交纳房租。

（2）房租补贴。德国政府通过"房租补贴"政策对缺乏经济能力而无法满足个人或者家庭基本住房标准的目标群体直接给予支持（直接补贴）。目前，房租补贴已成为德国对低收入居民住房保障的主要方式。具体来看，政府依据各家庭的人口数量、收入状况、房租支出水平等来给予适当补贴，让每个家庭都能拥有足够的住房支付能力。截至 2022 年底，德国有 64 万户家庭获得了住房补贴，约占德国家庭总数的 0.76%①。

（3）住房储蓄。住房储蓄制度通过专门成立的住房储蓄银行来实现，具有先储蓄、后贷款、自助性、稳定性等特点。一般而言，储户可根据自身住房需要及经济能力在住房储蓄银行进行存款，当存款满足一定要求之后，即可获得规定的贷款权，该贷款可用来购买住宅，利率固定并且低于商业贷款利率，如图 3 - 3 所示。

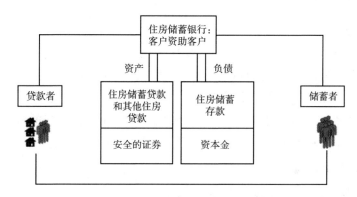

图 3 - 3　住房储蓄：用于购房的贷款来源于客户自己的储蓄

除了住房补贴制度、住房储蓄制度外，德国住房保障体系在中低收入者购买房屋方面也有一定的税收优惠政策。

3. 以租房家庭为主的保障标准设计。在德国，一半以上的家庭成员选择租房居住。对低收入者进行租房保障时，通过申请人的收入（法规规定）、申请人所在地的租金水平（由德国联邦统计局的数据作为参考依据）、申请人家庭符合申请标准的人数等要素界定准入标准，从而制定了根据不同家庭成员数目以及当地住房水平的租金补助水平与住房标准。根据德国《住房福利法》第 5 条和《住房供给补贴法》第 27 条规定，申请租赁供给补贴住房的申请人需持有政府福利机构颁发的"住房福利证"。表 3 - 3 列示了 2021 年德国获取"住房福利证"家庭的收入标准。

① 德国联邦统计局（https：//www. destatis. de/SiteGlobals/Forms/Suche/EN/Expertensuche_Formular. html）。

表 3 - 3　　　　　德国获取"住房福利证"家庭的最高税后净收入表　　　单位：欧元/年

联邦/州/市	单身	两人家庭	家庭中每增加一个成人	家庭中每增加一个孩子
联邦	12 000	18 000	4 100	500
柏林	16 800	25 200	5 740	700
汉堡	12 000	18 000	4 100	1 000
斯图加特	21 600	25 200	5 740	700
波茨坦	12 000	18 000	4 100	500
石勒苏益格 - 荷尔斯泰因州	14 400	21 600	5 000	600
北莱茵 - 威斯特法伦州	19 350	23 310	5 360	700

资料来源：https：//mp. weixin. qq. com/s/dkBRzCFZTMegbiMig4hE - Q。

4. 法律制度支持下的住房保障管理。德国注重保障性住房管理的立法工作，切实保护承租人的合法权益。为了保障性住房制度的规范运作，德国联邦住宅法对保障性住房的合法使用进行了详细规定，如供应对象（租户）、租金及保障面积等。另外，德国通过《租房法》对住房租赁合同的签订、期限、解除以及出租人和承租人的权利及义务等方面进行了全面规定，核心侧重于强调对承租人权利的保护。

（三）德国住房保障的主要特点

1. 社会福利住房的建设和运营融入市场机制。在德国，主要强调的是政府的引导作用，将政府定位为市场监管者，而不是参与者（杨瑛，2014）。通过市场来解决住房的建设、出售、出租，除在第二次世界大战后住房紧张时期，德国政府主张直接主导建设社会福利住房外，其他时期都是运用市场机制，借助财政政策、金融政策等手段解决。同时，德国政府也积极鼓励非营利私人住房公司、住房合作社等主体参与社会福利住房的建设、运营和管理，充分发挥社会力量的积极性，确保社会住房的持续供应。

2. 实行单一化住房租赁市场体系。德国实施单一化的住房租赁体系，即社会福利住房和其他租赁性质的住房都受政府的统一监管，并得到充分竞争，在一定条件下社会住房和其他租赁住房可以相互转化。德国住房租赁市场供应主体多元化，包括私人和私营住宅公司、住房合作社和政府房产公司。其中，私人和私营住宅公司提供的租赁住房占租赁住房总量的 70% 左右，住房合作社和政府房产公司的社会福利住房供应量分别占 9.7% 和 8.1%。这种住房租赁市场体系有利于积极发挥市场机制的作用，保持租赁市场的稳定。

3. 完善的住房金融服务制度。德国有效地发挥了住房金融储蓄制度在保障性住房建设过程中的作用。对于参与住房金融储蓄制度的相关金融机构进行了严格的限制。例如，《住房储蓄法》明确规定了住房储蓄银行所吸纳的资金及储户的还款必须专款专用，不得用于风险交易，以保证住房储蓄银行安全运营，提高中低收入群体抵抗宏观经济风险的能力（王德强和张灿迎，2023）。

二、法国住房保障

（一）法国住房保障的发展历程

从 19 世纪中期开始，法国各级政府便开始对低收入居民的住房问题予以关注，"居者有其屋"是法国住房保障体系中的核心理念。政府依据社会经济发展状况、市场供需、政治变迁等因素的变化，不断调整住房政策，法国住房保障的建设大致经历了三个发展阶段，即初始阶段（19 世纪中后期～1944年）、战后重建阶段（1945～1976 年）以及社会混合目标实施阶段（1977 年至今）。

在初始阶段，法国为了解决工业革命后城市化进程加快带来的低收入群体住房问题，通过了一系列法律规定。其中，比较重要的法律规定有：一是1894 年的《施格弗莱德法》。该法建立了廉价住房制度，提出以工人集资的方式建设集合式住房，缓解劳工阶层住房问题；还提出在政府建设廉价住房的同时，允许公益组织或个人建设廉价住房，并给予一定的财政补贴和税收优惠等。二是 1908 年政府出台的《里波法》。该法规将财政优惠政策范围覆盖至中低收入家庭。三是 1912 年颁布的《保诺维法》。该法规设立了负责工人住房规划建设的专门机构（市镇和省廉价住房公共办事处），致力于改善已有的工人居住区的条件，这标志着法国住房保障体系开始形成（潘晓娟和吕洪业，2014）。

第二次世界大战期间，法国大量房屋遭到毁坏，战后农村人口大规模进入城市，住房需求急剧增加，住房供给严重不足，对此法国政府开始加大对住房建设的支持力度。在战后重建阶段，一方面，政府创设了"住房补贴制度"，对人口较多的家庭发放住房补贴；另一方面，地方政府受"低租金住房制度"（原"廉价住房制度"）的强制要求，建造了一定比例的低租金住房，出租给低收入家庭，并进行房屋的日常维修和管理。低租金住房成为了法国保障性住

房的重要组成部分。以大巴黎地区为例，1958～1969 年大巴黎地区建设的 21
个优先城市化地区中的 6 个位于近郊区，15 个位于远郊区，但都采用大型集
合住宅的形式建造（王一等，2015）。在这一时期，法国政府还成立了以储蓄
金为基础的住房投资机构，希望通过完善金融市场的方式来鼓励住房建设。

随着住房短缺问题的解决，政府放缓了低租金住房建设的力度，开始根据
居民家庭特征提供不同形式、不同规模的住房资助。一方面，政府对贫困家庭
直接发放货币补贴，从而减轻他们的住房支出；另一方面，对于有一定经济实
力的家庭，政府主要提供低息贷款，鼓励他们购买住房。

在 20 世纪 80 年代，由于受到经济危机的影响，法国经济发展速度明显放
缓，失业率也随之上升，贫困家庭大幅增加造成了城郊贫困集中现象加重，出
现居住隔离现象。法国政府深刻意识到居住隔离问题的严重性，开始注重
"社会混居"，由此法国进入了社会混合目标实施阶段。1990 年颁布的《博松
法》将贫困人口的重新分布、社会公正和社会混合三项目标予以整合，强调
法国政府对住房市场的干预与调控。地方政府则根据本地区的社会发展和人口
的特点，确定住房建设数量及空间分布，借助这种规划的手段来实现社会混居
的目标。不仅如此，迅速衰退的经济使得法国政府缩减预算，在住房市场领域
更加偏向家庭自我解决住房需求（Wong and Goldblum，2016）。

（二）法国住房保障的主要内容

1. 面向各类群体的保障范围。法国住房政策注重鼓励中高收入家庭购房，
帮助低收入家庭租房，使不同收入类型的群体都能够获取相应的住房。其中，
低租金住房面向的人群较广，只要属于合法居留且收入不超过政府每年公布的
收入限额，均可以向居住所在地的相关部门申请低租金住房。但是，资格审查
和住房分配严格按照法定程序进行。

2. 多种手段相结合的保障方式。法国政府主要通过低租金住房、住房补
贴以及税收减免等方式来解决住房困难群体的住房问题。

（1）低租金住房。法国低租金住房是各类保障性住房中最基本的部分，
2009 年，其数量占全国居住房总量的 18.9%，与其他发达国家的社会住房相
比占比较高。《建筑与住房法典》中明确 10 年以上的低租金住房可以出售，
由租户或其他个人、组织购买，已有人居住的低租金住房只能出售给租户，空
置的低租金住房可以公开出售。

（2）住房补贴。法国政府还采取住房补贴的方式对低收入家庭提供帮助。

根据相关规定，当住房租金超过家庭收入的20%～30%，承租者可以向政府申请住房补贴。

（3）税收减免。在法国，税收减免主要体现在对住房储蓄存款利息收入免征所得税、住房贷款利息可以从所得税税基中扣除、对低收入者自建住房免除建筑税等。

3. 多指标综合确定保障标准。低租金住房是按照申请人的年龄、收入、健康状况、家庭人口结构等指标进行综合评估，依据评估的结果确定住房的分配时间、住房地段和住房面积。在租金收取方面，是从申请家庭收入的高低和人口的多少两个方面来考虑的。具体而言，不同地区的租金有所差异，城市地区高于郊区，大城市高于小城市。入住后，租户每年需要提交家庭收入证明，租房租金将随收入的变化而变化。表3-4为2022年法国巴黎市区不同住房类型的平均租金。

表3-4 　　　　　　　　　2022年巴黎市区不同住房类型的平均租金

住房类型	面积（平方米）	住房租金（欧元/月）
一室一厅	<30	1 207
	30～55	1 503
	>55	1 698
两室一厅	55～75	2 223
三室一厅/两室两厅	>100	3 138

资料来源：https：//www.locservice.fr/cote-des-loyers/cote-t2-75101.html。

4. 住房保障管理。在法国，低租金住房机构主要负责住房保障政策的执行，而中央政府则通过设立专门的监管机构对其给予规范（潘晓娟和吕洪业，2014）。低租金住房机构承担了低租金住房的建设、运营、管理以及相关住房服务等责任。中央政府层面监管机构的主要职责是确保住房补贴、税收减免、贷款等优惠政策的落实。法国还成立了国家住房信息中心，专门向公众免费提供住房信息及咨询服务，其在全国设有分支机构，并且已实现全国联网。

（三）法国住房保障的主要特点

1. 住房贷款、保险、担保相结合的金融支持。法国政府注重通过金融市场为购房者尤其是中低收入购房者提供资金支持，提高居民购买力，确保住房市场持续稳定发展。法国政府针对不同群体提供了不同的贷款方案，有面向低收入群体的发薪日贷款（payday loan act，PLA）、有面向中低收入群体的抵押补充贷款（pledged supplementary lending, PSL）等。为了降低住房贷款存在的风险，法国政府创新金融方式，将人寿保险引入住房金融领域，借款人在申请住房贷款时必须购买人寿保险，从而减轻住房金融风险。此外，法国实行住房贷款担保政策，为无法获得住房贷款的低收入者提供担保，帮助该部分人群获得住房。

2. 完善的住房保障法律体系。法国关于住房保障方面的立法十分完善。在百余年的发展过程中，相当部分的法律仍具效力，这些法律为住房保障制度的建设与实施提供了重要的保障。例如，1990 年的《博松法》首次提出了"居住权"的概念，提倡"所有在生活上有困难的个人或家庭，都有权利通过政府的帮助来获取或租用一套符合基本生活标准的住房"。又如，1991 年的《建筑与住房法典》对房屋建设和改造、住房补贴和优惠以及低租金住房和住房特困问题等相关事项进行了原则性规定。2007 年，从《可抗辩居住权》法案提出以来，法国政府致力于保障合法居民的住房权，居民可通过法律手段维护自己的住房权。

第三节　社会民主主义福利国家的住房保障

一、英国住房保障

（一）英国住房保障的发展历程

在中低收入阶层的住房保障问题上，英国政府的干预尤为明显，它是世界上首个对住房市场进行干预的国家（洪亮平和何艺方，2013）。1919 年颁布的《住房与城镇规划法》标志着英国政府开始直接干预住房市场，其要求各地方政府负责公共住房的建设，满足人们的住房需求。到 1939 年，政府建造了 130 万套住房，约占全国住房总量的 10%，而私有企业建设的住房仍占主体。第二次世界大战后，由于英国遭到了严重的损失，战后政府全面介入住房领域，以国家直接供应的公共住房制度为重点，实行住房改革。1946 ~ 1979 年期间，地方政府新建了约 510 万套住房，以较低的租金形式租给居民，一定程度上解决了中低收入家庭的住房问题。

从 20 世纪 60 年代起，住房政策的重心发生转移，政府逐渐转向提供住房补贴，减少了直接对住房项目的投入。随后，英国对公共住房制度进行了细针密缕的改革，反对国家对住房市场的干预。一方面，要求政府减少在住房领域中的财政开支，退出住房供应；另一方面，大力推行住房私有化。1980年《购买权法》的颁布标志着住房私有化政策开始大规模推行，规定公共住房的长期租户具有优先购买权，可以优惠价格购买，并且居住时间越长，所获得的购房折扣越大。

　　然而，英国政府的住房政策造成了两极分化的局面，中高收入者在改善居住条件的同时从投资住房中获利，而低收入者则因房价上涨而无处栖身。面对住房问题，政府重新强调政府在住房市场中的主导作用，实行以可支付住房建设为主的住房保障政策。2004年出台的《住房法》详细规定了如何建设低收入群体支付得起的公共住房。2006年提出分享式产权购房计划则帮助了低收入困难家庭，如公共住房租户、首次购房家庭、无房家庭等购买住房。2010年，英国加强了与私营房地产企业的合作，确保公共住房的建设规模。同时，通过创新、开发住房金融工具加强对低收入者的住房补贴，落实混合型社区的建设，将保障性住房融入综合社区的开发建设中。表3-5总结了英国历年的住房政策。近年来，英国政府再次推行新的住房改革，通过增加公共住房供给来解决中低收入群体的住房问题，以达到福利型住房和市场型政府的平衡（李英健，2021）。同时，英国政府为首次购房者和租房者提供了更多的政策优惠和保障。

表3-5　　　　　　　　　英国历年主要住房政策一览表

时间	政策	主要内容
1840年前	自由放任	完全依赖市场调节，居住环境恶化，住房问题开始出现
1848年	《公共卫生法》	制定了住房在布局、设计、建造等方面的最低标准，对住房建设者加以管制和约束
1890年	《住房法》	拆除卫生条件差的住宅，为工人阶级提供新住宅
1915年	《出租和贷款限制法案》	对租金进行管制
1919年	《住房和城镇规划法》	地方政府直接建造住房
1925年 1936年	《住宅法》	解决工人住宅问题，关注范围扩大到住宅区尺度，制定住宅更新的具体规定
1946年	《新城镇法案》	成立新城镇发展部，在全国各地获得土地，建设新社区；土地配额与建筑许可证政策，限制私人建筑商发展，确保政府公共住房的建设

续表

时间	政策	主要内容
1959 年	住房补贴政策	补贴私房所有者，改善自身住房
20 世纪 60 年代	贷款利息税减免	住房所有者选择支付利息而不是缴税，自有住房成为住房所有权形式的主体
1972 年	租金补贴政策	住房资金援助，从补贴实物转变为补贴"人"
1974 年	《住房法》	建立住房补贴体系，政府资助住房协会发展
1980 年	《住房法》	实行购买权政策，房价优惠、抵押贷款优惠、贷款利息免税等，大力发展住房金融互助会
1985 年	《住房协会法》	建立了完整的住房协会制度，是民间互助组织
1988 年	《住房法》	政府允许住房协会购买公房；住房协会依靠租金收入负担公房的维修和管理
2004 年	《住宅法》	就如何确保建造足够的低收入群体买得起的社会公房以及创建更加公平和良好的住房市场作出一系列规定；实现"可持续住宅社区、所有人的家园"计划目标、提出建设可支付住房
2006 年	分享式产权购房计划	帮助公房租户、无房或栖身临时住所家庭、首次购房者和关键岗位人员购买住房
2013 年	购房援助计划	购房者可以享受到高达25%的房价折扣，最高额度为8万美元左右；在特定地区购买新建房屋的首次购房者都可以得到20%的折扣
2023 年	租房改革法案	废除"无过错驱逐"、加强租赁市场监管、延长租金上涨通知期等

资料来源：据公开资料整理。

（二）英国住房保障的主要内容

1. 主要关注最低收入者的保障范围。英国住房保障主要关注的是最低收入者。其在制定住房保障政策时普遍重视租赁房的发展，以便为低收入人群提供帮助。至 2021 年，整个国家 62.5% 的居民具有自有住房产权，其中，20.3% 来自购买现住的公共住房；租赁住房比例约达 38%，其中，30% 为租赁公共住房，24% 为租住私人住房①。此外，英国政府还帮助公房租户、无房者或栖

---

① 资料来源于英国国家统计局 2021 年人口普查数据。

身于临时住所的家庭以及首次购房者和社区关键岗位人员（如教师、护士和警察等）购买住房。

2. 多种保障方式有机结合。在英国，主要由地方政府、住房协会以及私有企业负责住房的供应，其中，住房协会的作用在20世纪60年代以后逐渐增强，并最终替代地方政府，成为公共住房的供应主体（见图3-4）。另外，住房保障方式从扶持住房开发建设逐步转向以促进住房消费为主的住房补贴形式，各住房保障机构相互配合，并联合具有金融创新特色的保障性住房项目来满足居民的基本住房需求。目前，英国主要围绕帮助人们租房与购房两方面制定保障政策，实现"居有其屋"或"住有所居"，不同城市根据自身的实际情况制定不同的住房保障目标及具体的实施计划。图3-5展示了现阶段英国住房保障方式的构成。

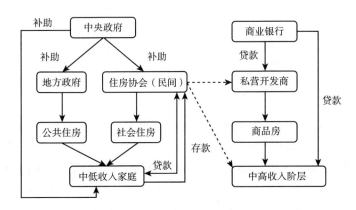

图3-4 英国住房供应体系

资料来源：招商证券研发中心。

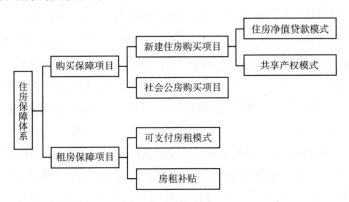

图3-5 现阶段英国住房保障方式的构成

（1）购房保障项目。根据人们的收入水平，将购房保障项目分为对于中等收入群体的新建住房购买项目和针对中低收入群体的社会公房购买项目，具体内容如表 3 -6 所示。

表 3 -6 英国购房保障项目

项目	模式	具体内容
新建住房购买项目	住房净值贷款模式	向购房申请者给予 15% ~ 30% 房款的优惠贷款；由住房协会负责审批，政府和住房开发商按照相同比例承担
	共享产权模式	购房申请者与住房协会共同持有房屋产权，购房申请者依据自身的出资比例享有住房产权，余下产权份额由住房协会享有
社会公共住房购买项目	依据居民租住社会公共住房的类型与租户具有的资金能力之间的差异划分不同项目：优惠获得住房项目、优惠购买住房项目以及优惠购买社会公房项目。其中，优惠购买社会公房项目是购房者和住房合作社共享产权，而其他项目为一次性获得房屋所有产权	

资料来源：https：//www. ipf. org. uk/resourceLibrary/investment-case-for-social-and-affordable-housing-in-the-uk--october-2021--full-report. html。

（2）租房保障项目。英国政府在 2011 年开始实行可支付房租模式（affordable rent model）计划。该计划规定了目标租金、封顶租金与租金灵活性水平指标，要求地方政府与住房协会合作，将社会公共住房的租金不能超过当地市场租金的 80%。此外，租住在公共住房的中低收入家庭可以得到政府给予的一定数额的房租补贴；同时，居住于私人机构提供的租赁房家庭，只要其符合住房保障条件，政府有关机构须将相应比例的租金支付给房屋出租人。

3. 针对居住方式设定保障标准。英国对自住住房、租住私房、租住政府公房三种不同的居住方式提供了相应的保障标准。对于租住公房的居民，制定"标准住房福利"标准，由国家划定一条准入收入线。当居民的收入水平处于既定的收入线上时，居民便可享受一定数额的住房福利；如果低于该标准，则可增加相应的住房福利；而高于该标准时，须减少对应的住房福利（唐黎标，2007）。同时，对特殊人群（如儿童、残疾人等）在标准待遇基础上增加额外住房福利。一般情况下，租住公房的居民实际支付的房租在平均收入中的所占比重不足 10%。对于租住私人住房的居民，由于私房租金不具有折扣，因而政府采取现金补贴的方式。英国政府对住房补贴发放标准进行了详细规定（见表 3 -7）。

表 3 - 7　　　　　　　　　**2022 ~ 2023 财年英国住房补贴发放标准**

		具体类型	补贴标准 （英镑/周）
标准给付额	单身者	25 周岁以下	61.05
		25 周岁及以上	77
		就业及援助补贴领取者（正式阶段）	77
	单亲母亲	18 周岁以下	61.05
		18 周岁及以上	77
		就业及援助补贴领取者（正式阶段）	77
	夫妇	均低于 18 周岁	92.20
		至少有 1 人达到 18 周岁及以上	121.05
		就业及援助补贴领取者（正式阶段）	121.05
	有依靠其抚养的儿童		70.80
	养老金领取者	单身或单亲家庭父母已经达到领取养老金补贴的年龄，但低于 65 周岁	197.70
		夫妇中至少有 1 人已经达到领取养老金补贴的实际年龄，但低于 65 周岁	294.90
		单身或单亲家庭父母已经达到 65 周岁及以上	182.60
		夫妇中至少有 1 人已经达到 65 周岁及以上	278.70
额外给付额	一般家庭		17.85
	单亲家庭		22.20
	轻度残疾	单身	36.20
		夫妇	51.60
	中度残疾	单身	17.75
		有残疾孩子	27.44
		夫妇	25.35
	重度残疾	单身	69.40
		夫妇（低等级重度残疾）	69.40
		夫妇（高等级重度残疾）	138.80
	残疾儿童		68.04
	领取就业及援助补贴	额外给付额（经测试具有相关工作能力的申请人）	30.60
		额外给付额（经测试需要支持的申请人）	40.60

资料来源：https：//www.gov.uk/government/publications/benefit-and-pension-rates-2022-to-2023/proposed-benefit-and-pension-rates-2022-to-2023。

另外，对于实际收入在贫困线以下的家庭，除了为其提供标准的住房福利外，对其还进行社会救助，例如提供固定金额的修缮费、保险费等，以保障这些家庭的住房质量。

4. 监管网络完善的住房保障管理。英国政府构建了一套较为完善的住房保障监管网络体系。英国的审计署、地方委员会、住房协会和住房供给方承担了对社会住房予以监管的相应职责。各部门对社会住房具体的监管方式有：一是将租户的住房记录与其他记录进行对比（如住房补贴或选民名册）；二是检查社会住房的真正居住者，如要求租户提供护照或租赁协议等；三是不定期进行突击入户检查；四是定期对居住资格进行审查，对不符合租住条件的租户要求其搬离或者支付更高的租金。此外，英国政府在法律上对社会租赁住房欺诈情形作出了明确规定，对欺诈行为予以严惩。

（三）英国住房保障的主要特点

1. 中央政府、地方政府与非营利性互助机构有机组合。英国实现了中央政府、地方政府与非营利性互助机构在住房保障体系中的有机组合。中央政府作为政策的制定者决定住房保障政策的基调，而地方政府作为政策的执行者决定着保障政策的实施细节，地方政府的决策更直接地关系到保障对象的利益。具体而言，中央政府并不制定一个全国统一的标准，住房保障对象的资格审查、保障标准、保障性住房的分配管理等是由地方政府针对当地实际情况确定并实施。同时，在政府指导下，英国住房保障体系中还存在着非营利性互助机构，如住房协会，充分调动民间力量来辅助政府实现住房保障的目标。英国虽然没有美国那么强大的市场力量支持，但这种权力的分散与下放有助于提升保障政策的灵活性和有效性。

2. 以公共财政资金作为主要资金来源。纵观英国保障性住房建设可以发现，政府公共财政资金的投入一直是保障性住房建设的主要资金来源。在保障性住房建设初期，政府投入了大量财政资金建设公共住房，规模逐年上升，至1976年达到顶峰（杨阳，2009）。1979年以后，英国虽然减少了公共住房建设支出，但政府加大了对低收入家庭的住房租金补贴力度，公共财政资金支持仍然是解决低收入家庭住房问题的主要手段。

3. 创造性地实施了"分享式产权购房"模式。英国住房保障体系在由政府主导逐渐转向市场化运作的过程中，大力推行公房私有化的转变方式，这使得英国住房保障体系创造性地实施了"分享式产权购房"模式，又被称为

"共享产权"模式。这一模式是指购房申请者和提供贷款的住房协会共同持有房屋产权（汪川和张明进，2022）。"分享式产权购房"模式是为了帮助无力购买住房产权的中低收入者实现购房梦想而实施的保障举措。具体而言，该模式允许中低收入者在租住公共住房的过程中根据自己的购买能力逐步购买其承租住房的产权，其间政府会提供诸多优惠政策，直至其最终获得全部产权。该模式在实际运行中有效地推进了英国政府公房私有化改革，并显著提升了中低收入群体的房屋自有率。

二、新加坡住房保障

（一）新加坡住房保障的发展历程

新加坡的住房保障颇具特色，是东南亚地区解决住房问题的成功典范。新加坡实行近半个世纪的"居者有其屋"计划成功地解决了低收入人群的住房问题。从 20 世纪 60 年代开始，新加坡开始进入"居者有其屋"计划时期，其推行公共住房自有化，即提供给低收入人群的公共住房可由租住转为售卖。作为市场经济国家，新加坡公共住房的建设与分配主要由政府负责，并不依赖于市场，市场机制仅对住房价格产生调节作用。

由于公共住房出售状况良好，1970 年，新加坡建屋发展局[①]扩大了政府组屋的建造计划，加快"居者有其屋"计划的实施。这一时期，新加坡绝大多数公民的住房问题得到了妥善解决。随后，政府将政策目标转变为完善公共住房政策保障体系，主要推出了特殊群体组屋计划、改善社区环境、加强市镇建设和公共住房更新等三方面的举措。

新加坡政府将住房作为主要的社会福利政策之一，实行普惠式的住房保障政策，确保房屋租金低廉，出售价格低于成本，帮助居民租房和鼓励其购房，实现"居者有其屋"计划。新加坡政府在住房保障方面的干预和介入具有创新特色，政府明确自身在住房问题中的定位与责任，所制定的住房政策符合其国情特点与阶段特征，并结合一系列金融、财政、法律等各种手段，建设了大规模公共住房。

---

① 新加坡建屋发展局（Housing & Development Board，HDB）主要负责组屋的发展建造和具体实施。

（二）新加坡住房保障的主要内容

1. 保障所有无购房能力的居民。新加坡的住房保障是面向所有无购房能力的居民。"居者有其屋"政策面向的就是所有没有能力在住房市场上购买私人住宅的居民，为该群体提供组屋，鼓励居民购买。新加坡统计局数据显示，到 2022 年，新加坡约为 93.1% 的人口居住在政府提供的组屋中，其中，94.1% 的人口拥有组屋的产权，而 5.9% 是租赁住房。

2. 以组屋为主的保障方式。新加坡的住房保障方式主要是以政府主导的组屋为主，组屋市场是政府住房政策的着力点。而中央公积金制度为政府组屋的建设和个人住房的购买提供资金支持。中央公积金制度是政府通过立法强制个人储蓄，从 1968 年开始允许公积金用于住房领域。中央公积金规模的逐渐壮大，推动了"居者有其屋"计划的实现。表 3 - 8 列出了 2018 ~ 2022 年新加坡中央公积金会员数和覆盖率，且成员数与覆盖率都逐年上升，到 2022 年分别达到 425 万人与 103%。

表 3 - 8　　　　　2018 ~ 2022 年新加坡中央公积金会员人数和覆盖率

年份	中央公积金会员人数（百万人）	中央公积金覆盖率（%）
2018	3.92	98.7
2019	4.05	99.5
2020	4.10	100.5
2021	4.12	103
2022	4.25	103.1

资料来源：https：//www.cpf.gov.sg。

3. 小户型、低房价的保障标准。针对低收入人群而言，当他们实在无法负担购买一套政府组屋，政府会允许他们以较低的价格租住政府提供的组屋。例如，家庭月收入仅在 800 新元以下的，可以每月 26 ~ 33 新元的价格租住一套 33 平方米的一房式政府组屋，或者以每月 44 ~ 75 新元的价格租住一套 45 平方米的两房式组屋。这种每月几十新元的价格设置对于每个家庭而言都能负担得起。

在住房补贴方面，新加坡政府依据家庭实际经济情况，来提供居民可享受的住房保障水平，采用分级提供的方式。每年新加坡政府都会拿出一定数量的新元作为公共住房补贴向居民直接发放，主要面向那些低收入租房户以及用于帮助中下层收入者购买公共住房。

4. 完善的组屋管理和便捷的服务网络。新加坡组屋的供应、管理以及金融服务等都是由政府成立的建屋发展局负责，后者具有较大的管理权限，为组屋的管理提供全套服务。目前，新加坡建屋发展局共有 22 个分局和 2 个服务中心，分别分布在各个市镇，为居民提供快捷的购买和租赁组屋服务。

（三）新加坡住房保障的主要特点

1. 政府承担提供住房的主要责任。新加坡住房保障的最大特点是完全由政府主导（谢丹，2023；李英健，2021），从法律、金融、土地供应等方面着手建立了完善的住房保障法律体系，包括公积金制度在内的金融支持体系以及完善的土地供应保障措施。此外，政府还构建了清晰而合理的组屋分配体系，对申请人资质、家庭结构条件等作出了明确规定。

2. 根据不同时期、不同群体制定住房保障政策。从新加坡住房保障政策的建设过程来看，政府针对不同时期、不同家庭制定了不同的保障政策。例如，在住房供应紧缺的年代，新加坡政府的主要目标在于促进住房建设、增加住房供应，保障方式主要采取出租的形式；在住房供应有所缓解的年代，新加坡住房保障政策注重保障房质量和居住条件的提升，保障方式逐步向出售转变。并且，在任何时期里都以住房家庭的特征，如家庭收入、家庭人口等为基础，制定相应的住房保障政策。

第四节 典型国家住房保障模式比较及经验启示

一、典型国家住房保障模式的比较

（一）住房保障方式比较

1. 住房保障方式的发展道路具有相似性。各国的住房保障方式随着社会住房问题的发展变化而不断完善，该完善过程有着共同的规律，如表 3 - 9 所示。首先，各国政府直接投资建造的保障性住房占同期所有新建住房的比重呈现先升后降的趋势；其次，随着社会经济的发展，公共住房建设规模扩大，住房问题得到缓解，公共住房所保障的人群范围和数量也在不断缩小；最后，住房的市场化程度得到不断提升，住房的公平与效率问题成为人们关注的焦点，政府补贴从"补砖头"向"补人头"转变。

表 3 – 9　　　　　　　　各国住房保障方式发展的共同规律

项目	公共住房建造	住房建设补贴	住房租金补贴
实行时期	住房短缺	拥有一定住房存量，住房短缺问题得到缓解	住房供给充足
政策目标	解决住房短缺问题	增加低价、低租金住房	减轻租房者负担
主要特征	政府直接建造	政府干预小，对建设方提供一定补贴	保障制度公平，为住房需求者提供资助
实行效率	较低	中等	较高

资料来源：据公开资料整理。

2. 公共住房供应方式存在差异。在公共住房供应方式上，一方面，各国的社会住房有完全政府组织建设和政府与私有企业共同建设的差别，但两者都为低收入者直接提供了住房保障。在新加坡，由政府专门成立的建屋发展局（Housing & Development Board，HDB）来运作保障性住房，有利于一体化管理，即组屋建设、分配、管理、维修等一体化。而美国、英国、德国等国家为私有企业提供一定的利息或运营成本补贴或税收优惠等政策，形成政府与市场共同运作保障性租赁住房模式。该模式有利于减轻政府财政负担以及保证房源来源多样化。另一方面，各国的社会住房供应存在租赁与出售的差别。一些国家的社会住房一直采取租赁的形式，如美国、德国等。而部分国家允许社会住房可以出售给承租人，如英国、法国、新加坡。其中，英国是以共享产权的形式出售社会住房。政府允许公共住房出售的形式有利于低收入者实现"居有其屋"的目标。

3. 住房补贴提供方式存在差异。从以上各国住房补贴的提供形式来看，主要存在直接补贴与间接补贴之分。一部分国家的住房补贴是直接发放给符合保障的居民，例如德国、新加坡等国。目前，房租补贴已成为德国对低收入居民住房保障的主要方式之一。房租补贴制度是政府依据各家庭的人口、收入及房租支出情况给予适当补贴，确保每个家庭拥有足够的住房支付能力。2020年，德国共有618 200户家庭领取住房补贴，占德国家庭的1.5%，较2019年增加了22.6%[①]。另一部分国家的住房补贴不是直接补贴给符合保障的居民，

---

① https：//www. 163. com/dy/article/GONS9TIO0514BIIR. html.

而是间接补贴给房屋出租人，例如美国、英国等。

两种形式都有利于提高低收入者的住房支付能力，使低收入承租者根据自己的生活需要在租房市场上自由选择合适价位和位置的房屋，有助于避免低收入群体在某个地方过度聚集而形成贫民区。但是，前者有可能促使低收入者将住房补贴用于非住房消费；而后者在对被保障者监管不严的情况下，容易引发承租人与出租者之间的道德风险。

（二）住房保障范围比较

通常，按照两分法将住房保障范围界定为救济型与福利型，前者是解决最困难家庭的住房问题，如美国的公共住房；而后者是面向大多数人群的住房福利，如新加坡的组屋。将住房保障定位于救济还是福利、规模多大，直接影响了政府财政的投入，对社会资源和财富再分配影响巨大。

1. 救济型住房保障范围。美国、英国是救济型住房保障的典型代表，具有这种模式特点的国家还有澳大利亚、加拿大、新西兰等国家。这些国家将住房保障的重点都集中于低收入人群，实施救济型的住房保障制度。美国政府将其职责定位于照顾难以在自由房屋市场中满足住房需求的人群，其制定的相关政策与资源主要集中于低收入人群，实施有针对性的住房保障政策，对高收入人群的住房需求则利用市场加以解决。与美国相似，英国也提倡充分的自由竞争，政府尽量不对市场进行干预，在住房市场上由市场供给和分配住房，其居民的居住水平仍居世界前列（姚玲珍，2009）。

2. 福利型住房保障范围。德国、法国、新加坡等国家是福利型住房保障模式的典型代表，住房保障范围较为广泛，包括中低收入人群以及某些特殊群体等，实施福利型的住房保障制度。德国奉行社会市场经济制度，即主张经济活动在根据市场经济规律运行的同时要以社会因素为补充，注重社会保障，认同国家干预，住房保障政策更多地体现为社会福利性，提倡为所有家庭都提供一个较为均等的居住机会。新加坡实行独树一帜的住房制度，政府将住房作为主要的社会福利政策之一，实行普惠式的住房保障政策，确保房屋租金低廉，出售价格低于成本，帮助居民租房和鼓励其购房，实现"居者有其屋"计划。

比较两种模式可以发现，选择救济型住房保障的国家更偏向于由市场进行资源配置，政府只发挥辅助作用。而福利型住房保障既充分发挥市场作为社会福利供应者的功能，又强调政府在建立社会福利体系中的作用，住房政策是政府调控市场和促进社会福利的一个重要手段。

（三）住房保障标准比较

1. 保障标准的制定依据具有相似性。从以上各个国家的住房保障标准来看，不同国家制定保障的标准依据虽然存在差异，但基本上是基于申请人的收入、申请人所在地的租金水平、申请人家庭结构等要素综合制定保障标准。

2. 住房保障标准动态调整。各国制定的住房保障标准并非一成不变，而是根据本国的经济社会发展状况、住房保障水平、住房存量以及被保障对象的实际需求动态调整，例如，德国、新加坡等国的住房保障面积不断增加，住房补贴水平也不断提升。

二、典型国家住房保障模式的经验启示

从典型国家住房保障体系的发展经验来看，建设完善的住房保障体系需要经历长期而复杂的过程，在这一过程中形成的许多先进经验值得我国借鉴和学习。与此同时，我国政府又要从实际出发，建立一套符合我国国情的住房保障体系，实现全民"住有所居"，创建"体面、舒适"的居住环境。

（一）分阶段完善住房保障体系

住房保障体系的建设涉及面广、难度大、周期长，需要分层次逐步建立。美国住房保障的发展主要经历了公共住房建设时期、补贴住房建设时期以及房租补贴时期三个阶段，补贴对象也由住房供应方转为需求方，逐步实现对城市低收入者、部分中等偏下收入者和部分少数民族群体提供不同程度的保障。又如，新加坡政府实施的"居者有其屋"计划也是一个循序渐进的过程，先是着重解决低收入家庭的住房问题，然后进一步解决中等收入家庭的住房问题。

（二）合理设置和适时变化保障标准

由于保障对象的住房支付能力存在差异，具体的住房需求也不尽相同，因而住房保障的水平必须注重层次性，以灵活地适应不同保障对象的相应住房需求。同时，住房保障体系的标准应该随着一国或地区经济发展水平的提升、住房价格的变动、居民收入和居住条件的变化而适时调整。

（三）鼓励社会力量参与住房保障建设

发挥各类私营企业开发商以及非营利性组织的作用有利于拓宽保障性住房

的来源，从而提高供给效率。从美国、德国等发达国家住房保障制度的发展历程中可以看出，除了政府直接投资建设住房和对住房建设进行补贴外，各类私营企业开发商以及非营利性组织也对住房保障作出了贡献。政府为房地产开发企业提供财政补贴，要求建成的住房必须以政府控制或指导的价格出租给中低收入家庭。这样有利于减轻政府的财政压力，提高公共部门的工作效率，增加保障房源。

（四）创新住房金融产品与服务

不论是市场机制还是政府行为安排，住房供应都因其投资量大而离不开金融体系的支持。典型国家在住房保障体系建设中都不同程度地开展了金融产品或制度创新，分别对保障性住房提供主体或被保障群体提供不同类型性质的金融支持。例如，美国的住房抵押贷款、新加坡的中央公积金、德国的住房储蓄贷款等。住房金融发展不仅为国家建立住房保障制度带来资金来源，也为居民改善居住环境、提高居住质量提供支持。

（五）加强住房保障法治化管理

住房保障工作的有序开展离不开法治建设。从典型国家的经验中可以看到，政府通过出台一系列法律法规对住房保障的供应对象、保障标准、资金来源以及管理机构等方面作出严格规定。利用法律的颁布实施确保住房保障的公平性，使住房保障得以顺利开展，例如美国的《住房法》、德国的《租房法》以及新加坡的《新加坡建屋与发展法令》等。

思 考 题

1. 自由主义福利国家、保守合作主义福利国家和社会民主主义福利国家的住房保障各有什么特点？请概括。

2. 请谈谈各国设立适当居住标准的依据是什么？

3. 各国住房保障方式存在哪些异同？请简要描述。

4. 救济型住房保障与福利型住房保障各有什么特点？

5. 你认为我国住房保障定位是救济型还是福利型？请阐述原因。

6. 各国解决住房困难群体的具体措施有哪些？对我国有什么借鉴？

第四章　中国住房保障的发展历程

我国政府高度重视城乡居民的住房问题，一方面，不断探索并完善具有中国特色的住房保障体系，从计划经济体制下实施住房公有制和全社会住房保障到社会主义市场经济体制逐步确立过程中，伴随着住房的商品化、市场化改革，不断推进以配租和配售为主线的住房保障制度建设；另一方面，各届政府都本着尽力而为、量力而行的原则不断加大保障性住房的投资与建设。概括地说，我国住房保障的发展，在模式与体系上与我国经济体制，特别是住房制度的改革相适应，在建设力度上则取决于各个时期的经济发展水平。

第一节　计划经济体制下的全面保障

1949～1978 年，与计划经济体制相适应，在住房公有制逐步建立之后，我国实施"统一管理、统一分配、以租养房"的公有住房实物分配制度，即福利分房制度。1978 年党的十一届三中全会在开启我国经济体制改革的同时，也启动了以住房商品化为核心的住房制度改革，但福利性的住房实物分配制度直至 1998 年才终止。这一阶段，实际上实行的是面向全社会的配租型住房保障制度。

一、背景

（一）经济背景

中华人民共和国成立初期，经济落后，百废待兴，国际环境恶劣，尽快建立社会主义公有制、发展重工业以奠定国民经济发展的基础是当时的中心任务。

中国当时是一个以农业为主的、经济相对落后的国家。在半殖民地半封建社会基础上建立的社会主义制度，经济基础薄弱，人口基数庞大，住房问题突出。据统计，中华人民共和国成立前全国城镇住房总面积仅为 2.7 亿平方米。1949 年新中国成立时，全国工农业总产值总计 466 亿元，人均国民收入仅为 66.1 元。其中，农业和工业在工农业总产值中的占比分别为 70% 和 30%，重工业在工农业总产值中的比例更是低至 7.9%（张丽凤，2011）。因此，新中国的首要任务是迅速恢复国民经济。

1949～1956 年，我国处于新民主主义社会发展阶段，国家承认住房私有权，公有房产与私人房产并存，通过采取公私并举的策略使住房建设得以持续进行。城市住房政策遵循保护旧有住房的原则，同时鼓励私人新建住房，以缓解住房紧张状况。国家住房建设方针旨在确保劳动人民有房可住，并逐步改善其居住条件，尽一切力量缓解房荒问题。

1956 年底，我国完成了对农业、手工业、资本主义工商业的社会主义改造，生产资料私有制转向社会主义公有制。与此同时，城市私房公有化也逐步推进。1956 年，中共中央书记处发布《关于目前城市私有房产基本情况及进行社会主义改造的意见》，这标志着中国私有住房社会主义改造正式启动。从 1958 年起，中国开始实施私有出租房屋社会主义改造，绝大部分房屋实行国家经租房机制，仅有极少数大城市对私营房产公司和大房主实行公私合营。国家经租房屋是对城市房屋占有者用类似赎买的方式逐步改变其所有制性质。凡房主出租房屋数量达到改造起点的，全部由国家统一经营，在一定期限内支付固定租金。全国所有城市和 1/3 的镇进行了私房改造，涉及房屋约 1 亿平方米（李国庆和钟庭军，2022）。

1949～1978 年，国家投入住房建设的资金超过 300 亿元，新建住房超过 5 亿平方米，但城市住房投资占基本建设投资比重高于 10% 的年份仅为三年，多数年份维持在 7% 左右（李高凯和王瑞芳，2020）。时任建设部房地产业管理局局长林志群的估算进一步揭示，1949～1978 年，住房投资仅占同期国民生产总值（GNP）的 1.5%，其中，城镇与乡村各占约半。确切而言，城镇住房投资占 GNP 的 0.77%（林志群，1987）。

（二）社会背景

"大跃进"时期，"一大二公"的思想逐渐渗透到住房建设与分配领域，住房私有权被彻底否定，取而代之的是泛福利住房政策（李高凯和王瑞芳，2020）。然而，尽管国家为城镇居民建设了大量新房，但根据"优先发展重工业、先生产后生活"的指导方针，住房投资长期受到严重限制。

1959~1961 年，农业连续几年遭受严重自然灾害，再加上"大跃进"和人民公社化运动的严重"左"倾错误影响，全国出现粮食和副食品短缺危机，波及范围达 20 多个省区（见表 4 - 1）。三年困难时期使中国陷入了严重的经济困难时期，一方面，国家财政紧张使住房建设、维护资金不足；另一方面，自然灾害又使大量房屋受损，居住环境恶化。

表 4 - 1　　　　　　　1959~1961 年中国受灾情况统计

年份	缺粮人口（万人）	成灾人口（万人）	农作物受灾面积（万亩）	农作物成灾面积（万亩）	倒塌房屋（间）
1959	8 228	8 043	65 571	20 215	857 726
1960	12 977	9 231	98 182	37 466	2 554 836
1961	21 813	16 326	92 623	43 251	7 481 805

资料来源：《中国灾情报告 1949 - 1995》。

"文化大革命"期间，由于人口的快速增长和城市住房建设的减缓，住房问题更为突出。统计数据显示，第三个五年计划期间（1966~1970 年），全民所有制单位竣工的住房建筑面积仅为 5 400 万平方米，占同期基本建设投资总额的 4%。尽管在 1971~1975 年，即第四个五年计划期间，全民所有制单位竣工的住房建筑面积增长至 12 573 万平方米，占同期基本建设投资总额的比例也上升到 5.7%，但与此同时，全国城镇人口从 1958 年的 8 400 万急剧增长到 1977 年的 1.1 亿，住房供给的增长速度明显滞后于住房需求的增长速度（张丽凤，2011）。截至 1977 年底，全国 190 个城市的人均居住面积仅为 3.6 平方米，与新中国成立初期 4.5 平方米相比，下降了 0.9 平方米（李高凯和王瑞芳，2020）。

经过近 30 年的发展，城镇住房所有制结构发生了显著变化，以公有住房为主导的所有制结构逐渐形成。1949~1978 年，城镇住房投资中超过 90% 的份额由政府提供，充分表明了公有住房在当时的绝对支配地位。截至 1978 年，城镇住房中公有住房占比高达 74.8%，这些住房主要由市政当局或工作单位负责管理（王旺平，2014）。这种高度集中的住房体制确保了政府对住房资源的全面掌控，但同时也限制了市场机制在住房建设和资源配置中的作用。

二、主要内容

计划经济时期我国实施的住房实物分配，本质上是一种面向全体社会成员的低水平、低租金的住房保障制度。

　　房屋的公有性质使其无法进入市场交易，而是由国家进行管理和分配。城镇居民的住房主要由所在单位解决，住房建设纳入国家基本建设计划，各级政府和单位统一按照计划进行住房建设，住房建设资金 90% 来自政府拨款，少量由单位自筹。住房建好后，由单位分配给职工居住，职工仅需缴纳很低的房租便可获得住房的使用权。这种分配制度主要依据职工的职级、工龄、家庭人口等因素进行，而与职工的劳动贡献无直接关联。

　　1952 年 5 月 24 日，内务部地政司印发《关于加强城市公有房地产管理的意见》，明确提出了"以租养房"的方针和合理的租金标准，但随着 1955 年政府对国家机关工作人员的薪酬制度由供给制向薪金制转变，以及受到过分强调住房福利思想的影响，租金占收入的比重逐年下调，住房福利性被强化，职工在居住过程中几乎无需承担住房成本。如 20 世纪 70 年代末，每月每平方米房租仅为 0.13 元（曹振良和高晓楚，2002）。这种福利分房与低租金制度导致了职工对住房的过度依赖和"等、靠、要"的消费观念，进而影响了住房资源的有效配置和使用效率。

三、简要评述

　　这一时期，我国建立了公有制占主导地位的住房保障制度，国家通过统一规划、建设和分配，城镇居民的住房问题得到缓解。比如，1950～1978 年间，上海共新增 1 139 万平方米工人新村。但由于这一住房制度脱离了市场机制，缺乏价格信号来指导资源的合理配置，社会资金也无法进入房地产领域，因此阻碍了住房建设及相关产业的发展。同时，由于私有住房建设和交易受到严格限制，城镇居民几乎没有其他选择，这种租赁公有住房的普遍性反映了当时住房制度的单一性和缺乏灵活性。此外，住房资源的有限性和分配的不均等性助长了平均主义和权力寻租。一方面，以工龄、职级、家庭人口为主要依据的住房分配具有显著的平均主义倾向，与按劳分配的原则相背离，不仅无法有效调动职工的劳动积极性，还忽视了个人的需求差异和贡献差异；另一方面，福利分房制度下的住房分配是一种行政行为，而非市场行为，住房分配的权力集中在少数人手中，缺乏透明度和监督机制，容易滋生权力寻租。

　　由于这一时期城镇居民的工资收入中并未包含住房消费部分，福利制度的低租金与居民的收入分配体制相契合，降低了职工的生活成本。但是，住房被视为福利品而非商品，投资建设资金、住房维修费用和管理费用均由政府和单位承担，而过低的房租使得"以租养房"难以实现，不仅给国家带来了巨大的财政负担，还导致了建筑质量低劣、维护不善，使住房建设难以实现良性循环发展。

在计划经济体制下，国家得以将大部分资金用于工业化建设，实现了低成本、高积累的快速经济增长，维护了社会安定和重工业化战略的实施。但由于分配给住房建设的资金有限，城镇住房建设长期处于低速度、低水平状况，难以满足城镇居民的住房需求。首先，人均居住面积减少。1977 年底的全国 190 个城市统计显示，平均每人居住面积仅为 3.6 平方米，相较于新中国成立初期的 4.5 平方米有所下降。与此同时，发达国家的人均居住面积普遍超过两位数，如 1974 年联邦德国为 16 平方米，1976 年法国为 13 平方米，美国为 18 平方米。其次，缺房户数量庞大。全国城市中缺房户共 323 万户，占居民总户数的 17%。最后，危房棚户改造缓慢，住房失修现象严重。全国城市失修失养的住房占比超过 50%，其中，危房占总面积 10% 以上、危房加棚户占比达到 20%（李高凯和王瑞芳，2020）。

第二节　中国住房保障的改革与探索

1978～2007 年是中国经济高速发展的 30 年，同时也是经济体制改革全面推进的 30 年。在这 30 年中，随着货币化、商品化住房制度的逐步建立与房地产业的崛起，我国住房保障也进行了一系列改革与探索。

一、背景

（一）经济背景

自 1978 年党的十一届三中全会召开以来，中国步入了全面改革开放的新纪元。随着经济体制改革的深入，城镇住房制度亦迎来了变革的契机，由传统的计划经济逐步向市场经济转型。住房制度改革的序幕以私人住房产权的重新确立为标志。1978 年，第五届全国人民代表大会第一次会议通过的《宪法》第九条明确规定："国家保护公民的合法收入、储蓄、房屋和其他生活资料的所有权。"这就使得落实私房政策有了法律依据。在此过程中，被政府机关、军队及个人挤占的私人房产得以逐步归还，原房主的所有权重新获得承认。① 住房私有权的确立为公房出售提供了前提，使之成为住房商品化变革的重要内容。

1978 年 9 月，国家建委在城市住宅建设工作会议上提出，1985 年城市职工住房的建设目标为人均居住面积 5 平方米，并强调多方主体积极参与，鼓励和组织私人投资建房，以此作为改革初期的重要实践。此举不仅标志着我国住房建设主体多元化局面的开启，同时也促进了城市住房建设资金渠道的多样化。除了传统的国家基本建设和更新改造项目资金外，集体所有制单位资金与个人资金被引入，由此形成了多元化的资金来源结构。

1978～1988 年期间，我国出现了三轮经济过热。为有效治理经济过热，我国出台了多项紧缩措施，如控制计划外投资规模、调整消费基金增速、加大信贷紧缩力度等。自 1990 年起，经济出现滑坡，大中型国有企业受到三角债问题困扰，改革步伐受阻。1991 年 4 月，第七届全国人民代表大会第四次会议通过的《中华人民共和国国民经济和社会发展十年规划和第八个五年计划纲要》制定了未来十年的国民经济发展规划，并明确了改革的中期目标和主要任务。1992 年初，邓小平谈话中肯定了深圳改革开放和经济建设成就，提出要解放思想、转变观念，抓住有利时机，加快改革开放步伐。同年 3 月，国务院批转的国家体改委《关于 1992 年经济体制改革要点》指出，治理整顿任务基本完成，社会环境相对稳定，应抓住有利时机，加大改革力度，加速改革步伐，特别强调要加快住房和社会保障制度改革。1993 年 11 月，党的十四届三中全会通过了《中共中央关于建立社会主义市场经济体制若干问题的决定》，明确了计划和市场的关系，并提出要"加快城镇住房制度改革，控制住房用地价格，促进住房商品化和住房建设的发展"。从根本上确定了我国住房制度改革的方向。

20 世纪 90 年代以来，国有企业生产体制的僵化导致国企生产效率低下，经济效益下降，无法满足人民群众日益增长的需求，这在一定程度上也影响了中国经济的健康发展。由此导致居民消费低迷、市场价格总水平下降。1998

---

① 中共中央办公厅转发《北京市委关于处理机关部队挤占私房进一步落实私房政策的通知》文件指出，"中央重申：党的政策必须落实，国家的宪法必须遵守。十年动乱中被挤占、没收的私房，必须在今后三五年之内，根据不同情况，分期分批予以发还。部队、机关（包括房管部门在内）、企事业等单位挤占的私房（首先是原自住部分），要限期（例如半年或一年）腾出，交还原房主（必要时，经过协商同意，可以调换或收购）。被挤占私房的人员中，属于高级知识分子、高级民主人士、知名人士、华侨、现无家可归或居住条件极端困难者，其原自住私房应当优先发还。对民主党派、工商联被挤占的办公用房，尤须坚决早日归还，不得再拖。"

年，全年居民消费价格总水平比上年下降0.8%，商品零售价格总水平比上年下降2.6%①。在此背景下，经济亟须寻找一个新的增长点，为经济发展提质增效。而住房建设有效需求的释放极有可能为经济带来新的增长点。首先，住房建设产业链长，能够带动上下游产业的协同发展。住房建设与建筑业、建材行业、家用电器等行业密切相关，房地产市场的发育能够缓解工业企业开工不足、需求疲软的问题。其次，住房发展的投入较小。我国在住房实物分配阶段就开始重视职工住房的建设，保障人民群众的住房需求，因此，通过改变住房的供应、分配机制，实施住房分配的货币化，国家投入较少，效益较大。最后，住房发展有利于增加市场消费。从国际经验看，住房商品带动系数为1.34，即1单位的住房商品消费能够带动1.34单位的社会商品消费。住房需求的发展将增加居民对家具、家电等消费品的需求，同时，也能够释放居民存款，提振消费。1996年，时任国务院副总理朱镕基就指出：（解决经济增长缓慢的）关键是打开市场，搞活流通，培植新的消费热点和经济增长点。当前最有可能形成消费热点的是住房，要推进房改，盘活存量，搞活流通，促进住房建设，带动相关产业发展。

1997年，亚洲金融危机爆发，亚洲主要国家股市大幅下跌，企业倒闭与工人失业交织，使得外需萎缩，拖累了中国经济的发展。在积极探索确立住房建设为经济新增长点的前置研究下，激发住房增长潜力成为亚洲金融危机背景下引领经济增长的关键要素。停止实物分配、实行住房分配全面货币化已成为住房体制改革的迫切要求。

1998年7月，国务院正式发布《关于进一步深化城镇住房制度改革加快住房建设的通知》，要求各省、自治区、直辖市自1998年下半年起终止住房实物分配，实行住房分配货币化。该通知的发布标志着住房分配的全面货币化和中国城镇住房市场化全面启动，中国房地产市场从此进入高速发展阶段。此后，住房货币化分配制度全面推开，实物分房全面停止，建立住房开发企业化、住房分配货币化、住房配置市场化、住房管理社会化的住房制度势在必行。为了住房分配全面货币化的顺利推进，中央在税收、金融机制、企业改革方面采取了一系列的改革。

首先，在税收方面出台一系列优惠政策。土地出让收入基本划归地方政府，房地产建设的收益下放给地方政府，提高了地方政府推动住房建设的积极

---

① 资料来源：国家统计局。本节数据若无特殊说明，均来自国家统计局。

性。对购房行为实施税收优惠，其中，最有代表性的政策为上海的购房退税政策。按照上海市有关规定，凡在 1998 年 6 月 1 日至 2003 年 5 月 31 日期间购买上海市商品住房或者差额换购商品住房（不含购买公有住房），并在产权证列名为产权人以及持有本市税务机关开具的个人所得税完税凭证的购房者，在产权证发证日期起的 6 个月内办理登记的，均可享受个人所得税计征税基（即个人应纳所得税额）抵扣。该政策有效地刺激了购房需求，推动了上海市房地产市场的发展。购房者从政府退还的经济回报中获益，但这一政策也使房价快速上涨。

其次，撬动金融机制对居民购买住房的支持作用。借鉴新加坡和美国经验建立住房公积金制度，并对居民提供个人住房贷款。对房地产企业提供长期低息贷款，为房地产企业提供流动资金，缓解房地产企业和居民的融资约束。

最后，成立市场化、社会化的专业房地产企业。住房福利分配时期，各企事业单位是住房的建设主体，这种制度阻碍了劳动力的自由流动和房地产业的专业化，因此，成立市场化的房地产企业是改革的关键之一，也是企业改革、住房制度改革的重点。

（二）社会背景

20 世纪 80 年代末至 90 年代初，全球风云变幻，世界局势动荡不安，苏联、东欧等社会主义国家的巨变也深刻揭示了改革的重要性与紧迫性。城市土地使用制度和分税制改革在一定程度上推动了住房分配全面货币化。1988 年，七届人大会议修改宪法，明确规定土地使用权可以依法转让。1990 年 5 月，国务院颁布了《中华人民共和国城镇国有土地使用权出让和转让暂行条例》，进一步规定了土地使用权的各项经济权利，允许使用者以出售、交换、赠与等形式转让土地使用权。这一条例将城市土地有偿有限期改革纳入法治轨道，成为中国城市土地制度的核心特征。1994 年，中国进行分税制改革，改变了中央与地方政府间的财政关系。分税制改革后，地方政府在预算内财政收入中所占的份额大幅下降，这促使地方政府寻找新的财政收入来源，其中，土地出让成为主要途径。

温饱问题解决后，住房问题成为提升人民群众幸福感的关键。1998 年，全国居民恩格尔系数为 48%，首次降低到 50% 以下，百姓温饱问题得到解决；2000 年，全国小康生活水平实现程度达 95.6%，基本实现了总体小康，但住房问题依旧突出。住房成本共担机制实质上延续了住房的实物福利分配方式，同时，福利低租金制度的存在阻碍了居民进入市场的积极性（成思危，1999）。在经济因素与社会因素共同作用下，1998 年，住房实物分配制度终止。

随着房地产业的快速发展，住房投资属性受到市场各方重视。2003 年，国务院下发《关于促进房地产市场持续健康发展的通知》，正式明确房地产业是国民经济的支柱产业。住房的经济属性和投资属性日益凸显，房价快速上涨。此后国家开始出台调控政策，以期在住房的居住属性和投资属性之间找到一个平衡点（吕萍等，2021）。2005 年 3 月 26 日，国务院办公厅发布《关于切实稳定住房价格的通知》，要求各地区、各部门充分认识房地产业的重要性和住房价格上涨过快的危害性，把做好稳定住房价格工作作为加强和改善宏观调控的一项重要内容，通过采取有效措施抑制住房价格过快上涨。为控制房地产市场过热，政府多次采取调控政策，努力使房地产市场朝着遏制投机、控制投资、引导合理消费、稳定房价的预期目标发展。

但房价总体仍然保持上涨态势，住房的经济属性、投资属性凸显，社会属性、居住属性不足。社会生产资源被过度投向房地产领域，进一步拉高了住房价格，对社会经济的长远发展产生了不利影响。首先，房价增长与居民收入增长之间呈现不平衡，高企的房价使大部分消费者背上高昂的住房贷款，对非住房消费产生挤出效应。其次，住房供给结构存在显著偏差。商品房占据主导地位，而面向中低收入家庭的经济适用房却因其数量有限、管理不完善而未能充分发挥其应有的保障作用。此外，住房二级市场和租赁市场的发展滞后，进一步加剧了住房市场的供需矛盾。住房保障改革的重要性日益凸显。

二、主要内容

（一）出售公房试点与提租补贴

1978 ~ 1990 年，我国开始探索产权型住房保障。在不触动长期传统住房制度所形成的"低租金"格局前提下，政府采取了一系列措施，包括试点以成本价出售新建住房、鼓励个人建房、补贴出售公房等，旨在逐步引导住房市场向商品化方向发展。然而，随着试点改革的深入，政府意识到租售关系的调整是改革的本质，因此转向提租补贴。

1. 出售公房试点。这一阶段，政府先后在多个城市进行住房改革试点。1979 年，中央政府拨款给西安、柳州、南宁等城市，进行住房向居民出售的试点。然而，由于当时住房售价偏高、租金过低，这一试点未能持续。至 1982 年，国务院批准郑州、常州等城市按照"三三制"原则实施住房补贴出售政策，即单位、政府、个人各支付 1/3。1984 年，北京、上海、天津等直辖市也被纳入试点范围。至 1985 年底，全国共有 160 个城市和 300 个县镇实行了补贴售房政策，公有住房出售面积达 1 093 万平方米。然而，由于租售价格比不合理等原因，部分地区出现了贱价出售现象，1986 年 3 月，城乡建设环境保护部发布《关于城镇公房补贴出售试点问题的通知》，重新提出全价出售公有住房。

2. 提租补贴。1986 年，为深化住房制度改革，国务院成立了"住房制度改革领导小组"及其办公室，并于同年 7 月 25 日召开首次会议，明确房改的核心为逐步提高房租至成本及商品房租金水平。这一改革涵盖了住房供给、分配和消费等多个层面，标志着住房制度改革正式进入提租补贴实验阶段。

1987 年，烟台、常州、蚌埠、唐山四个城市获批成为房租改革试点城市。改革主要措施包括提高公有住房租金以覆盖建筑、修缮等成本，并逐步将房租调整至包含利息、管理费等因素。为缓解居民经济压力，地方政府对职工进行补贴，并鼓励公有部门职工以标准价格购买租住公房。

基于试点城市的成功经验，1988 年 8 月，国务院召开第一次全国住房制度改革工作会议，发布《关于全国城镇分期批租推行住房制度改革的实施方案》。该方案提出两步走战略。首先，实现住房租金与成本相符，抑制不合理需求，促进个人购房；其次，通过调整工资，逐步将住房消费纳入企业成本，进一步实现住房商品化。随着该方案的推广，全国大部分城镇实施了以提租补贴为主要内容的住房制度改革方案，公房租金水平显著提升。

提高房租的措施旨在通过增加工资将原本隐含的补贴显性化以及将实物分配转变为货币分配。通过提高房租来刺激旧公房出售，本质上是要使居民在租赁保障和产权保障间选择产权保障（购买公房）。

（二）住房保障的初步探索

1990～1998 年，为了解决提租补贴实践中所出现的资金来源不足问题，房改重点转向以公房出售为主，并通过建立住房公积金制度来扩大资金来源。在住房制度改革过程中，政府充分考虑了不同收入水平和不同需求群体的实际情况，建立了以中低收入家庭为对象的经济适用房供应体系，并建设"安居工程"，旨在通过政府补贴和优惠政策为中低收入家庭提供价格合理、品质可靠的住房，以满足其基本居住需求。同时，在全国范围内全面推行的住房公积金制度也为中低收入家庭提供了购房的资金支持。住房公积金制度和经济适用房制度共同构成了住房保障的重要内容，也为住房市场的稳定发展提供了有力支撑。

1. 住房公积金。1991 年 2 月，上海出台《上海市住房制度改革实施方案》，提出"推行公积金，提租发补贴，配房买债券，买房给优惠，建立房委会"。其中，建立住房公积金制度是核心内容。据统计，截至1996年12月，全市参加住房公积金制度的职工达到441万人，发售住房建设债券6.67亿元，不仅为扩大住房建设规模提供了强大的资金支持，显著改善了职工居住条件，还为住房公积金制度的全国推广积累了宝贵的经验。

1994年，国务院发布《关于深化城镇住房制度改革的决定》。提出建立并全面推行住房公积金制度；同年11月，《建立住房公积金制度的暂行规定》发布，规定了住房公积金的缴存、支付、使用和管理方法。1996年8月，《关于加强住房公积金管理的意见》推动和完善了住房公积金的管理体制。截至1997年年底，全国共积累住房公积金800亿元（汪洁，2012）。1999年，国务院颁布《住房公积金管理条例》，2002年又对这一条例予以修改完善，住房公积金制度自此正式纳入法治化轨道并在全国推行。

2. 出售公房。1991年6月，国务院颁布的《关于继续积极稳妥地进行城镇住房制度改革的通知》提出出售公房，其中，新建公房优先出售或出租给无房户和住房困难户。国务院1994年发布的《关于深化城镇住房制度改革的决定》又强调要稳步出售公有住房，并规定了公房售价的确定方法，即"向高收入职工家庭出售公有住房实行市场价，向中低收入职工家庭出售公有住房实行成本价"。这种差异化的公房出售定价原则体现了为中低收入家庭提供住房保障的思想。

截至1997年底，全国公房出售收入达860多亿元。除北京和天津以外，全国各大中城市可售公房50%已出售给职工。各地住房租金平均为0.8~1.8元/平方米，35个大中城市公房租金达1.29元/平方米。

3. 经济适用房。除了建立住房公积金制度、稳步出售公有住房外，《关于深化城镇住房制度改革的决定》还特别提出"建立以中低收入家庭为对象、具有社会保障性质的经济适用住房供应体系和以高收入家庭为对象的商品房供应体系"。1994年，《城镇经济适用住房建设管理办法》明确了中低收入家庭的认定标准，并对经济适用房的筹资、建设、租售和管理等作出规定，这不仅推动了我国住房保障的发展，还奠定了我国经济适用住房制度的基础。1995年，《国家安居工程实施方案》提出计划在5年时间内完成1.5亿平方米的建设任务，按国家贷款和城市配套资金4∶6的比例筹集，城市配套资金主要指房改资金；住房建成后直接以成本价向中低收入家庭出售，以保障无房户、危房户和住房困难户的基本住房需求，在同等条件下优先出售给离退休职工、教师中的住房困难户。1996 年 3 月，《国民经济和社会发展"九五"计划和 2010 年远景目标纲要》强调要推进住房制度改革、建设"安居工程"、加快住房商品化的步伐。

综上可知，1990 ~ 1998 年我国进行了住房保障的初步探索，但其保障覆盖面较窄，主要是面向住房条件非常困难的中低收入家庭，为其提供保障安全和基本生活条件的帮助。

（三）住房保障的深化改革

1998 ~ 2007 年，由于住房制度从住房实物分配向住房市场化转变，住房支付能力较差的群体很难从商品房市场获得住房。为解决低收入人群的住房问题，我国城镇居民住房保障改革进一步深化。

1998 年，为了进一步解决城镇低收入家庭的住房问题，国务院在《关于进一步深化城镇住房制度改革加快住房建设的通知》中首次提出了"廉租住房"的概念，并明确要建立以经济适用住房为主的住房供应体系，即对不同收入家庭实行不同的住房供应政策：最低收入家庭租赁由政府或单位提供的廉租住房；中低收入家庭购买经济适用住房；高收入家庭购买、租赁市场价商品住房。这一时期，通过经济适用房作为配售型保障性住房、廉租房作为配租型保障住房等方式，较为全面地保障了住房困难家庭租赁和购买住房的需求。但是由于处于发展初期，相关建设规范、准入审核、分配使用等制度不完善，使得很多城市的经济适用房并未真正覆盖到中低收入住房困难家庭。同时，随着房地产市场的不断发展，我国住房逐渐以商品房为主，廉租房和经济适用住房所占比例较小、保障力度不够。

2003 年 8 月，《国务院关于促进房地产市场持续健康发展的通知》提出"调整住房供应结构，逐步实现多数家庭购买或承租普通商品住房"，在廉租住房的补贴方式方面，提出"最低收入家庭住房保障原则上以发放租赁补贴为主，实物配租和租金核减为辅"。此后，相关部门陆续发布了一系列廉租住房制度建设相关文件，如《城市最低收入家庭廉租住房管理办法》《廉租住房租金管理办法》等。《关于城镇廉租住房制度建设和实施情况的通报》指出，截至 2005 年底，全国 32.9 万户最低收入家庭被纳入廉租住房保障范围，但仍有部分城市没有建立廉租住房制度或相关制度不完善。

2006 年 6 月，《关于调整住房供应结构稳定住房价格的意见》提出，尚未建立廉租住房制度的城市必须在 2006 年底前建立，合理确定并公布近两年廉租住房建设规模，并安排一定规模的廉租住房开工建设，同时，该文件要求地方政府将土地出让净收益的一定比例用于廉租住房建设。国家着手完善廉租住房和经济适用住房制度，对地方政府建设保障性住房有了具体的约束指标。

2007年，《国务院关于解决城市低收入家庭住房困难的若干意见》针对城市廉租住房制度建设相对滞后、经济适用住房制度不够完善、政策措施还不配套、部分城市低收入家庭住房还比较困难的问题，提出"加快建立健全以廉租住房制度为重点、多渠道解决城市低收入家庭住房困难的政策体系""以城市低收入家庭为对象，进一步建立健全城市廉租住房制度，改进和规范经济适用住房制度，加大棚户区、旧住宅区改造力度"，并规定"低收入家庭主要通过廉租住房解决，外加经济适用住房；中等收入家庭根据各地实际可以采取限价商品房和经济适用房的办法解决；高收入家庭主要通过市场解决"。这一文件扩大了廉租住房的保障范围、规范了经济适用住房制度、将其定性为政策性住房，并与廉租住房保障对象衔接。该意见的出台反映了党中央和国务院切实加大解决城市低收入家庭住房困难工作力度，推动了房地产发展走向市场与保障相互协调、相互补充的新阶段，有利于多主体供给、多渠道保障、租购并举住房制度的形成。

三、简要评述

经过近30年的探索，我国建立了以经济适用房、廉租住房、住房公积金为主要内容的住房保障体系，显著改善了城镇居民的居住条件，不仅体现在住房数量的增长上，更体现在居住质量的提升上。具体而言，中国城镇居民人均住房建筑面积从1978年的6.7平方米显著提升至2006年的27.1平方米，增加了3倍有余。1994～2007年，全国共建设廉租住房、经济适用住房等保障性住房1 000多万套。此外，住房公积金体系的建立健全在减轻居民购房负担的同时，也为政策性住房金融体系的培育和发展创造了条件，带动了商业性个人住房金融的发展。2007年，全国住房公积金缴存款3 542.92亿元，全国住房公积金发放个人住房贷款2 201.57亿元，占当年缴存额的62.14%，累计为830.04万户职工家庭发放个人住房贷款8 565.90亿元①。

---

① 2007年全国住房公积金缴存使用情况统计［EB/OL］.（2008-03-14）. https：//finance. sina. com. cn/stock/zzzl/20080314/13472070315. shtml.

但这一阶段的住房保障也存在很多不足。首先，经济适用房的管理不够规范。对于销售对象没有明确的审核标准，导致其消费主体错位，出现高收入者购买多套经济适用房现象，挤占了中低收入家庭的房源；房型普遍较大，中小户型供应量少，导致原本低成本的经济适用房价格与商品房价格相差不大，中低收入家庭无力消费，经济适用房丧失了其保障功能。其次，廉租房存在覆盖面小、资金不足的问题。2007 年，全国人均建筑面积 10 平方米以下的低收入家庭有近 988 万户，截至 2006 年底解决了 26.8 万户的住房困难问题，仅占2.71%①。最后，住房公积金的覆盖率较低。2007 年，我国住房公积金缴存覆盖率不足 25%，且体制内就业者的覆盖率远高于体制外就业者的覆盖率（高广春，2017）。此外，由于办理住房公积金贷款条件多、手续烦琐，且只能用于购买、建造、翻修房屋，这也限制了中低收入者对住房公积金的使用，与住房公积金用于住房保障的原意相悖。

第三节　中国住房保障的完善与提升

自 2008 年起，我国住房制度将保障与市场并重发展。在完成住房市场化后，住房制度改革的重点转向住房保障体系的完善。经过多年探索，由配租与配售构成的住房保障体系进一步完善，前者主要由公共租赁住房（含廉租房）、保障性租赁住房构成，后者则从经济适用房经过共有产权房发展到 2023年提出的"保障性住房"。在这一过程中，作为保障主体的政府职能也在从主导向引导转变。

一、背景

（一）经济背景

2008 年，随着美国次贷危机向世界金融危机的演变，外贸订单锐减，中国对外贸易出口转为负增长，经济增速回落，硬着陆风险凸显。为进一步扩大内需、促进经济增长，亟须寻找新的经济增长点。与 1998 年应对亚洲金融危机相

---

① 阳光政策新走向：988 万低收入家庭如何解决住房难［EB/OL］．（2007－05－10）．https：//www.gov.cn/jrzg/2007－05/10/content_609464.htm.

似，我国在面对美国次贷危机时也采用了拉动房地产业刺激内需的应对措施，但前者重在房地产建设和住房分配体制的革新，而后者则重在保护低收入家庭的基本住房权益。在基本完成住房体系市场化、保障大多数居民居住需求后，中央对住房困难家庭的住房保障力度不断增强，努力朝着共同富裕的目标迈进。

（二）社会背景

1998 年以来，房地产业迅速发展，在居民通过市场快速改善居住条件、实现家庭财富快速上升的同时，随着住房价格不断上涨，住房不平衡问题也更加突出。商品住房平均销售价格从 1998 年的 1 854 元/平方米上升到 2007 年的 3 645 元/平方米，十年增长率达到 49.14%。在此背景下，低收入家庭以及"夹心层"的住房矛盾逐渐凸显。高企的房价使居民的住房支付能力下降，形成了一批既无法享受保障性住房，也无力购买商品房的"夹心层"。因此，国家按照全面建设小康社会和构建社会主义和谐社会的目标要求，把解决城市低收入家庭住房困难作为维护群众利益的重要工作、住房制度改革的重要内容和政府公共服务的一项重要职责。2007 年 11 月 19 日，时任总理温家宝在访问新加坡时提到，"今年将安排 49 亿元用于廉租房建设，再加上地方财政，投入将达到几百亿。明年我们将加大廉租房建设的力度。"[①] 中央在多渠道解决城市低收入家庭住房困难的指导思想下开始大力推进保障性安居工程建设和棚户区改造，对住房供应体系和保障体系作出了再一次调整。

二、主要内容

2008 年以来，我国住房保障得到前所未有的重视。特别是党的十八大以来，保障体系不断完善，保障范围不断扩大，已建成世界上最大的住房保障体系。

（一）2008~2012 年，在围绕配售推进棚户区改造和保障性安居工程建设的同时，在配租体系中增设公租房，并加大农村危房改造

2008 年，国务院办公厅出台的《关于促进房地产市场健康发展的若干意见》要求"加大保障性住房建设力度，推动住房保障工作步入快车道"，强调

---

① 温家宝谈中国住房问题 [EB/OL]. (2007 - 11 - 20). https：//www. chinadaily. com. cn/hqzx/2007 - 11 -20/content_6266053. htm.

城市棚户区（危旧房、筒子楼）改造，提出用 3 年时间基本解决城市低收入住房困难家庭住房及棚户区改造问题。2009 年，《关于推进城市和国有工矿棚户区改造工作的指导意见》颁布，其中提出力争在 5 年内基本完成集中成片的城市及国有工矿棚户区改造的目标，特别强调加速推进国有工矿棚户区的改造工作，改善棚户区居民的居住条件。

2010 年 1 月 7 日，国务院办公厅印发《关于促进房产市场平稳健康发展的通知》，首次提出公共租赁住房和限价商品住房，表示在商品住房价格过高、上涨过快的城市要切实增加限价商品住房、经济适用住房、公共租赁住房供应，"保障性安居工程"的概念也被正式提出。同年，《国务院关于坚决遏制部分城市房价过快上涨的通知》要求确保完成 2010 年建设保障性住房 300 万套、各类棚户区改造住房 280 万套的工作任务。2011 年，国务院发布《关于保障性安居工程建设和管理的指导意见》，细化了保障性安居工程建设的具体内容。之后，又提出了"十二五"期间全国建设筹集 3 600 万保障性住房的目标，这标志着我国进入最大规模的保障性住房建设阶段。

至此，城镇住房保障的配租体系除廉租房外还包括公共租赁住房，配售体系则包括经济适用房、限价商品房和各类棚户区改造住房。

值得一提的是，2009 年，住房和城乡建设部、发展改革委、财政部联合发布《关于 2009 年扩大农村危房改造试点的指导意见》，农村危房大规模改造正式拉开序幕。与此同时，部分地区陆续推出抗震安居工程、游牧民定居工程。这说明农村居民的住房保障工作得到重视。

（二）党的十八大以来，以配租和配售为主线的住房保障体系更趋完善

2013 年，住房保障体系围绕棚改货币化、廉租房与公租房并轨推进。2013 年 7 月，国务院发布《关于加快棚户区改造工作的意见》，棚户区改造大规模推进，其中，棚改货币化安置尽管降低了保障性住房的建设力度，但对住房去库存具有积极作用。同年 12 月 9 日，住建部、财政部、发改委联合发布《公共租赁住房和廉租住房并轨运行的通知》，将公共租赁住房和廉租房并轨，统称公共租赁住房。

自 2014 年起，共有产权房经过数年探索，正式开始代替经济适用房，成为住房保障体系中配售的主力，产权保障从有限产权转为共有产权。2014 年 12 月 30 日，住建部发布《关于试点城市发展共有产权性质政策性商品住房的

指导意见》，首次提出在试点城市发展共有产权房，确定北京、上海、深圳、成都、淮安、黄石为六个试点城市，除此之外，南京、广州、烟台等一些非试点城市也开始自行探索共有产权住房政策。事实上，我国对共有产权房的探索最早可追溯到 2007 年。2007 年 10 月，淮安市推出了首批 300 套共有产权住房；2009 年，上海出台了《上海经适房管理试行办法》，首次明确提出了"有限产权"的概念，即购买经济适用房的住房困难家庭与政府分别享有房屋的有限产权，直至 2016 年，上海市政府发布了《上海市共有产权保障住房管理办法》，上海的共有产权房才从经适房概念中独立出来①。

2016 年中央经济工作会议首次提出"房子是用来住的，不是用来炒的"，这一定位对住房市场调控、住房制度和住房保障体系完善将产生长期决定性影响。正是在这一逻辑下，党的十九大报告提出、党的二十大报告再次强调，加快建立"多主体供给、多渠道保障、租购并举"的住房制度，让全体人民住有所居。调控政策的导向是使房子回归住房的基本功能，建立适应市场规律的基础性制度和长效机制，建设有序发展的住房市场。

2021 年保障性租赁住房正式被提出。为了解决大城市住房突出问题，"十四五"规划中提出，要"完善住房市场体系和住房保障体系""有效增加保障性住房供给，完善住房保障基础性制度和支持政策。以人口流入多、房价高的城市为重点，扩大保障性租赁住房供给，着力解决困难群体和新市民住房问题"。2021 年 7 月 2 日，国务院办公厅发布《关于加快发展保障性租赁住房的意见》，首次提出以保障性租赁住房保障青年人、新市民群体的住房问题，要求加快完善以公租房、保障性租赁住房和共有产权住房为主体的住房保障体系。

需要指出的是，为巩固拓展脱贫攻坚成果，2021 年 4 月，《关于做好农村低收入群体等重点对象住房安全保障工作的实施意见》提出，"十四五"期间，实施农村危房改造和地震高烈度设防地区农房抗震改造，逐步建立健全农村低收入群体住房安全保障长效机制。

2023 年 8 月 25 日，国务院印发《关于规划建设保障性住房的指导意见》提出，在大城市规划建设保障性住房，加大保障性住房建设和供给，让住房有困难且收入不高的工薪收入群体以及城市需要的引进人才等群体逐步实现居者有其屋。此外，该文件明确了各类保障性住房的保障范围，配租型保障性住房

---

① 上海共有产权房 7 年试点：5 次放宽准入标准 完善细则［EB/OL］.（2017－10－28）. https：//finance. sina. com. cn/china/gncj/2017－10－28/doc－ifynffnz3048074. shtml.

主要包括公共租赁住房和保障性租赁住房。具体而言，对困难家庭提供公共租赁住房保障，对新市民、青年人提供保障性租赁住房，鼓励将空置的商业办公楼改建为宿舍型保障性租赁住房；而对于共有产权房、人才安居房等产权交易型的政策性住房，新建项目要调整为配售型保障性住房，按照保本微利的原则进行配售，实施封闭管理。这一文件进一步完善了住房保障体系，扩大了住房保障对象的覆盖范围。由公共租赁住房、保障性租赁住房、配售型保障房构成的住房保障体系得以构建，"市场＋保障""购买＋租赁"的住房制度正加快完善。

三、简要评述

2008 年以来，我国住房保障体系不断完善。住房保障政策的目标人群逐渐扩大，从城镇户籍住房困难家庭扩展到了城镇流动人口，农民工、新市民等群体也被纳入保障范畴。保障房源筹集方式逐渐多样，由国家划拨土地新建拓展到利用企事业单位闲置住房改建以及在新建商品房中进行配建等，新建、配建与改建并重。住房保障的运作方式逐渐与市场接轨，吸纳社会资本参与，由政府主导拓展到了政府引导、社会资本参与，各地政府都成立了市场化运作的保障房运营公司，同时，积极探索不动产投资信托基金（REITs），为保障房建设提供资金支持。

同时，住房保障工作成效显著。自 2008 年大规模实施保障性安居工程以来，全国累计开工建设各类保障性住房和棚改安置住房 7 800 多万套，2 200 多万困难群众取得住房补贴，1 157 万户建档立卡贫困户通过实施农村危房改造、易地扶贫搬迁、农村集体公租房等多种形式保障了住房安全，截至 2020 年 6 月，全国所有建档立卡贫困户均已实现住房安全有保障[①]。根据"七普"数据，我国城市、镇家庭户人均住房建筑面积分别达到 36.52 平方米、42.29 平方米，比"六普"时分别增加 7.4 平方米、10.3 平方米。此外，我国已累计建设 6 000 多万套保障性住房，基本解决了低保、低收入家庭的住房困难问题，1.5 亿多群众实现了"安居梦"。截至 2022 年上半年，已有超过 3 800 万的住房困难群众住进了公租房，累计 2 700 万住房困难群众领取了租赁补贴，

---

① 脱贫攻坚农村危房改造任务按时完成［EB/OL］.（2020－09－24）. https：//www.gov.cn/xinwen/2020－09/24/content_5546557.htm.

而公租房的优先保障政策使得 645 万老年人（60 岁以上）、82 万残疾人、30 万优抚对象以及 30 万环卫工人和公交司机等特殊困难群体的居住条件得到了改善①。

当然，当前我国住房保障仍存在一些问题。首先，在全国层面没有设立科学的准入标准，各类住房保障的准入标准由各地政府自行规定，除财产收入和最低人均住房面积外，一些城市还规定了户籍、居住时间等要求，不同的准入标准使得各地保障水平并不统一，仍有"夹心层"存在。其次，不少城市的住房保障准入标准长时间未作出改变，以原有的标准来判别当前环境下的住房困难群体显然并不合理。最后，补贴标准不科学，我们用住房保障支出占国内（地区）生产总值的比例来测度住房保障水平，计算发现，住房保障水平与经济发展水平反向发展，即发达地区的住房保障支出偏低（详见第九章图 9 - 2）。

第四节　中国住房保障的发展趋势

一、现有住房保障体系的构成

以《关于规划建设保障性住房的指导意见》的颁布为分界线，原有的住房保障体系以公共租赁住房、保障性租赁住房为主体，同时发展共有产权住房；颁布后，配租型保障房体系仍以政府主导的公共租赁住房和政府引导的保障性租赁住房为主体，但配售型保障性住房则将共有产权房、人才安居房等原产权型政策性住房的新建项目按保本微利原则配售，实行封闭管理。由于《关于规划建设保障性住房的指导意见》的颁布时间尚短，各地实施细则尚未发布，建设也未形成规模。所以仍有必要将共有产权房作为配售型保障房的主体加以一并分析。包括公共租赁住房、保障性租赁住房、共有产权住房和配售型保障性住房在内的四类保障性住房，在保障手段、保障对象、准入标准、建设主体、土地供应上相互补充，应该说形成了符合时代要求、反映人民利益的住房保障体系。主要住房保障方式比较如表 4 - 2 所示。

---

① 扎实做好住房保障工作　加快解决困难群众住房问题［EB/OL］.（2023 - 02 - 06）. https：//www. mohurd. gov. cn/xinwen/gzdt/202302/20230206_770196. html.

保障手段	保障方式	保障对象	准入标准	建设主体	土地供应
租赁保障	公共租赁住房	城镇住房困难、收入困难家庭	多有户籍、居住时间、收入限制	政府主导	划拨
	保障性租赁住房	新市民、青年人等	无	多主体投资建设	出让、租赁或划拨
产权保障	共有产权住房	城镇中低收入家庭	多有户籍、居住时间、收入限制	政府主导，城投企业较多承担建设任务	划拨或出让
	配售型保障性住房	住房有困难且收入不高的工薪收入群体、城市需要的引进人才等群体	无	政府主导，严格封闭管理	划拨、存量土地

表 4-2　主要住房保障方式比较

注：配售型保障性住房暂无明确准入标准，由地方政府自行设立，根据申请人的家庭收入、住房、财产等因素按顺序配售，从最困难的群体做起，逐渐扩大范围。

二、健全住房保障体系需要关注的四对关系

健全住房保障体系需要重点关注政府主导与政府引导、住房贫困与住房支付能力不足、配租与配售、实物补贴与货币补贴四对关系（见图 4-1），这涉及住房保障体系的核心，即保障主体、保障对象、保障手段和保障方式。

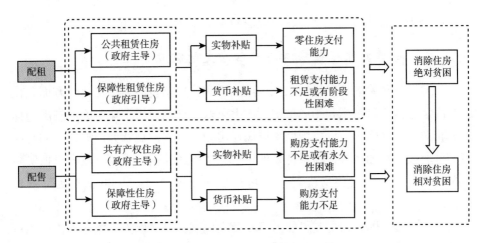

图 4-1　住房保障四对关系的互动机制

（一）保障主体：政府主导与政府引导

政府一方面要积极承担起在住房保障中的主体责任，另一方面应该逐步转变其在住房保障中的职能。即改变过去政府主导模式，注重发挥市场配置资源功能，努力构建政府引导、社会参与、市场运作的住房保障运作机制，充分发挥政府和市场的双轮驱动作用。住房保障是对住房市场的补充，应更多采取市场化手段以提高运作效率，避免过度直接干预，应遵循市场化运作为主、直接干预为辅的原则。

《关于规划建设保障性住房的指导意见》中所规定的保障性住房仍是政府主导模式，但未来应逐步转向政府引导。保障性租赁住房在政府引导、探索市场化功能的过程中积累了较为成功的经验。从建设主体方面看，各市场主体均可参与保障性租赁住房建设，建成后的房屋所有权亦归投资者所有。2021 年 7月 2 日，《国务院办公厅关于加快发展保障性租赁住房的意见》指出，"引导多主体投资、多渠道供给，坚持'谁投资、谁所有'，主要利用集体经营性建设用地、企事业单位自有闲置土地、产业园区配套用地和存量闲置房屋建设，适当利用新供应国有建设用地建设，并合理配套商业服务设施。支持专业化规模化住房租赁企业建设和运营管理保障性租赁住房"。从资产运营方面看，保障性租赁住房建设企业积极运用房地产投资信托基金（REITs）等金融产品，探索"投—融—管—退"全过程链条，加强底层资产运营能力，吸引公众投资者进入保障性租赁住房投资领域。保障性租赁住房的实践为住房保障组织定位由政府主导的非市场化功能转向政府引导的市场化功能作出了良好示范。

（二）保障对象：住房贫困与住房支付能力不足

住房保障对象的认定标准包括住房贫困和住房支付能力不足两个方面。住房贫困又包括绝对贫困和相对贫困。本书第八章详细分析了住房绝对贫困的标准。相对贫困的确定应以我国城乡居民住房相对贫困的现状为依据，遵循与我国经济发展水平和地方住房条件发展水平相适应的原则，由地方政府根据实际情况自主确定。居民住房支付水平可以由房价收入比、房租收入比等指标确认。

基于住房贫困和住房支付能力不足两大标准，可将保障对象分为住房绝对贫困且租赁支付能力不足者、住房绝对贫困且购房支付能力不足者、住房相对贫困且租赁支付能力不足者、住房相对贫困且购买支付能力不足者四类，按梯度为不同贫困程度的保障对象提供适宜的保障性住房，优先解决住房绝对贫困、再缓解住房相对贫困问题。

（三）保障手段：配租与配售

保障手段分为配租和配售两种。配租型保障房提供的是使用权保障，主要包括公共租赁住房和保障性租赁住房。公共租赁住房目前采用以政府投入为主、各地公租房运营机构运作的模式进行供给，按照低于市场租金20%左右的租金水平出租给保障对象；保障性租赁住房则由政府引导，多主体参与建设，一般定价为市场租金的90%。

配售型保障房提供的是产权保障，主要包括《关于规划建设保障住房的指导意见》中所说的保障性住房以及原来的经济适用住房和共有产权房。随着相关政策的逐渐完善，保障性住房将会逐渐取代共有产权住房。从"消化存量房产"来看，在二手房去库存方面，应将配售型保障房筹集与二手房去库存结合起来。流通性是保障性住房的关键。保障性住房的交易需要完全封闭，如果要退出需政府回购。回购的价格，从目前福州全国首个对外销售的保障性住房实践来看，按照原购买价格结合住房折旧、房款利息确定。住房折旧按折旧年限（建筑主体结构50年、装修10年）予以核减，房款利息按交付使用年度商业银行一年期存款基准利率予以核增。也就是说，保障性住房是完全按照购买普通商品折旧逻辑来回购定价的，其完全失去金融属性，而只保障住房困难家庭的居住需求，避免套利。

（四）保障方式：实物补贴与货币补贴

住房保障方式分为实物补贴和货币补贴两种，实物补贴即砖头补贴，货币补贴即人头补贴。实物补贴方式会带来较大的管理成本。相比较而言，采取货币补贴方式不仅能够减轻政府压力，还能盘活市场存量房源，充分发挥市场机制的资源配置作用，并有利于进一步扩大保障覆盖面。首先，保留必要的实物配租和实物配售。这部分保障性住房主要面向最低收入住房困难户，这类人群通过依靠政府救济才能维持基本生活，所以必须保留该类实物补贴方式，由政府提供补贴，将住房低价出租或出售给保障对象。其次，进行货币补贴。货币补贴有直接和间接之分，直接补贴是将住房补贴直接发放给符合保障的居民，居民自行在市场上租赁或购买住房；而间接补贴是将住房补贴间接补贴给房屋出租人，目前一般采取间接补贴的方式。

三、中国住房保障的发展方向

党的十八大以来，以习近平同志为核心的党中央在结合马克思主义理论与中国实际，围绕共同富裕方面作出了一系列深刻、全面、准确的论述，拓宽了共同富裕的思想，为新时代共同富裕提供了科学指南。党的二十大报告强调，中国式现代化是全体人民共同富裕的现代化。共同富裕是中国特色社会主义的本质要求，也是一个长期历史过程。中国特色住房保障体系的构建也必然要以扎实推进共同富裕为目标。

（一）保障主体：政府主导转向政府引导

在我国住房保障体系探索的初期阶段，政府起主导作用，但随着住房保障的发展，单单依靠政府的力量难以满足巨大的保障性住房的供应和多样化需求，住房保障应由政府主导向政府引导转变。政府引导社会资源共同建设住房保障既符合"坚持租购并举，多主体供给、多渠道保障"的要求，又可以减轻政府建设负担及财政压力，同时提高住房保障体系开发建设和运营管理的效率。但政府引导社会力量参与不代表其可以放松监管力度。住房保障是重大民生问题，在引导社会力量参与时，政府应确保各类保障对象都能够获得合理的住房支持，规范市场行为，防止市场失灵和不良资本的投机炒作，尤其是保障性住房要求封闭管理，更需要政府加强监管，同时，也可以通过税收优惠、财政补贴等手段降低社会力量进行住房保障建设的成本和风险，提高其参与的积极性，避免"面子工程"的存在。

（二）保障对象：优先解决住房绝对贫困

党的十八大以来，以习近平总书记为代表的中国共产党人继承和发展了马克思主义反贫困理论，将精准扶贫和精准脱贫作为战略性部署，这是马克思主义反贫困理论的中国化。在住房保障方面，要将精准保障与动态保障相结合，确定好保障广度与保障深度。考虑住房贫困和住房支付能力不足两大准入标准，精准识别各类住房保障对象并满足其不同的住房需求，实现住房保障对象全覆盖、保障体系内部无缝衔接、保障体系与市场住房无缝衔接；以救济、救助为主，首先解决住房绝对贫困人群的住房问题，其次再缓解住房相对贫困人群的住房问题；补贴对象从供给方转向需求方；补贴标准根据住房支付能力进行动态调整。

（三）保障手段：由配租、配售并重过渡到以配租为主

当前我国住房保障的特点是配租与配售并重。相对于配售保障，配租保障具有政府投入少、保障效率高的特点。由于配售型保障房针对的主要是具有一定经济实力但购房支付能力不足的家庭，而我国住房保障要优先解决住房绝对贫困人群的住房问题，因此，应以救济、救助为主，强化租赁保障，随着经济发展，逐步过渡到以配租型保障房为主，将配售型保障房作为补充。

（四）保障方式：实物补贴转向货币补贴

保障方式应由实物补贴、砖头补贴转向货币补贴、人头补贴，因为相较于实物补贴，货币补贴更具公平与效率。一方面，货币补贴的方式可以根据保障对象的实际收入水平和住房需求实行差异化和分层次的保障；另一方面，由于住房保障的资源并不完全充裕，"轮候"现象普遍存在，有部分保障对象无法及时得到保障，而货币补贴可以提高资金的利用效率，且其覆盖范围更广，更有助于"应保尽保"的实现。

思 考 题

1. 中国住房保障体系建立的初衷是什么？旨在解决哪些社会问题？

2. 分析中国住房保障体系在不同历史阶段的发展重点及其社会经济背景。

3. "公共租赁住房"政策是如何发展变化的？它在缓解城市低收入居民住房困难方面发挥了什么作用？

4. 讨论中国住房保障体系面临的主要挑战，如资金投入、建设效率、分配公平性等。

5. 如何理解保障性住房与市场化住房供应之间的关系？两者在中国是如何协调发展的？

6. 描述中国现有住房保障体系包含的主要类型（如公租房、保障性租赁住房、共有产权房、配售型保障性住房等），并解释各自的特点与目标群体。

7. 结合具体案例，评估某一项或几项住房保障政策的实际效果和存在的问题。

8. 对比国际经验，分析中国住房保障体系在理念和执行上的特色与不足。

9. 根据当前中国经济社会发展状况，探讨未来住房保障体系可能的发展趋势及改进方向。

10. 从公平性和可持续性的角度出发，你认为应该如何完善当前的住房保障体系？

第五章　住房保障的中国实践

中国幅员辽阔，各城市在土地资源、经济发展和人口特征等方面均存在较大差异。因此，住房保障的实践也各有特点，本章根据城市经济及房地产市场发展状况（见图 5 - 1），分别讨论中国一、二、三线城市的住房保障实践及其特点。在中国众多城市中，考虑保障基础及保障模式差异之后，本章选择具有代表性的七个城市进行城市住房保障实践的调研和分析，具体包括两个一线城市（北京、上海）、两个二线城市（重庆、西安）和 3 个三线城市（常州、淮安、黄石）。在充分了解各城市在经济及住房市场发展状况的基础上，比较各典型城市住房保障的范围、保障模式和保障标准，归纳总结出四类住房保障模式，分别为："租—售"递进模式、"租—售"并举模式、"租—售—补"并举模式以及全面货币化模式。七个典型城市在经济及住房市场的发展状况如表 5 - 1 所示。

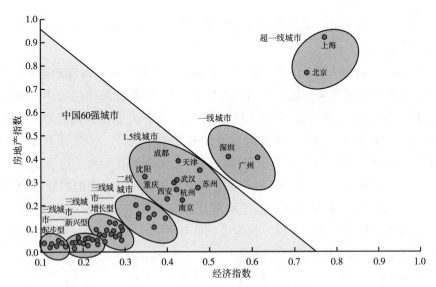

图 5 - 1　2015 年中国城市发展曲线

资料来源：仲量联行《中国城市 60 强》，2015 年 4 月。

表 5 - 1　　　　　　　　　　　2022 年各城市住房保障基础比较

城市	常住人口（万人）	经济发展		住房市场发展		
		人均可支配收入（元）	人均财政收入（元）	人均住房面积（平方米）	商品住宅销售面积（万平方米）	商品住宅销售均价（元/平方米）
上海	2 475.9	79 610	30 729	37.46	1 561.51	44 430
北京	2 184.3	77 415	26 161	33.63	741.9	54 409
重庆	1 047.8	35 666	6 546	40.56	2 723.02	8 526.2
西安	1 299.6	40 214	6 418	34.8	1 385.7	14 767
常州	536.62	59 514	11 774	51.6	448.4	13 708
淮安	455.31	36 706	6 591	50.2	739.26	7 534
黄石	244.4	44 417	8 620	39.4	352.2	5 912

注：重庆作为直辖市其面积很大，这里以重庆主城九区的数据进行比较。

资料来源：CRIC、易居研究院、世联评估、全国及各省份统计年鉴、2022 统计公报。

第一节　一线城市住房保障：供需矛盾下的艰难选择

一、上海住房保障

（一）保障范围

目前，上海住房保障的范围包括户籍人口中的住房困难群体以及稳定就业的非沪籍常住人口。

根据《上海市人民政府关于调整本市廉租住房相关政策标准的通知》《上海市共有产权保障住房准入标准和供应标准》《上海市保障性租赁住房租赁管理办法（试行）》《市筹公共租赁住房准入资格申请审核实施办法》，截至2022 年，上海各类住房保障的保障范围如表 5 - 2 所示①。尽管《上海市征收安置住房管理办法》以及《关于贯彻执行〈上海市国有土地上房屋征收与补偿实施细则〉的若干意见》中并未对征收安置住房保障对象的户籍作出明确要求，但根据《上海市国有土地上房屋征收与补偿实施细则》第五十一条，接受补偿的共同居住人需在被征收房屋处具有常住户口，因此，本书认为上海市征收安置住房的保障对象有户籍要求。

---

① 截至 2024 年 3 月底，上海市关于配售型保障性住房尚未颁布相关文件，仅在政府工作报告中提出，2024 年将建设筹措保障性住房 1 万套以上，但尚未公布明确的申购条件，因此这里不做介绍。

表 5 - 2 2022 年上海各类住房保障的保障范围

保障类型	保障方式	保障对象	户籍要求	住房困难标准（人均）（平方米）	收入标准（元）	财产标准（元）
租赁保障	廉租住房	低收入家庭	有	7	50 400	150 000
	公共租赁住房	稳定就业且住房困难的常住人口	无	15	无	无
	保障性租赁住房	合法就业且住房困难的在职人员及其配偶、子女	无	15	无	无
产权保障	共有产权住房	中低收入家庭	无	15	72 000	180 000
	征收安置住房	住房被征收家庭	有	无	无	无

注：1. 本表以 3 人及以上家庭数据为例；2. 收入标准指家庭人均年可支配收入；3. 财产标准指家庭人均财产。

可见，上海住房保障标准中住房困难标准相对稳定且较为严格，但收入标准较为宽松。以共有产权住房保障范围为例，3 人家庭人均 15 平方米以下，相当于 2022 年上海人均住房面积[①]的 40.04%；3 人家庭人均收入 7.2 万元，相当于 2022 年上海城市居民家庭人均可支配收入的 90%，相对宽松。

（二）保障方式

1. 租赁型保障性住房。

（1）廉租住房。上海自 2000 年开展廉租房试点，是上海住房保障体系中历时最久，也是最为成熟的方式。准入标准从低保家庭扩大到低收入住房困难家庭，其受益人数（即累计配租家庭户数）从 2006 年底的 2.2 万户增加到 2022 年底的 14.2 万户[②]。

上海廉租房分实物配租和租金补贴两种方式，以租金配租为主、实物配租为辅，截至 2022 年 8 月，上海正在享受廉租保障的家庭约 4.2 万户，其中租金配租占比 80%、实物配租方式占比 20%[③]。2013 年起，实物配租的房源与公租房一起实行统筹建设、并轨运行。租金补贴标准和实物分配的租金均根据

---

① 2022 年上海市城镇居民人均住房建筑面积 37.46 平方米，年城市居民家庭人均可支配收入 79 610 元。

② 上海市房屋管理局. 对市十六届人大一次会议第 0574 号代表建议的答复［EB/OL］.（2023 - 05 - 16）. https：//fgj. sh. gov. cn/bljg/20230516/ba1f0d457d9743d480782d561330ad7a. html.

③ 上海市房屋管理局. 对市政协十三届五次会议第 0531 号提案的答复［EB/OL］.（2022 - 08 - 22）. https：//fgj. sh. gov. cn/bljg/20220822/be2c123442da475999b7e3326c03375b. html.

家庭收入分为三档，具体内容在下面"保障标准"中进行介绍。

（2）公共租赁住房。与其他城市一样，上海自 2009 年开始推进公共租赁住房保障，公租房"只租不售"，租赁年限累计不超过六年，着重解决阶段性住房困难。截至 2020 年 9 月，全市公租房（含单位租赁房）累计筹措房源18.5 万套、累计供应 15 万套，入住保障对象 20.5 万户，累计享受保障（含已退出）约 62.7 万户①。

除集中新建外，还采用在新建商品房中配建、国有企业存量土地"退二进三"、农村集体建设用地建设租赁住房和工业园区建设公租房等方式。自2020 年下半年起，试点拆套使用、筹集宿舍型房源，针对一线务工者新增"一张床""一间房"等供应方式。这类公租房采用"政府支持、企业运作"模式，是保障性租赁住房的前期探索。

（3）保障性租赁住房。2021 年 7 月，国务院办公厅印发《关于加快发展保障性租赁住房的意见》，2022 年上海出台保障性租赁住房项目认定、租赁管理等配套政策文件，形成覆盖保障性租赁住房规划、建设、管理、服务全生命周期的政策体系。截至 2022 年底，全市保障性租赁住房（含公共租赁住房、单位租赁房）已累计建设筹措 38.5 万套（间）。

上海市供应保障性租赁住房是为了满足新市民、青年人等群体的住房需求，与公租房一样，既可以直接面向符合准入条件的对象配租，也可以面向用人单位整体配租，由用人单位安排符合准入条件的对象入住，一般按照集中配租和常态化配租两个阶段实施，个人可通过"随申办"App 进行在线看房、申请、合同网签等事项。保障性租赁住房租金价格为同地段同品质市场租赁住房租金的 90%以下，具体金额由出租单位决定。

2023 年 8 月起，上海开始试点趸租模式，即由上海建信住房服务有限公司作为"二房东"，以趸租五年的形式租赁存量公租房、保租房、社会化租赁房屋，在适老化装修后提供给自愿参与趸租项目的老人使用；想要改善居住环境的老人可以将其市区"老破小"租赁给上海建信，由其统一装修后纳入保租房管理。

2. 产权型保障性住房。

（1）共有产权住房。共有产权房是上海产权型住房保障的主要形式，2009 年

---

① 上海市房屋管理局. 本市公租房为一线务工者提供"一间房"和"一张床"［EB/OL］. （2020 – 10 – 20）. https：//fgj. sh. gov. cn/gzdt/20201020/732775548cdb43b38db17ae9ef159607. html.

起开始试点，政府和购房人的产权比例在签约时明确，根据地价不同，政府约占30%～50%的产权。上海共有产权房的房源主要为集中建设，采用"政府主导、市场运作"机制，实施"半封闭"运行模式，5年后可上市转让，但政府有优先购买权。到2022年末，上海共有产权房累计签约住房套数约14.3万户。

（2）征收安置住房。征收安置住房针对城市被征收土地上的家庭，因为上海房屋征收以二级旧里及以下的旧区改造为主，被征收住房条件差。此外，征收安置住房经相关部门批准后，可以调整为廉租住房、公共租赁住房或共有产权保障住房，因此具有部分住房保障性质。自2002年上海大量实施征收安置住房建设以来，征收安置房成为上海住房市场中小户型公寓供应的重要组成部分。与共有产权房类似，征收安置房采用集中建设方式，但购房者拥有全部产权，三年后可上市交易。截至2022年2月，上海郊区已有38个市属征收安置住房基地。同时，各区根据自身安置房源需求情况，积极推进区属征收安置住房项目建设。

（三）保障标准

1. 租赁型保障性住房的保障标准。租赁型保障性住房包括廉租住房、公共租赁住房和保障性租赁住房。

（1）廉租住房。上海廉租房的保障标准设计较为复杂，实物配租与租金补贴标准并未统一。

租金补贴的保障标准为：保障面积按照人均居住面积10平方米计算，配租面积不足15平方米的，按照居住面积15平方米确定；超过45平方米的，按照居住面积45平方米确定。关于补贴标准，3人及以上、人均年可支配收入低于33 600元（含33 600元）、42 000元（含42 000元）和50 400元（含50 400元）的家庭，分别按照基本租金补贴标准①的100%、70%、40%实施补贴。1人、2人家庭的租金补贴在3人家庭基础上上浮20%。

实物配租的保障标准为：申请家庭的最小选房面积原则上不少于居住面积10平方米，最大选房面积原则上不得超过配租面积的1.5倍。租金标准参照住房所在地市场租金的一定比例确定。租金补贴为廉租房源租金标准扣除申请

---

① 2022年基本租金补贴标准为每月每平方米居住面积：中心城区为160元、近郊5区为120元、远郊3区（县）为75元。基本租金补贴标准与该区平均租金水平基本相当。

家庭自付租金①以外的差额部分。

（2）公共租赁住房。上海公租房的租金标准以同类型住房在 1996～1998 年的租金为基准进行计算，约为市场价格的 70%～80%，同时，部分群体可享受租金减免政策。住房建筑面积在控制标准内，月租金超过上一年家庭月平均收入 9% 的部分，可申请减免；部分群体与家庭人均月收入低于最低生活保障标准的，以上一年实付租金为基础，增租部分租金可全部减免。

（3）保障性租赁住房。上海保障性租赁住房（不含公租房、廉租住房）参照住房所在地市场租金确定，一般为市场租金的 90% 以下，且年增幅不高于 5%，未规定租期上限。面向单位定向供应的保障性租赁住房租金价格一般会在前述基础上进一步降低。

2. 产权型保障性住房的保障标准。上海现有的产权型保障性住房可分为共有产权住房、征收安置住房两类。

（1）共有产权住房。上海共有产权住房的保障性主要体现在：一是政府暂时放弃土地出让金（出售时征收），使低收入家庭可以以房屋建造价格购买住房。房屋权属中属于政府所有的部分，一般为 30%～50%，具体根据房屋的不同位置决定的土地价格占房屋总价格的比例而定。二是放弃保障房出售前政府产权部分的租金收入。

（2）征收安置住房。选择房屋产权调换的被征收人、公有房屋承租人，房屋征收部门会提供用于产权调换的房屋，并与被征收人、公有房屋承租人计算、结清被征收房屋补偿金额与用于产权调换房屋价值的差价，用于产权调换房屋的价值由已选定的房地产价格评估机构评估。

二、北京住房保障

（一）保障范围

北京住房保障的范围包括户籍人口和长期稳定就业的常住人口。

根据《北京市住房和城乡建设委员会关于进一步完善我市保障性住房申请、审核、分配政策有关问题的通知》《北京市公共租赁住房申请、审核及配

---

① 选择的廉租房源面积未超过配租面积 1.5 倍的，按照基本租金补贴标准实施补贴 100%、70%、40% 的家庭，分别以家庭月可支配收入的 5%、6% 和 7% 承担自付租金；选择的廉租房源面积超过配租面积 1.5 倍的，超过的面积由申请家庭按照廉租房源租金标准的 30% 承担自付租金。

租管理办法》《北京市人民政府关于印发北京市廉租住房管理办法的通知》《北京市共有产权住房管理暂行办法》《北京市关于加快发展保障性租赁住房的实施方案》，截至 2022 年，北京各类住房保障的保障范围如表 5 - 3 所示①。

表 5 - 3　　　　　　　　2022 年北京市各类住房保障的保障范围

保障类型	保障方式	保障对象	户籍/居住要求	住房困难标准（平方米/人）	收入标准（元）	财产标准（万元）
租赁保障	廉租住房	低收入家庭	有户籍	7.5	34 560	30
	公共租赁住房	稳定就业且住房困难的常住人口	连续 5 年社保	15	100 000	无
	保障性租赁住房	新市民、青年人、城市运行服务保障人员	无	区域内无房	无	无
	市场租房补贴	中低收入家庭	有户籍	本市内无房	151 200	57
产权保障	经济适用住房	中低收入家庭	有户籍	10	45 300	36
	限价房	中低收入住房困难家庭	有户籍	15	88 000	57
	自住型商品房	有自住需求家庭	连续 5 年社保	无	无	无
	共有产权住房	稳定就业且本市无房的常住人口	连续 5 年社保	本市内无房	无	无

注：1. 北京部分住房保障准入标准由各区设定，城区略高，郊区略低，此表按主城区标准列示，并以 3 人及以上家庭数据为例；2. 住房困难标准指人均住房面积；3. 收入标准指家庭年收入；4. 财产标准指家庭总资产净值。

可见，北京住房保障标准中住房困难标准相对稳定且较为严格，收入标准也较严格。以 3 人家庭人均住房面积 15 平方米为例，相当于 2020 年北京人均住房面积②的 44.51%；除自住型商品房外，收入标准严格，公租房 3 人家庭年收入低于 10 万元（即人均收入 3.3 万元），相当于 2022 年北京城市居民家庭人均可支配收入的 43%。

（二）保障方式

北京市住房保障具有各类方式划分过细、相互间不够清晰，同时保障政策

① 截至 2024 年 3 月底，北京市关于配售型保障性住房尚未颁布相关文件，仅北京市发改委在 2024 年 1 月提出，2024 年计划建设筹集 1 万套以上产权型保障房。

② 2022 年北京市城镇居民人均住房建筑面积 33.7 平方米，年城市居民家庭人均可支配收入 77 415 元。

过于烦琐和复杂的特点。2008 年以前，经适房和廉租房都是北京住房保障的基本方式，并以经适房为主。2008 年起，北京形成了产权型保障房（经济适用住房、限价商品房和定向安置房）和租赁型保障房（廉租房和公租房）并重、多元化的住房保障体系。

2014 年 7 月，北京市人大常委会发布《北京市城镇基本住房保障条例（草案）》，规定政府提供配租型保障性住房、配售型保障性住房和租赁补贴，即"一租一售一补"三种保障方式。尽管在 2018 年，该条例的草案修改稿终止审议，但目前北京已基本形成"租、购、补"并举的住房保障供应体系。其中，"租"是廉租房、公租房、保障性租赁住房三种租赁型保障房；"购"是经济适用住房、限价商品住房、自住商品房和共有产权住房四种产权型保障房；"补"是指市场租房补贴。

1. 租赁型保障性住房。北京市从 1999 年开始推进廉租房，采取货币补贴和实物配租相结合的方式。2009 年起，北京市开始大力发展公共租赁住房。2014 年 4 月 1 日起，北京市廉租住房与公共租赁住房并轨运行。2015 年 11 月 16 日起北京市不再受理廉租住房租赁补贴申请。

截至 2020 年 10 月，全市累计建设筹集公租房 20 万套，分配 18 万套。全市 2019 年底前备案的具有公租房资格的低保、低收入家庭保障率达 99.02%，基本实现"应保尽保"。

2022 年起，北京市开始大力发展保障性租赁住房，"十四五"期间，争取建设筹集保障性租赁住房 40 万套（间），占新增住房供应总量的比例达到 40%。

2. 产权型保障性住房。北京市从 1995 年开始建设经济适用住房，2003～2007 年的五年间，北京经适房的年平均竣工量为 281.2 万平方米，占同期其住房建设总量的 11.05%①。

2008 年后，北京产权型住房保障方式开始逐渐增加了限价商品房、定向安置房等形式。

2013 年开始，北京实施自住商品房这一新的保障模式，其显著特点是面向户籍以外的常住人口（五年以上稳定工作），并且不限收入。政策设计之初，规定自住商品房与经济适用住房、限价商品房相同，五年后可上市交易，只是交易时向政府缴纳的收益比例不同②。

---

① 2003～2007 年间，北京商品住房竣工年均竣工量 2 262.6 万平方米。
② 根据《关于加快中低价位自住型改善型商品住房建设的意见》规定，购买的"自住型商品房"5 年内不得租售，5 年后上市收益的 30% 须上缴财政。

　　2017 年开始，北京推出共有产权住房试点，实行封闭管理、内部流转、购房人 5 年后可上市转让所购房屋产权份额，且代持机构有优先购买权，但政府份额不得出售和购买。

　　3. 市场租房补贴。2020 年，北京综合考虑经济社会发展水平、财政承受能力、房屋市场租金水平等因素，根据保障家庭人口结构和收入水平，分六档确定了市场租房补贴标准，并加大部分市场租房补贴力度。

表 5 - 4　　　　　2008～2020 年北京保障性安居工程建设情况　　　　单位: 万平方米

项目	2008 年	2009 年	2010 年	2011 年	2012 年	2013 年	2014 年	2015 年	2016 年	2017 年	2018 年	2019 年	2020 年
经济适用住房	101.1	98.2	144.6	113.7	241.0	115.3	116.4	23.8	28.5	47.5	14.7	33.3	52.5
限价商品房	—	82.8	219.3	155.7	197.7	196.2	217.7	164.6	95.3	70.1	177.4	87.4	31.7
公租（廉租）房	—	8.3	28.0	83.4	37.8	78.0	55.7	35.8	161.1	35.5	33.9	80.0	37.9
定向安置房	—	—	166.6	161.0	276.1	689.7	811.9	657.6	379.0	198.6	260.9	255.0	371.8
共有产权房	—	—	—	—	—	—	—	—	—	—	177.8	38.8	132.1
合计	101.1	189.3	558.5	513.8	752.6	1 079.2	1 201.6	881.8	663.9	351.7	664.7	494.5	626.0

资料来源: 北京统计年鉴。

（三）保障标准

　　1. 租赁型保障性住房的保障标准。

　　（1）公共租赁住房。根据《北京市人民政府关于加强本市公共租赁住房建设和管理的通知》，公共租赁住房租金实行"市场定价、分档补贴、租补分离"的原则。公共租赁住房租金考虑项目建设、运营和管理成本，按照略低于同地段、同类型住房的市场租金水平确定。其保障主要体现在租金补贴上，租金补贴建筑面积上限为每户 60 平方米。

　　2012 年开始，北京市按照收入水平的不同将公租房租金补贴划分为五档，补贴额度分别是租金的 95%、90%、50%、25%、10%。2015 年末发布的《关于完善公共租赁住房租金补贴政策的通知》调整并提高了公租房补贴水平。城市最低生活保障家庭及分散供养的特困人员、城市低收入家庭以及人均月收入分别为 1 200 元、1 600 元、2 000 元、2 400 元的家庭，其公租房补贴标准分别为 95%、90%、70%、50%、25%、10%。

　　（2）保障性租赁住房。2022 年，《北京市关于加快发展保障性租赁住房的实施方案》发布，规定保障性租赁住房项目租金应当低于同地段同品质市场租赁住房租金水平，其中，利用企事业单位自有土地建设的，应在市场租金的九折以下定价。同年，《北京市保障性租赁住房建设导则（试行）》发布，将保障性租赁住房划分为住宅型、宿舍型和公寓型租赁住房三类。其中，住宅型的核定人数为2.45人/套，建筑面积不超过70平方米；宿舍型的人数核定原则是，1人/床或2人/床，人均使用面积不少于4平方米；公寓型的人数核定标准也是1人/床或2人/床，人均使用面积不得少于5平方米。

2. 产权型保障性住房的保障标准

（1）经济适用住房。经济适用住房用地一般采取行政划拨的方式，免收土地出让金，对各种经批准的收费实行减半征收，出售价格按照政府指导价，遵循保本微利的原则。根据北京住房建设成本，2006年左右经适房价格在3 000~4 000元/平方米，2015年郊区经适房价格在8 500元/平方米左右。

（2）限价商品住房。限价商品住房在限制套型比例、限定销售价格基础上竞争地价。可见，限价房房价中有部分土地出让金。北京限价房的房价大约为土地出让时同地区商品房房价的70%~80%。如果建设期房价上涨，限价商品住房销售时的房价相对于商品住房更低。

（3）自住型商品房。自住型商品房遵循"比周边商品住房低30%左右"的定价机制。保障家庭退出或者取得其他住房的，应由政府组织回购。回购价格根据保障家庭原支付金额并考虑折旧和物价水平等因素确定。

（4）共有产权住房。共有产权房销售价格低于同地段、同品质商品住房价格水平。在本区工作的非本市户籍家庭住房需求的房源应不少于30%，购房人可在5年后将其持有份额转让，转让价格参照市场价格，同等价格条件下，代持机构可优先购买，继续作为共有产权住房使用；代持机构放弃优先购买权的，购房人转让对象应为其他符合共有产权住房购买条件的家庭。新购房人获得的房屋产权性质仍为"共有产权住房"，所占房屋产权份额比例不变。

3. 市场租房补贴的保障标准

与租赁型保障性住房可享受实物补贴与货币补贴不同，市场租房补贴是针对在市场租赁住房的家庭，仅提供租金补贴，其准入标准较租赁型保障性住房而言也更为宽松。具体保障标准为：除怀柔、平谷、密云、延庆外的其他区，两人及以下户补贴标准为1 000~2 500元，3人及以上户补贴标准为1 200~3 500元；怀柔、平谷、密云、延庆四区市场租房补贴标准按全市标准的60%确定。家庭成员中有重度残疾人员或患重大疾病人员以及家庭成员均为60周岁以上老人且无子女的，依申请可提高一档市场租房补贴标准。

第二节　二线城市住房保障：近似基础下的殊途同归

一、重庆住房保障

重庆市主要通过公共租赁住房、保障性租赁住房等租赁型保障方式来解决困难家庭住房问题。截至 2022 年 9 月底，重庆累计建设公租房 58.3 万套，已分配 55.4 万套，保障中低收入群体约 140 万人。其中，市级公租房 31.8 万套，已分配 30.6 万套，75% 为进城务工及外地来渝工作的无住房人员，全面落实公租房保障范围常住人口全覆盖①。

（一）保障范围

根据重庆市公共租赁房管理局 2024 年 1 月发布的《公共租赁住房政策解读》《重庆市城镇住房保障家庭租赁补贴暂行办法》《重庆市人民政府办公厅关于加快发展保障性租赁住房的实施意见》，截至 2022 年，重庆各类住房保障的保障范围如表 5 – 5 所示。

表 5 – 5　　　　　　　2022 年重庆市各类住房保障的保障范围

保障类型	保障方式	保障对象	户籍/居住要求	住房困难标准（平方米/人）	收入标准（元）	财产标准
租赁保障	公共租赁住房	稳定就业且住房困难家庭、无住房人员	无	13	无	无
	保障性租赁住房	新市民、青年人等群体	无	区域内无房	无	无
	城镇住房保障家庭租赁补贴	本市城镇中等偏下收入住房困难的家庭和公交司机、环卫工人	在中心城区租房	15	26 101.2	无机动车辆和经营性房屋

注：1. 本表以 3 人及以上家庭数据为例；2. 住房困难标准指人均住房建筑面积；3. 收入标准指年人均可支配收入（2021 年重庆市城镇居民人均可支配收入为 43 502 元）。

---

① 共建 58.3 万套公租房、保障约 140 万人居住 重庆让"住有宜居"梦想照进现实 ［EB/OL］. (2022 – 10 – 14). https://mp.weixin.qq.com/s/SSZQADzBoTG7z6x6dubf5Q.

可见，重庆住房保障的范围十分宽松。且经过多年发展，公租房与廉租房实现并轨，中低收入人群租赁补贴实现应保尽保。

除上表所述租赁型住房保障方式外，重庆市也存在产权型保障方式。2020年9月，重庆市合川区开始共有产权住房试点，分为共有产权封闭住房和共有产权开放运行住房，符合公租房申请条件的对象均可购买。此外，根据重庆市公布的2024年国有建设用地供应计划，2024年，重庆市拟供应保障性住房和安置房等其他住宅用地62公顷，以此来供应配售型保障房建设。但因共有产权住房政策并未覆盖全市，配售型保障性住房仍处于规划建设阶段，因此，本书并未将这两者纳入表5-5内。

重庆住房保障的范围虽然很宽松，但基于住房困难标准和公租房的建设标准，高收入家庭不会长期在其中租住。从调研看，重庆公租房项目中的居住人群均是低收入住房困难家庭。根据重庆公租房管理局2016年的统计，重庆公租房的承租人群主要由低收入的重庆户籍家庭、新就业的大中专学生和进城务工人员构成，其所占比例分别为27%、22%和51%。特别是进城务工人员的入住比例大幅提升，从初期的30%增加到51%。截至2022年第三季度，重庆市共建公租房58.3万套，已分配55.4万套，保障中低收入群体约140万人。其中，市级公租房31.8万套，已分配30.6万套。

（二）保障方式

重庆市"十四五"规划提出加快构建以公租房、保障性租赁住房、共有产权住房为主体的住房保障体系，但就目前实践来看，仍以租赁型保障方式为主。

2010年以前，重庆住房保障主要包含廉租房和经济适用住房两类。而2010年后，重庆提出以公租房统筹住房保障。一方面，不再单独建设廉租房，符合廉租房保障条件的家庭可申请公租房，租金按廉租房标准支付；另一方面，公租房租满五年的家庭可按优惠价格购买，转换成有限产权的经济适用房。

重庆公租房房源筹集的显著特点是政府高度介入，政府通过组建三家国有大型地产集团集中建设，即重庆市地产集团、重庆市城市建设投资（集团）有限公司和重庆两江新区开发投资集团有限公司加快公租房建设的步伐。截至2022年末，全市已累计分配房源55万余套，其中，中心城区分配约37万套，远郊区县分配约18万套，惠及住房困难群众约140万人。

重庆筹集保障性租赁住房补助资金用于依程序认定的保障性租赁住房项目，并按照不同筹集方式进行补助，经市住房城乡建委会同市财政局等评选的示范项目，补助标准可上浮 30%。2021 ～ 2023 年，重庆已累计筹集保障性租赁住房 26.4 万套，已完成"十四五"40 万套目标的 66%。

重庆城镇住房保障家庭租赁补贴政策与北京的市场租房补贴政策类似，都是政府向符合住房保障条件的申请人按照规定标准发放一定的货币补贴，支持其通过市场租赁解决住房困难问题。但相较于北京有户籍限制，重庆对申请对象的准入条件有所放宽，还包括非本市户籍的公交司机、环卫工人。

（三）保障标准

重庆公租房的租金标准由市物价部门会同相关部门研究确定，原则上不超过同地段、同品质、同类型普通商品房市场租金的 60%。租金实行动态调整，每 2 年向社会公布一次，根据项目所在区域不同，目前租金为 8 ～ 14 元/平方米不等。截至 2022 年 9 月底，重庆共建公租房 58.3 万套，已分配 55.4 万套，基本上租金都能够按时收到。

公租房租金的补贴标准为：低保家庭 10 元/平方米/月/人，低收入家庭 8 元/平方米/月/人；各建制镇租赁补贴标准在上述标准基础之上减少 2 元。

城镇住房保障家庭租赁补贴为：2021 年度中心城区城镇住房保障家庭租赁补贴面积标准为 1 人户 20 平方米/人、2 人户及以上 15 平方米/人，每个家庭补贴面积总和不超过 60 平方米；每月租赁补贴金额指导标准为 20 ～ 25 元/平方米，同公租房租金一样，实行动态调整，每 2 年向社会公布一次。

二、西安住房保障

2022 年末西安市常住人口 1 299.59 万人，其中户籍总人口为 1 014.59 万人。2 022 全年城镇居民人均可支配收入 48 418 元，人均住房建筑面积 34.8 平方米。2022 年西安商品住房销售面积 1 385.70 万平方米，商品住宅销售均价为 14 767.07 元/平方米。[①]

（一）保障范围

西安住房保障范围的一个显著特点在于限价商品房覆盖常住人口，不设户籍限制。

---

① 资料来源于 2023 西安统计年鉴，根据西安商品住宅销售额与销售面积计算。

根据《陕西省保障性住房管理办法（试行）》和《西安市租赁型保障房建设管理实施办法（试行）》的规定，租赁型保障房和限价商品房的收入标准为城镇居民上年度人均可支配收入，单身人员和两人家庭收入标准分别按照上述标准的1.2倍和1.1倍执行。根据《西安市住房保障工作领导小组办公室关于调整保障性住房准入标准有关问题的通知》，2021年，西安市城镇居民人均可支配年收入为46 931元，经济适用住房和限价商品房的收入标准也分别相应调整为2 738元/人·月、3 911元/人·月；租赁型保障房的收入标准仍按《西安市住房保障工作领导小组办公室关于调整保障性住房准入标准有关问题的通知》中的规定执行。

此外，根据《关于加快发展保障性租赁住房的实施意见》《西安市保障性租赁住房资格审核及分配暂行规定》，截至2022年底，西安各类住房保障的保障范围如表5-6所示。

表5-6 2022年西安各类住房保障的保障范围

保障类型	保障方式	保障对象	户籍/居住要求	住房困难标准（平方米）	收入标准（元）	财产标准
租赁保障	廉租住房	低收入家庭	有户籍	17	1 390	无
	公共租赁住房	稳定就业且住房困难的常住人口	本市户籍或城六区居住证	17	3 480	无
	保障性租赁住房	无自有住房的新市民、青年人等	无	区域内无房	无	无
产权保障	经济适用住房	中低收入家庭	有户籍	17	2 738	无
	限价商品房	稳定就业且住房困难的常住人口	两年以上社保	17	3 911	无
	共有产权房	无自有住房且5年内无住房登记信息和交易记录的本市居民和各类人才	有户籍/居住证	无房	无	无

注：1. 本表以3人及以上家庭数据为例；2. 住房困难标准指人均住房建筑面积；3. 收入标准指个人月可支配收入；4. 财产标准指家庭总资产净值。

（二）保障方式

与北京类似，西安在2009年以前以廉租房和经适房为主，2010年后保障方式逐渐增加，形成了廉租房、经适房、公租房、限价房和棚改房（城中村改造）为主的"五位一体"住房保障体系。2015 年底，西安各类保障房的建设规模如表 5 - 7 所示。

表 5 - 7　　　　　　　　2009 ~ 2015 年西安保障性住房建设情况

项目	2010 年	2011 年	2012 年	2013 年	2014 年	2015 年
廉租房						
开工套数（套）	5 200	9 792	7 602	10 501	8 208	0
租金补贴（户）	2 100	4 795	4 795	3 089	3 000	2 400
公租房						
开工套数（套）	770	39 112	31 691	13 492	10 861	28 600
收储房源套数（套）	—	—	—	2 149	3 213	—
经适房						
开工套数（套）	25 912	32 214	17 194	7 585	3 174	2 400
限价房						
开工套数（套）		15 784	16 627	12 655	18 023	8 800
保障性住房开工套数（套）	31 882	96 902	73 114	44 233	40 266	135 000

资料来源：西安住房保障信息网，http：//www. xafgj. gov. cn/zwgk/ZwgkDetail. aspx？firsttypeid = 9&id = 950&lm = lm9&con = 9&tick = &con2 = ，2016 年 5 月。

目前，西安将租赁型保障房（含廉租房、公租房）整合为公租房，将经适房、限价房并轨为共有产权房，形成了以公租房、共有产权房为主的住房保障体系。2021 年 12 月，陕西省人民政府提出，到"十四五"末，全省基本建立以公租房、保障性租赁住房和共有产权房为主体的住房保障体系。

2021 年，全市建设和筹集保障房 3.04 万套（公租房 1.2 万套、共有产权房 1.84 万套）。其中，2021 年新增 1.5 万套（公租房 0.7 万套、共有产权房 0.8 万套），2018 ~ 2020 年保障房续建 1.54 万套（公租房 0.5 万套、共有产权房 1.04 万套）；建设人才公寓 1 350 套；年度累计发放租赁补贴家庭不低于 5 000 户。

1. 租赁型保障性住房。

（1）公共租赁住房。西安住房保障的特点在于公租房在筹集中较早地推行了"收储社会房源"的方式。2012 年开始这一尝试，并发布《西安市收储社会房源作为公租房指导意见》。这一"收储社会房源"方式实际包含两种做法：一是先收房整修后出租，房东与政府签订租房协议，政府整修后出租该公租房给被保障对象；二是已成立的租赁关系，承租人符合公租房准入标准，向保障对象发放租金补贴。实施第一年（2012年）筹集公租房1万余套，其中，采用前一种方式的数量为2 149套（见表5-7），可见后一种租金补贴方式是西安"收储社会房源"的主体。截至2014年底，西安累计收储社会房源1.54万套，占同期西安公租房筹措总量的15.6%。

（2）保障性租赁住房。

西安市重点引导市场充分利用闲置、低效的存量土地和房屋筹集建设保障性租赁住房，在"十四五"期间计划建设筹集保障性租赁住房30万套（间），总建筑面积约2 470万平方米。在做好公租房保障的基础上，将公租房与保障性租赁住房房源统筹使用，实行差别化租金，公租房轮候家庭中的新市民、青年人可优先配租保障性租赁住房。①

2. 产权型保障性住房。

（1）共有产权住房。2018年9月15日，西安市房管局发布《西安市深化住房供给侧结构性改革实施方案》。方案提出，推进共有产权住房制度改革，按照政府和个人共同出资、共有产权、共享增值收益的原则，降低中低收入住房困难家庭、各类人才购房门槛，解决中等以下收入住房困难家庭和无自有住房各类人才的居住问题。2019年7月1日，西安取消经适房、限价房的申请受理，代之以共有产权房。

（2）配售型保障房。从2023年4季度开始，西安积极推进配售型保障性住房建设。据央视新闻报道，西安2024年计划筹建1万套配售型保障房，截至2024年3月，一半以上都已经或即将开工，建设速度处于全国前列，主要由部分刚开始建设和还没动工的经济适用房项目转化而来。保障对象从困难工薪收入群体入手，之后再逐步扩大到整个工薪群体②。

（三）保障标准

1. 租赁型保障性住房的保障标准。实物配租保障房根据收入情况实行差别化租金，人均月收入低于2019年城镇人均可支配收入40%（1 390元）的城镇家庭，按照廉租房租金标准计租；人均月收入低于2019年城镇人均可支

---

① 西安市住房和城乡建设局、西安市发展和改革委员会，《关于印发西安市"十四五"保障性租赁住房发展规划的通知》。

② 央视新闻. 西安今年计划筹建1万套配售型保障房，如何申请？记者实地探访［EB/OL］. (2024-03-25). https：//zjj. xa. gov. cn/zw/zfxxgkml/zwxx/gzdt/1772087759196960769. html.

配收入80%（2 780 元）的家庭，按照市场租金的72%计租；人均月收入低于2019 年城镇人均可支配收入（3 480 元）的家庭，按照市场租金的90%计租。

调研发现，西安廉租房与公租房都有一部分实行租金补贴，但其补贴标准设计相对简单。廉租房的补贴标准为5.5 元/平方米建筑面积①，收储社会房源作为公租房的补贴标准目前为5 元/平方米建筑面积。

2. 产权型保障性住房的保障标准。2022 年西安在售的经适房均价约为6 053 元/平方米，限价商品房均价约为9 935 元/平方米，共有产权房均价12 271 元/平方米。相比西安商品住房销售均价，经适房约为其38%，限价商品房约为其62%，共有产权约为其77%。2019 年7 月起，西安经济适用房、限价房、购房资格停止申请受理，2021 年11 月1 日起，西安停止共有产权房资格受理，已取得购买资格的可以按照原标准、原程序进行审核。

西安市配售型保障性住房定价机制正在制定，但按照国务院文件要求，其价格一般在周边商品房价的50%以内。据西安市住房和城乡建设局介绍，截至2024 年3 月，西安已经有3 个项目共3 000 套房源，初步定价在7 500 元/平方米左右，而周边商品房价格在每平方米1.5 万元~2.2 万元之间②。

第三节　三线及以下城市住房保障：
因时因地的不同选择

一、常州住房保障

（一）保障范围

常州住房保障范围有如下特点：大部分保障方式均无户籍要求；住房困难标准相对宽松；无财产标准要求。

根据《常州市市区廉租住房保障办法》《关于加快实现市区住房保障应保尽保的实施意见》《常州市市区公共租赁住房管理办法》《市政府关于完善住房保障政策的实施意见》《关于进一步完善常州市市区公租房实物配租工作的

---

① 西安市房管局、西安市财政局，《关于提高我市廉租住房租金补贴标准的通知》。
② 央视新闻. 西安今年计划筹建1 万套配售型保障房，如何申请？记者实地探访 [EB/OL].（2024 – 03 – 25）. https://zjj.xa.gov.cn/zw/zfxxgkml/zwxx/gzdt/1772087659196960769.html.

通知》《常州市关于加快发展保障性租赁住房的实施方案》等文件，2022 年常州各类住房保障的准入标准如表 5 - 8 所示。

表 5 - 8 　　　　　　　　　　2022 年常州各类住房保障的保障范围

保障类型	保障方式	保障对象	户籍/居住要求	住房困难标准	收入标准（元）	财产标准
租赁保障	低收入家庭公共租赁住房（原廉租住房）	低收入家庭	实际居住 3 年以上的常住人口	无房或 18 平方米，且 5 年内无房产转让行为	2 858	无
	中低收入家庭公共租赁住房	中低收入家庭	同上	无房，且 5 年内无房产转让行为	4 575	无
	保障性租赁住房	新市民、青年人等群体	无	无房	无	无
产权保障	经济适用住房	中低收入家庭	同上	无房或 18 平方米，且 5 年内无房产转让行为	4 575	无

注：1. 住房困难标准指人均住房建筑面积；2. 收入标准指个人月可支配收入；3. 财产标准指家庭总资产净值。

与重庆类似，2015 年 11 月起，常州市公共租赁住房开展共有产权试点，户籍在天宁区、钟楼区范围内，符合公共租赁住房（含廉租住房）保障条件的新申请家庭和在保家庭，以及 2015 年 9 月 1 日前由市级财政保障的原戚墅堰区公共租赁住房（含廉租住房）家庭，且未曾享受过经济适用住房政策保障，均可申请购买共有产权公共租赁住房（将公共租赁住房的部分产权出售给保障对象后，形成共有产权公共租赁住房）[①]。因共有产权住房政策并未覆盖全市，本书并未将其纳入表 5 - 8 内。

2016 ~ 2020 年，常州市区共开工（筹集）保障性安居工程 71 299 套，计划完成率从 2016 年的 106.88% 提升至 2020 年的 138.76%；基本建成 74 352 套，计划完成率从 2016 年的 124.78% 提升至 2020 年的 147.7%。准入条件逐年放宽，基本实现住房保障全覆盖。在城镇中低收入住房困难家庭应保尽保的基础上，常州市把重大项目企业员工、新就业大学生、环卫外来务工人员家庭、高层次人才等特殊群体纳入公共租赁住房保障范围。

———————

① 常州市房管局，《常州市区公共租赁住房共有产权试点方案》。

（二）保障方式

常州的保障方式主要由公共租赁住房、保障性租赁住房和经济适用住房三部分构成。

截至2022年底，常州市累计保障中低收入住房困难家庭2.9万户。其中，公租房家庭1.74万户、经济适用房家庭1.18万户。常州自2022年开始大力发展保障性租赁住房，"十四五"规划提出，到2025年，建立以公共租赁住房、保障性租赁住房和共有产权住房为主的住房保障体系。

1. 租赁型保障性住房。

（1）公共租赁住房。公共租赁住房分为两类：低收入家庭公共租赁住房（原廉租住房）、中低收入家庭公共租赁住房，这两者均包含实物分配和货币补贴两种手段，其区别主要在于收入准入标准和保障标准的不同。

在公租房的房源筹集方面，常州形成了"集中新建、分散配建、定向代建、批量收购、零星收购、园区自建"六管齐下的筹集模式。其显著特点是较早实施"收储社会房源"制度，2012年以来，常州通过批量和零星收储社会房源筹集公租房，并颁布了《常州市市区保障性住房社会化收储管理暂行办法》。对社会房源的收储采取激励措施，包括：可享受每年1 000元的整修补贴，但将在租赁期满后支付；对收储房屋购买财产保险；租期内房屋空置也能获得租金；免征涉房综合税费。

（2）保障性租赁住房。"十四五"时期以来，根据国家发展保障性租赁住房的要求，常州分层次、多渠道解决新市民和青年人的住房困难。截至2023年5月，全市累计开工建设保障性租赁住房4.3万套（间），已投入运营2.8万套（间），入住新市民和青年人5.4万人。

2. 产权型保障性住房。

（1）经济适用住房。经济适用住房是常州的产权型保障房，同时采用货币补贴方式。2009年，常州全面实施经济适用住房货币化补贴政策，由"补砖头"转向"补人头"，申请家庭可按照自身的不同需求在全市所有楼盘中自由选购一套普通商品住房，政府提供一次性补贴。经适房在上市交易时须全额退还补贴款。

（2）共有产权住房。2015年11月，常州市区共有产权房工程正式启动，首批推出房源390套，并制定了《常州市市区公共租赁住房共有产权试点方案》，其中明确表明，销售基准价格为供应价格的90%。个人拥有的产权份额按其出资金额占房屋销售总价的比例分摊确定，其余份额作为政府产权，由政府持有。并且保障对象首次购买的产权份额不得低于50%，5年后，经共有产权人同意，共有产权公共租赁住房可上市交易。

（三）保障标准

1. 租赁型保障性住房的保障标准。

（1）公共租赁住房。常州公租房租金补贴标准随市场租金上涨而增加，每年发布一次。2022年补贴标准为：城镇中低收入住房困难家庭在市区自主租赁房屋，政府按保障家庭困难情况给予补贴，即最低收入、低收入和中等偏下收入家庭每月每平方米分别补贴16元、14元和12元。单人家庭补足40平方米、两人家庭补足50平方米、3人家庭补足60平方米，租金补贴每季度发放一次。

常州市实物配租的公租房租金缴纳标准相对较低。2020年，对困难程度不同的城镇中低收入无房家庭实行不同的租金标准，即最低收入、低收入和中等偏下收入家庭（满足公租房条件）分别为每月每平方米1元（使用面积）、4元（建筑面积）和5元（建筑面积）。除最低收入家庭外，物业公共服务费、电梯运行费等物业服务费用由承租家庭承担。

（2）保障性租赁住房。保障性租赁住房以建筑面积不超过70平方米的小户型为主，租金标准按照低于同地段、同品质住房市场租金水平5%~10%确定。每年根据市场租金进行调整。

2. 产权型保障性住房的保障标准。

常州经济适用房已全面采用货币补贴方式。2009年实施之初一次性补贴金额为每户8万元，2016年每户享受购房货币化补贴10万元。2022年每户享受购房货币化补贴15万元，补贴金额占每套均价的42%~53%[①]。

二、淮安住房保障

（一）保障范围

淮安市住房保障主要有公共租赁住房、保障性租赁住房和共有产权房，逐年扩大市区住房保障范围。公租房租赁补贴和共有产权房保障对象均扩大到了

---

① 每套房平均面积按照70平方米，单价均价按照4 000~5 000元/平方米计算得到。

中等偏下收入、各类人才、新就业、外来务工无房人员，保障性租赁住房不设收入线门槛，逐步实现保障对象全覆盖。

从 2009 年开始，淮安对城市低收入线标准、中等偏下收入线标准分别按不低于上年度城市人均可支配收入的 50% 和 80% 进行动态调整，每年定期调整一次。2022 年 10 月颁布的《关于调整 2022 年度市区住房保障标准的通知》将中等偏下收入线标准确定为家庭人均月收入不高于 3 296 元。2022 年淮安各类住房保障的保障范围如表 5 - 9 所示。

表 5 - 9　　　　　　　2022 年淮安各类住房保障的保障范围

保障类型	保障方式	保障对象	户籍/居住要求	住房困难标准	收入标准（元）	财产标准（万元）
租赁保障	公租房租赁补贴	中低收入家庭、各类人才、新就业人员、进城务工人员	市区户口两年或市区居住证	16 平方米或市区内无房	3 296	15
	公租房实物配租	城市低保家庭、有特殊情形的中低收入无房家庭	市区户口两年	16 平方米或无房	3 296	15
	保障性租赁住房	新市民、青年人等群体	本地居住证0.5~5 年	无房	无	无
产权保障	共有产权住房	中低收入家庭、各类人才、新就业人员、进城务工人员、本市户籍农民	市区户口两年或市区居住证	16 平方米或市区内无房	3 296	15

注：1. 住房困难标准指人均住房建筑面积；2. 收入标准指个人月可支配收入；3. 财产标准指家庭人均金融资产；4. 市区指清江浦区、经济开发区、工业园区、生态文旅区。

（二）保障方式

淮安的保障方式由公共租赁住房、保障性租赁住房和共有产权经济适用住房三部分构成。

1. 租赁型保障性住房。

（1）公共租赁住房。公共租赁住房实施实物分配和租赁补贴两种具体保障方式。相对而言，实物配租的准入标准更为严格，只有具有本地两年及以上城市居民户口的低保家庭以及有特殊情形的中低收入无房家庭（家庭有七十周岁以上老年人、重度残疾人员或重大疾病患者）才可以申请实物配租。而公租房租赁补贴的准入标准则十分宽松，保障对象涵盖城市中低收入家庭、各类人才、外来务工人员、新就业人员。

（2）保障性租赁住房。根据《淮安市加快发展保障性租赁住房实施方案》，保障性租赁住房可采用住房配租或租赁补贴两种方式。住房配租又分为住宅型和宿舍型两类，分别以房屋建筑面积不超过 70 平方米、50 平方米小户型为主；采用租赁补贴保障的，由政府向在市场上自行租赁住房的新市民、青年人等群体发放货币补贴。正在享受公租房实物配租及领取公租房货币补贴保障对象，不得申请保障性租赁住房。

2. 产权型保障性住房。

共有产权经济适用住房①在淮安起步较早（2007 年），淮安也是全国共有产权住房的试点城市。根据《淮安市全国共有产权住房试点工作实施方案》，淮安共有产权房采用实物配售和货币补贴两种方式，均可在个人出资不低于60%、政府出资不高于40%的条件下，由个人自行选择出资份额；也可以选择个人出资不低于70%、政府和企业出资不高于30%的方式购买。可见，其货币补贴的金额因房而异、因购买方式而异，但只限于购买政府目录内的普通商品住房。此外，公租房实施先租后售，即实物配租的公租房在居住满两年后可按照出资不低于60%申请以共有产权方式购买。

在房源筹集方面主要有政府集中建设、分散配建、社会收购等多种形式。集中建设项目采取"限房价、竞地价"带图挂牌的方式出让土地，土地出让金返还至保障性住房资金专户，专项回购。

截至 2023 年末，淮安市在保家庭规模已达 2 965 户，其中 392 户低保家庭全部免租金居住。实现公租房租赁补贴覆盖多类人群应保尽保，全年发放租赁补贴 421.2 万元，保障家庭 8 164 户次。全年棚户区改造新开工 1.21 万套，完成量江苏省第 6，开工率 120.89%。新开工（筹集）保障性租赁住房 3 503 套（间）。改造老旧小区 206 个，总建筑面积 245.75 万平方米，惠及群众 24 964 户。同时，还助力人才安居保障，筹集的 200 套优质保障性租赁住房转换为市级人才公寓使用。

---

① 2007 年 8 月，淮安市首创了与市场接轨的共有产权经济适用房模式，即中低收入住房困难家庭购房时，可按个人与政府的出资比例，共同拥有房屋产权。其用地由土地划拨改为土地出让，将出让土地与划拨土地之间的价差和政府给予经济适用住房的优惠政策，显化为政府出资，形成政府产权。

（三）保障标准

1. 租赁型保障性住房的保障标准。

（1）公共租赁住房。公租房租赁补贴保障标准按人均住房建筑面积 24 平方米进行保障。城市低保家庭每人每月补贴 18 元/平方米，城市低收入家庭每人每月补贴 15 元/平方米，城市中等偏下收入家庭、新就业人员、各类人才、外来务工人员每人每月补贴 12 元/平方米。补贴额度按照保障人数、住房保障面积标准与家庭现有住房建筑面积的差额和每平方米租赁补贴标准来确定。新就业人员、各类人才申请公租房租赁补贴的，仅配偶作为共同申请人，如配偶符合准入条件的则作为保障对象，保障期限至毕业满 8 年，停止货币补贴。外来务工人员申请公租房租赁补贴的，按符合保障条件的人数予以保障。

公租房实物配租保障标准为每户保障家庭 1 套成套公租房，部分家庭还可申请实物配租租金减免，根据不同情况可减免 30% ~ 100% 不等。

（2）保障性租赁住房。保障性租赁住房租金标准按照低于同地段、同品质、同类型住房市场租金水平 5% ~ 10% 确定，每年根据市场租金进行调整。

2. 产权型保障性住房的保障标准。

共有产权房保障标准为家庭人均住房建筑面积 24 平方米，保障住房建筑面积不超过 96 平方米，实物配售价格一般低于同区段、同期楼盘商品住房市场销售价格的 5% ~ 10%，按照个人最少购买 60% 产权的规定，则个人最低购买价为商品房价的 54%，因此提高了购房者的支付能力。对于中等偏下收入家庭而言，共有产权住房个人支付部分的房价收入比为 2.58 ~ 2.87 倍[①]。

采用货币补贴的共有产权住房，同样按照淮安 2022 年的商品住房销售均价、共有产权房面积标准 70 平方米以及政府的最高出资比例 40% 计算，政府单户补贴总额为 21.1 万元。

三、黄石住房保障

（一）保障范围

黄石市的住房保障范围比较广泛，基本覆盖全市常住人口中的住房困难群体。2023 年，黄石市政府工作报告明确，将重点解决好 1.5 万户新市民、青

---

① 根据 2022 年的商品住房销售均价 7 534 元/平方米及 70 平方米的单套面积计算。

年人、从事基本公共服务人员等住房问题纳入年度"十件民生实事",通过长期租赁、先租后售等租购并举方式,满足供应对象不同层次的住房需求。从事基本公共服务的企事业单位及机关工作人员,在黄石城区无房及多孩、三世同堂等住房困难家庭,企业引进的各类人才,在黄石就业创业的"新黄石人"以及在黄石高校应届毕业生等均在保障范围内。

根据《黄石市 2023 年住房保障工作方案》《黄石市共有产权住房出售实施细则(试行)》,截至 2023 年,黄石各类住房保障的保障范围如表 5–10 所示。

表 5–10　　　　　　　　2023 年黄石各类住房保障的保障范围

保障类型	保障方式	保障对象	户籍/居住要求	住房困难标准(平方米)	收入标准(元)	财产标准
租赁保障	公共租赁住房	低保、低保边缘家庭、重点优抚对象、新黄石人等	无	16	无	无
	保障性租赁住房	新黄石人、公服人员、优秀民兵等	无	无房	无	无
产权保障	共有产权房	"三个一"保障房、公租房的实际承租人和轮候配租人	无	无房	无	无
	经济适用住房	中低收入家庭	城镇户籍	23.52	35 533.6	无

注:1. 住房困难标准指人均住房建筑面积;2. "三个一"指"一张床""一间屋""一套房";3. 收入标准指人均年可支配收入不超过当地上年城镇居民人均可支配收入的 80%。2022 年黄石市城镇居民人均可支配收入为 44 417 元。

(二)保障方式

黄石市实施"实物配租和货币补贴相结合""住房租赁与产权共有相结合"的保障方式,在确保解决低收入住房困难群体住房问题的基础上,分层次解决"新黄石人"的住房需求,初步构建了以公共租赁住房、政策性租赁住房(保障性租赁住房)和共有产权住房在内的住房保障新体系。

1. 租赁型保障性住房。

(1)公共租赁住房。2010 年,黄石提出各类保障房向公租房并轨,将廉租房、经适房、公租房、国有住房、拆迁还建房和符合条件的社会性出租房等统一纳入公租房管理范畴,按《黄石市公共租赁住房管理暂行办法》进行管理,形成了投资、建设、准入、配租、补贴和退出等统一的保障房制度。

公共租赁住房按家庭人口建筑面积标准为16平方米/人标准，实行实物配租、租赁补贴和租金减免三种保障方式，但三种保障方式的保障对象有所区别。实质上对于户籍低收入家庭，可选择实物配租和租金补贴两种方式，是实质上的应保尽保；而对于"新黄石人"，则只能申请租赁补贴或保障性租赁住房实物配租。

此外，黄石鼓励社会力量建设、提供保障房，并将其纳入公租房体系。社会性公租房由市场租金定价，为社会机构参与公租房投资提供了基本条件。

（2）保障性租赁住房。保障性租赁住房按项目认定结果，实施先租后售（即转换为共有产权住房）和长期租赁。近年来，黄石市采取收购、配建、转换、集中新建、企事业单位自建、产业园区配套用地建设、闲置房屋或存量房屋改建等多渠道筹集保障性租赁住房，其租金标准按不高于同地段同品质租赁房市场租金的70%评估确定。单套房屋租金自租赁之日起，5年不变；5年后，每3年调整一次。

截至2023年末，黄石市完成25个保障性租赁住房（含收购房源）项目共6 256套（间），同时，通过提高产业园区工业项目配套用地比例建设职工宿舍4 860间，有效解决15 969户（人）新市民、青年人以及从事基本公共服务人员等的住房问题，并实施完成保障房租售3 603套（间）。

2. 产权型保障性住房。

（1）经济适用住房。经济适用住房面向黄石市城市户籍（含大冶、阳新）的中低收入住房困难家庭出售，即无住房或现住房面积不超过当地上年度城镇居民人均住房建筑面积的60%，收入不超过当地上年度城镇居民人均可支配收入的80%。

（2）共有产权住房。黄石作为国家首批六个共有产权住房试点城市，其共有产权住房模式作为公租房制度的配套产权安排，并非独立的住房保障形式。黄石的公租房实行"租售并举"，通过先租后售、边租边售、未租竞售三种方式实现共有产权，"三个一"住房实际承租人、符合条件的公租房承租人以及轮候配租人均有机会申请。实际承租人首次购买产权比例不低于70%，3年后可申请买断剩余30%。若未买断，则从第3年起缴纳租金或利息。

（3）配售型保障房。根据《黄石市2024年住房保障工作方案》，全市计划2024年提供保障性住房5 000套（间），以解决"新黄石人"、青年人和从事基本公共服务人员等住房困难问题。申请及管理方面，新的配售型保障房按照新出台的规定执行。

（三）保障标准

1. 租赁型保障性住房的保障标准。

（1）公共租赁住房。黄石市公租房按市场标准收取租金。将申请公租房的住房困难居民统一纳入配租管理体系，并按照收入水平进行分类补贴，实行"租补分离"，即市场租金、分类补贴的做法，主要有租赁补贴、租金减免、物业费补贴三种保障标准。

关于租赁补贴，城市特困供养中的分散供养人员与低保家庭补贴标准按保障面积片区市场租金的90%发放，城市低保边缘家庭补贴标准按保障面积片区市场租金的80%发放。在城区内拥有住房及已获取实物配租的人员不得申请租赁补贴。

就租金减免而言，城市低保家庭按保障面积片区市场租金的90%减免，城市低保边缘家庭按保障面积片区市场租金的80%减免，重点优抚对象按保障面积片区市场租金的40%减免，其他收入家庭按保障面积片区市场租金的30%减免。

所谓物业费补贴，是指对承租公益性公共租赁住房的城市低保家庭和城市低保边缘家庭发放。物业费补贴采取先缴纳、后补贴的方式，与租金减免申请同步审核。城市低保家庭物业费按100%予以补贴，城市低保边缘家庭按50%予以补贴。

（2）保障性租赁住房。在租赁补贴方面，"新黄石人"承租东楚集团运营的保障性租赁住房根据《黄石市"三个一"保障房租金和补贴管理细则（试行）》及《关于促进'新黄石人'就业创业和安居落户的若干措施》相关政策执行；承租非东楚集团运营的保障性租赁住房，按人员属性由产权单位自行制定租金优惠及管理制度。

就租金减免而言，"新黄石人"承租保障性租赁住房，按一张床、一间屋、一套房，分别按每月人均20元、50元、80元分类减免。

2. 产权型保障性住房的保障标准。

（1）经济适用住房。经济适用房价格低于周边普通商品房，但据黄石市住建局介绍，如果现住房为房改房的，购买的经济适用住房应当和房改房面积合并计算，超过85平方米的部分实行市场价①。

---

① 东楚网：《申请经济适用房须满足三个条件》，http://jyh.huangshi.gov.cn/pub/hsfcj/index2019/hdjl_8002/dyjh8007/201908/t20190808557982.html。

（2）共有产权住房。不同来源的共有产权房定价方式有所不同。原则上，在划拨用地上建设的"三个一"保障房、公租房参照经济适用房的有关规定，以重置成本价出售；在出让用地上建设的则以准市场价出售，准市场价参考建造成本、费用、利润，结合同地段同品质商品房价格核定，参考利润不高于投资额的5%。

第四节　中国城市住房保障模式比较：求同存异

一、中国典型城市住房保障模式比较

（一）"租—售"递进式住房保障模式：以重庆、黄石为代表

"租—售"递进式住房保障模式的显著特征：一是采用租赁型公共住房为住房保障的主要方式；二是在一段时期（如3~5年）后租户可选择是否购买所租住的保障住房；三是采用统一的保障房准入标准。

递进式住房保障模式的优点主要表现在以下两方面：

1. 可降低出售型保障房的错误配置。由于在购买保障住房之前必须居住较长时间，可有效减少不符合条件的家庭寻租购买保障住房的现象，也可一定程度降低政府的监督成本，甚至可以取消对收入的限制，因为通常较高收入的家庭不会愿意在面积较小的公租房内长期居住。

2. 更有利于社会公平。采用这一模式的地区一般选择统一的准入标准，如重庆和黄石，不会对户籍和非户籍人口采用差别化的规定，有利于社会公平。对于需要在该地区长期居住的本地户籍家庭会选择购买保障房；而对于只需要在该地区居住一段时间的家庭，即暂时性住房困难家庭，则会选择租赁。

但2012年住房和城乡建设部发布的《公共租赁住房管理办法》规定，不得改变公共租赁住房的保障性住房性质、用途及其配套设施的规划用途，即不得出售公租房；《国务院办公厅关于加快发展保障性租赁住房的意见》提出保障性租赁住房不得上市销售或变相销售。

（二）"租—售"并行式住房保障模式：以西安、上海为代表

"租—售"并行式住房保障模式的显著特征：一是住房保障方式较为多样，租赁型保障房和出售型保障房并行存在，同时，每种性质的保障房内部可

能又有细分,即租赁型保障房一般根据家庭收入状况给予不同的租金补贴,出售型保障房一般分为经适房、限价房和共有产权房。二是各种类别保障房的准入标准有显著差异。一般廉租房、经适房和限价房的准入标准较高,有本市户籍要求和较低的收入标准;而普通公租房、保障性租赁住房和共有产权房的准入标准较为宽松,没有户籍要求和收入限制(或较宽松的收入限制)。

并行式住房保障模式的优点主要表现在:

1. 有利于政府针对被保障家庭特征设计不同保障方式。对于本地户籍家庭,如果没有其他居住地可选择,必须承受当地的房价,地方政府理应给予更多的住房保障福利;而对于非本市户籍的常住人口家庭,一般为了较好的工作机会而来,如果其工作收入不能承担在该城市的生活成本(包括房价),可选择离开。而且,通常这些外来人口在户籍地有住房,因此,工作地政府无须提供与户籍人口相同的保障水平。此外,对于需要严格控制人口规模的大城市或特大城市,这样做也有利于控制人口。

2. 方便政府对保障需求进行管理和控制。大城市或特大城市的人口量大,住房保障需求大。区别户籍和非户籍人口并划分收入准入标准,可帮助政府较好地控制住房保障需求。根据该地区财政收入水平和需求来实施住房保障,不会出现大规模满足条件的被保障家庭长期轮候的现象。

3. 对政府财政压力相对较小。由于并行式保障方式中有长期住房保障需求和支付能力的家庭会选择购买保障房,加之我国实施的预售制度,可及时回收建设资金。这类出售型保障房对投入资金的需求大大小于出租型保障房。因此,并行式保障模式对政府的财力要求相对较小。

(三)"租—售—补"并举住房保障模式:以北京为代表

北京已经从"租—售"并行全面转向"租—售—补"并举。与"租—售"并行不同的是,北京租房补贴的保障对象不仅仅局限在公租房、廉租房人群,而是放宽到整个租房市场,家庭收入标准和财产标准也均有所放宽,并且规定家庭不得同时享受市场租房补贴和公租房保障。2020年,北京公租房补贴和市场租房补贴共发放4.78万户,合计6.24亿元,这一模式使得北京在租赁住房保障方面实现了应保尽保。

(四)全面货币化住房保障模式:以常州、淮安为代表

由政府提供的租赁型保障住房和出售型保障住房均可以通过实物和货币两

种手段来进行。实物保障由于住房由政府或政府资助的企业提供，因此，一定程度限制了被保障家庭的选择权，同时也降低了获取被保障房的可能性。在保障房短缺时期，通常需要轮候。如香港虽然进行了长达几十年的保障房建设，但至今仍有许多家庭在等待配租公屋。相对于实物保障，货币保障更符合公平性和效率性的住房保障目标。一方面，货币保障可以根据保障对象的收入水平实行差异化补贴，更有利于扩大保障范围，实现应保尽保；另一方面，货币保障给予保障对象更大的自主权，可以从住房市场中获取保障房，可选范围更广，获取住房的可能性更大，增加了被保障家庭快速获取保障房的可能性。

如表 5 - 11 所示，目前中国大多数城市仅在租赁型住房保障方面实施较为全面的货币化保障；少数城市已实施全面的货币化保障，如江苏常州、浙江嘉兴等。常州市和淮安市无论租赁型保障住房（公租房）还是产权型保障住房（经济适用房/共有产权房）都实行了货币化保障，真正实现了应保尽保。

表 5 - 11　　　　　2023 年各城市实物与货币保障手段选择的比较

城市	租赁型住房保障（除廉租房）		产权型住房保障	
	实物保障	货币保障	实物保障	货币保障
上海	√	√	√	×
北京	√	√	√	×
重庆	√	√	正在试点	/
西安	√	√	√	×
常州	√	√	√	√
淮安	√	√	√	√
黄石	√	√	√	×

注：租赁型住房保障中的廉租房（或者针对低收入家庭的租赁型住房保障）在各个城市均基本实现了实物和货币两种手段的保障。

此外，各地都有大规模棚户区改造，拆迁安置房成为"十三五"、"十四五"期间住房保障体系重要的组成部分。

二、中国典型城市住房保障范围比较

表 5 - 12 总结了以上讨论一、二、三线代表性城市的住房保障范围，主要从户籍要求、住房困难标准和收入标准三个方面进行，部分城市还另外设定资产标准，但由于该标准涉及城市较少且可比性不强，所以暂不讨论。

表 5 – 12　　　　　　　　　　　2022 年各城市住房保障范围比较

城市	户籍/居住要求	住房困难标准（平方米）	住房困难标准/人均住房面积（%）	收入标准（元）	收入标准/人均收入（%）
上海（租）	无	≤15	40	无	—
上海（售）	有	≤15	40	6 000	90
北京（租）	居住 5 年	≤15	45	2 778	43
北京（售）	居住 5 年	≤15	45	1 258	20
北京（补）	本市户籍	无房	—	4 200	65
重庆	无	≤13	28	无	—
西安	有居住证	≤17	48	3 480	89
常州	实际居住 3 年	≤18	35	4 575	92
淮安	本市户籍 2 年	≤16	32	3 296	123
黄石	无	≤16	36	无	—

注：1. 表本以 3 人及以上家庭数据为例；2. 收入标准指个人月可支配收入。

从以上七个城市的住房保障范围看，首要差异表现在，只有北京、上海这样的特大城市对租赁型保障住房和出售型保障住房设定不同的标准，而其他二三线及以下城市则对这两类保障形式采用同样的标准。

从三方面标准的比较看，各代表城市租赁型住房保障的保障标准有显著差异，主要表现在：

第一，大部分城市取消了租赁型保障住房的户籍要求，以覆盖新就业大学生和进城务工人员为主要目标，但部分城市仍存在年限不等的居住时间要求。从理论上看，一定年限的居住要求证明被保障者在此城市的生存能力和对城市的贡献，有一定合理性；但过于长期的居住要求使存在阶段性居住困难的群体（如新就业大学生和进城务工人员）无法获得保障，其合理性有待商榷（如北京）。

第二，住房困难标准差异不大，占各城市人均住房建筑面积的比例在 28% ~48%。最为严格的是重庆市，主要由于住房困难是其住房保障的唯一标准，此标准的微小变化可能带来大量住房保障需求的增加。同为二线城市，西安的住房困难标准则较为宽松，但其设置了收入标准的限制。通常仅设定住房困难为单一准入标准的城市，其住房准入标准会更严格一些。

第三，一半左右的城市设定租赁型住房保障的收入标准，多数将其设为该城市上一年度的城镇人均可支配收入。只有北京采用更加严格的收入限制，申请公租房的收入标准仅为 2022 年城镇人均可支配收入的 43%。北京相对严格的租赁型住房保障准入标准主要受制于特大城市非户籍常住人口的比例太高而带来的保障需求压力。

三、中国典型城市住房保障标准比较

表 5-13 总结了以上讨论的一、二、三线代表性城市的租赁型住房保障标准，区分其保障手段（实物保障或货币保障）可从保障面积、租金标准和补贴标准三个方面比较各城市的住房保障标准。由于大部分城市的保障性租赁住房租金均采取市场租金的 90% 且无租赁补贴，所以暂不列入表 5-13 讨论。

表 5-13　　　　　2022 年各城市租赁型住房保障标准比较

城市	运作模式	保障面积	租金标准	补贴标准
上海	实物配租	10~15 平方米	家庭年收入低于 33 600 元、42 000 元和 50 400 元家庭，分别以家庭收入的 5%、6% 和 7% 承担租金；其余按市场租金的 80%	—
	租赁补贴	居住面积 10 平方米/人	—	廉租房家庭年收入低于 33 600 元、42 000 元和 50 400 元家庭，分别补贴基本租金的 100%、70%、40%；公租房月租金超过上一年家庭月平均收入 9% 的部分可申请减免，部分群体与困难家庭在上一年实付租金的基础上，增租部分全部减免
北京	保障性住房租赁补贴	建筑面积 60 平方米/户	市场租金	人均月收入 800 元、1 050 元、1 200 元、1 600 元、2 000 元和 2 400 元以下公租房补贴标准分别为 95%、90%、70%、50%、25%、10%
	市场租房租赁补贴	—	市场租金	除怀柔、平谷、密云、延庆外的其他区，2 人及以下户补贴标准为 1 000~2 500 元，3 人及以上户补贴标准为 1 200~3 500 元；怀柔、平谷、密云、延庆四区市场租房补贴标准按全市标准的 60% 确定

续表

城市	运作模式	保障面积	租金标准	补贴标准
重庆	实物配租	使用面积10平方米/人	市场租金的60%	—
	租赁补贴	同上	—	公租房补贴标准为：低保、低收入家庭每人每月每平方米分别为10元和8元，各建制镇租赁补贴标准在上述标准基础之上减少2元；中心城区中等偏下收入住房困难的家庭、公交司机和环卫工人每月租赁补贴金额为20~25元/平方米
西安	实物配租	建筑面积17平方米/人	低于人均收入40%（1 390元）、80%（2 780元）、100%（3 480元）的家庭分别按照廉租住房租金标准、市场租金的72%和90%计租	—
	租赁补贴	同上	—	廉租房的补贴标准为5.5元/平方米建筑面积，收储社会房源作为公租房的为5元/平方米
常州	实物配租	建筑面积20平方米/人	最低收入、低收入和中等偏下收入家庭分别为每月每平方米1元（使用面积）、4元（建筑面积）和5元（建筑面积）	—
	租赁补贴	同上	—	最低收入、低收入和中等偏下收入家庭每月每平方米分别补贴16元、14元和12元。单人家庭补足40平方米、2人家庭补足50平方米、3人家庭补足60平方米
淮安	实物配租	建筑面积16平方米/人	市场租金的90%~95%	—
	租赁补贴	建筑面积24平方米/人	市场租金的90%~95%	按照住房保障面积标准与家庭现有住房建筑面积的差额和每平方米租赁补贴标准（低保户18元/平方米，低收入家庭15元/平方米，中等偏下收入、新就业人员等12元/平方米）来确认

续表

城市	运作模式	保障面积	租金标准	补贴标准
黄石	分档补贴 租补分离	建筑面积 16 平方米/人	市场租金	租赁补贴：城市特困供养中的分散供养人员、低保家庭、低保边缘家庭补贴标准分别按保障面积片区市场租金的 90%、90%、80% 发放 租金减免：城市低保家庭、城市低保边缘家庭、重点优抚对象、其他收入家庭分别按保障面积片区市场租金的 90%、80%、40%、30% 减免

注：重庆为 2021 年标准。

从以上比较看，各代表城市租赁型住房的保障标准差异主要表现在以下几点。

1. 大多数城市按收入分档进行不同程度的保障。收入一般分为最低（低保）、低和中等偏下收入（或中等收入）三档。最低收入家庭一般是民政局确定的低保家庭；低收入家庭一般是收入在本地区上一年度人均收入 50% 的家庭；中等偏下收入家庭一般设定为本地区上一年度人均收入 80% 的家庭，部分城市直接将这一档定在上一年度人均收入水平上。大多数城市按照这一方式设计分档补贴，兼顾了公平性与可操作性。

2. 实物配租的补贴形式有直接和间接之分。实物配租中的补贴以直接和间接两种方式体现。直接方式指在实物配租中收取低于市场水平的租金，配租住房租金与市场租金之差即为政府的补贴；间接方式也称为"租补分离"，承租人缴纳统一的市场租金，而政府根据承租人的收入水平等给予不同的补贴，政府保障体现为房租补贴的多少。对于实物配租而言，租补分离的方式应该更好——虽然看似操作复杂，但有利于保障水平的调整和住房保障的退出，也有利于统一实物配租和租金补贴的标准，同时能让居民树立起按时交纳租金的义务和享受政府福利的权利分开的理念。

3. 特大城市中，上海的保障程度更高、北京涉及人群更广。北京和上海在保障方式、范围和标准上均存在差异。上海的公租房最初按市场租金九折定价，但在多年租金上涨限制后实际租金为市场租金的 70%～80%，2020 年才开始对部分人群实施租金减免政策，减免的力度较大；而北京一直以来除了对人均月收入 2 400 元以下的公租房家庭实施补贴外，还会对满足条件的市场租房家庭实施补贴。可见，上海在公租房实物配租范围内的保障程度高于北京，但是如果与前面讨论的保障方式和保障范围结合起来看，北京租赁型保障的涉及人群更广。

思 考 题

1. 为什么说我国住房保障思想全国统一，但各城市的住房保障实践存在显著差异？

2. 请描述住房保障在一线城市的实践情况，并分析其特点和面临的挑战。

3. 在二线城市中，住房保障政策是如何实施的？与一线城市相比，存在哪些差异和优势？

4. 对于三线城市而言，住房保障措施有何特色？它们在解决居民住房问题方面发挥了怎样的作用？

5. 从一、二、三线城市的比较来看，中国住房保障体系在不同等级城市间实现了怎样的差异化发展？

6. 考虑到不同城市经济发展水平的差异，住房保障政策应如何因地制宜地进行调整以适应各自的实际需求？

7. 结合一、二、三线城市的实际情况，谈谈你对中国住房保障发展趋势的看法。

第六章 共同富裕理念下中国特色
住房保障体系的顶层设计

改革开放以来，我国城镇住房保障经历了"提出、确立、缺位、发展、强化"五个阶段。经过多年探索，城镇住房保障体系逐渐形成。但在住房保障快速推进的同时，矛盾与问题也逐步暴露，比如住房保障体系的系统性和完整性不强；保障对象与保障标准模糊，部分处于住房贫困状态的居民依然被排斥在外；部分已建的保障房难以入住；各类保障方式难以无缝衔接，形成"悬崖效应"等。当前我国农村住房短缺的问题基本解决，但农村低收入群体的住房安全性需要关注；同时，宅基地的无偿获得被作为农村住房保障的主要手段，存在资格权保障形式尚未与城镇保障形成有效衔接、保障对象资格认定标准不统一、缺乏和城镇住房保障体系相似的低收入人群特殊保障机制等现象。这些问题的解决，首先需要对住房保障体系进行顶层设计。本章从功能定位、覆盖范围和发展模式三方面对该体系进行顶层设计，进而结合各城市特点进行住房保障体系的分类制定。

第一节 功能定位：共同富裕理念下的
社会型住房保障

一、住房保障功能定位理论

（一）当尼逊（Donnison）的三类型政府角色理论

当尼逊（1967）提出了政府在住房保障政策中承担着雏生型、社会型及全面责任型等三种角色。时至今日，仍可根据这一划分从总体上概括当今各国住房保障的类别。

如果政府在住房保障中的角色为雏生型，政府在解决低收入群体的住房问题时较为被动，缺乏系统和有力的政策，或即使有相关的政策也缺乏执行力度。大多数发展中国家及不发达国家都是如此，如巴西、墨西哥、泰国、印度等国家，在未爆发巨大社会问题之前，大多采取项目式的临时救济措施。

假如定位为社会型，政府的角色主要是照顾那些无力自行解决住房的人群，如老人、失业者、低收入劳动者等。这些人群在劳动力市场处于劣势地位，无法通过自由的住房市场解决居住问题。基于社会发展及社会公益的目的，美国、英国及大多数西欧国家，也包括中国香港地区等，将有关资源与政策重点集中于低收入人群，实施有针对性的住房保障政策。而中高收入人群的住房则由市场提供，政府并不介入。

若定位为全面责任型时，政府承担起满足全体居民居住需求的责任，对住房市场进行长期干预。荷兰、德国、瑞典以及新加坡等就是对住房市场的全方位介入和控制的国家，是全面责任型住房政策的代表。以荷兰为例，政府有意识地全面介入住房市场，其住房政策的出发点是既要保障低收入家庭的居住权利，又要确保这些家庭不因过于集中而被社会排斥。具体来说就是通过较全面的补贴令不同收入的住户可以居住于同一社区。

（二）巴劳和顿肯（Barlow & Duncan）四类型住房政策体制

巴劳和顿肯（1994）从制度环境出发，比较了市场和国家在住房供给上的各种模式及其效率，并参照埃斯平·安德森（Esping-Andersen）在分析福利国家体制时提出的理论构架，将住房政策分为四类。

一是在初级体制下，政府并未将福利看成是一种很重要的权利。在快速工业化过程中，人们主要依靠传统的自助、家庭互助或教会帮助解决住房问题，如希腊、葡萄牙等。二是在自由主义体制下，自由市场被认为是最有效的调节住房生产与分配的手段，这些国家的住房自有率较高，政府对自有住房提供可观的补贴，对公共住房的支持有限，主要针对低收入人群，且带有一定的社会歧视，如爱尔兰、英国（20世纪80年代以来）和美国等。三是在法团主义体制下，公共住房的比例较高，住房补贴的数额较大，但政府并不试图通过调整住房结构来缩小社会差距，如前西德、法国等。四是在社会民主体制下，政府干预被看作是实现效率和社会公平的关键，住房政策的目标是对市场进行管理，为所有人提供更好的住房，并降低住房支出，如丹麦、荷兰、瑞典等（阎明，2007）。

二、中国住房保障的定位演变

1949～1978 年，整体上实施"先生产，后消费"、"高积累，低消费"方针，将住房看作纯消费资源的"非生产性"支出，住房投资规模在每年的计划安排中都很小。这种状况的长期持续导致了居民严重缺房的后果（张清勇，2014）。

1990 年 9 月，建设部、全国总工会发布《解决城镇居住特别困难户住房问题的若干意见》指出，住房困难问题还没有得到根本解决。这是我国"首次将解决城镇居民住房困难这一问题纳入政府的重要议程"（朱亚鹏，2008）。

1994 年 7 月，国务院颁布《关于深化城镇住房制度改革的决定》，这是我国住房制度改革进程中里程碑式的文件之一。该决定提出，要建立以中低收入家庭为对象、具有社会保障性质的经济适用住房供应体系和以高收入家庭为对象的商品住房供应体系。可见，在住房制度改革之初，中国政府就有意识承担起住房保障的社会责任，并把范围界定为中低收入家庭。

1998 年 7 月，国务院发布《关于进一步深化城镇住房改革 加快住房建设的通知》，提出建立和完善以经济适用住房为主的多层次城镇住房供应体系，对不同收入家庭实行不同的住房供应政策。最低收入家庭租赁由政府或单位提供的廉租住房，中低收入家庭购买经济适用住房，其他收入高的家庭购买、租赁市场价商品住房。可见这一时期的住房保障希望覆盖中等及以下收入家庭，以满足其合理居住需求。

2003 年 8 月，国务院下发《关于促进房地产市场持续健康发展的通知》，提出"房地产业已经成为国民经济的支柱产业"，要完善住房供应政策，调整住房供应结构，逐步实现多数家庭购买或承租普通商品住房；同时，根据当地情况，合理确定经济适用住房和廉租住房供应对象的具体收入线标准和范围。此后，经济适用住房和廉租住房开发规模大幅度下降。

2007 年 8 月，国务院发布的《关于解决城市低收入家庭住房困难的若干意见》重新提出，要把解决城市低收入家庭住房困难作为住房建设和住房制度改革的重要内容。作为政府公共服务的一项重要职责，要加快建立健全以廉租住房制度为重点、多渠道解决城市低收入家庭住房困难的政策体系，经济适用房供应对象从中低收入家庭调整为低收入家庭。这份文件明确将我国住房保障的范围界定为低收入群体。

　　2013 年 10 月，中共中央政治局就"加快推进住房保障体系和供应体系建设"进行第十次集体学习。习近平总书记重点指出，"从我国国情看，总的方向是构建以政府为主提供基本保障、以市场为主满足多层次需求的住房供应体系"，并明确提出"到 2015 年全国保障性住房覆盖面达到 20% 左右"。① 可见，经过二十年的探索，中国政府将住房保障的责任划定在"基本保障"中，住房保障的责任范围有所减小。

　　2017 年 10 月，党的十九大报告指出"坚持房子是用来住的、不是用来炒的定位，加快建立多主体供给、多渠道保障、租购并举的住房制度，让全体人民住有所居"。这是对于住房保障的重要定位表述，强调住房的消费属性，多渠道保障意味着住房保障的责任随着实现共同富裕目标的要求将有所增强。

　　2021 年 7 月，国务院办公厅发布的《关于加快发展保障性租赁住房的意见》以习近平新时代中国特色社会主义思想为指导，坚持以人民为中心，坚持房子是用来住的、不是用来炒的定位，突出住房的民生属性，扩大保障性租赁住房供给，缓解住房租赁市场结构性供给不足，推动建立多主体供给、多渠道保障、租购并举的住房制度，推进以人为核心的新型城镇化，促进实现全体人民住有所居。这里提出的"保障性租赁住房"不同于公租房，它把社会营利性主体纳入保障性住房的供给主体中，增加了保障房源的供给；同时，保租房主要面向新毕业大学生、青年人、无房新市民等，不设收入线门槛，有效扩大了保障的覆盖范围。

　　2023 年 1 月，全国住房和城乡建设工作会议在北京召开。会议强调"以加快解决城镇困难群众，特别是新市民、青年人住房困难问题为目标，以加大保障性租赁住房供给为重点，继续推进公租房、共有产权住房和棚户区改造工作，加快完善住房保障体系，更好发挥对惠民生、稳增长、防风险、促转型的积极作用，促进共同富裕取得新成效。"

　　2023 年 8 月，《关于规划建设保障性住房的指导意见》指出，要落实中国式现代化总要求，用改革创新的办法，在大城市规划建设保障性住房，加大保障性住房建设和供给。加快解决工薪收入群体住房困难。稳定工薪收入群体住房预期，为落实房子是用来住的、不是用来炒的定位提供住房支撑，并发挥促

---

　　① 习近平强调：加快推进住房保障和供应体系建设 [EB/OL]. (2013 - 10 - 30). https：//www. audit. cn/n4/n18/c4147/content. html.

进经济发展、改善城市面貌、创造实现全体人民共同富裕更好条件等一举多得的作用。这份文件将住房保障的工作任务从只关注租赁发展到"租购并举"，强调销售型保障房的建设及其封闭运行模式。

可见，在2017年党的十九大召开后，我国住房保障的定位得到进一步明确，住房保障的责任范围在租赁和销售两个领域以创新性的形式共同推进。若要使住房保障发展成果向共同富裕的方向更进一步，应从多维度的均衡保障理念出发，通过多种渠道、多种方式保障不同人群在不同方面的住房需求。不仅要大力发展城镇住房保障体系，也要推动农村住房保障体系的建立：分类施保，尽量满足不同层次农村住房困难家庭的住房保障需求；结合实际，采用新建、改建、扩建、置换等多种形式，将宅基地保障与实物保障、货币保障等保障方式相结合，通过多样化手段实现农村住房保障；加强农村住房保障制度和城市住房保障制度的有效衔接。

三、中国住房保障的定位选择

从以上分析可以看出，目前中国政府将住房保障的功能定位为社会型住房保障，政府的角色主要是既要照顾那些无力自行解决住房的人群，即低收入住房困难群体；同时稳定工薪收入群体住房预期，在大城市加大保障性住房建设和供给；强调商品房市场回归其市场属性，取消对市场的各种限制性政策，属于"市场经济体制下的社会型住房保障"。

影响政府住房保障范围动态变化的因素，主要包括以下几方面。

（一）经济发展阶段

在农业经济阶段，农业分散的生产方式和较低的人口居住密度使私人投资分散化地解决各自的住房需求成为可能。而在工业经济阶段，生产的集聚效应及人口密度的提升等都使政府住房保障范围的扩大成为必然。穆怀中（2003）经过对西方发达国家的理论和实证分析发现，一个国家社会保障支出水平具有先升后降的曲线轨迹（见图6-1）。当一国国民经济发展到很高水平，人均国民生产总值远远超过人们生存基本需求水平线时，两极分化严重，社会保障水平也会迅速上升并达到较高限度，这个阶段被称为"社会保障水平迅速上升时期"。

实证分析结果表明，社会保障水平上升最快时期是在人均GDP 4 000～

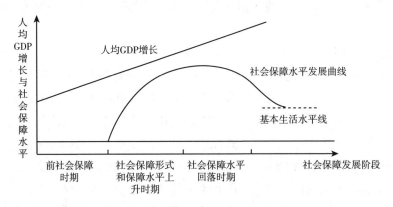

图 6 - 1　社会保障水平支出水平与经济发展水平关系

10 000美元阶段。经过多年的高速增长，2023 年中国人均 GDP 已达到 8.94 万元，约合 1.2 万美元。从经济理论角度看，我国已到达社会保障水平的增长率顶端，继续保持甚至增加住房保障的投入体现了社会主义共同富裕的理念。这有利于缓解大中城市新市民、青年人的住房压力，是实现共同富裕的重要途径。

（二）　住房市场供求关系

在很长的时间里，英国的主流舆论认为住房是个人问题，应该由个人解决。但后来多个国家的实践证明，仅依靠市场力量难以完全解决住房市场供求关系失衡的问题，后者致使社会矛盾尖锐程度增大、政府的压力增加，需要通过政府保障来解决中低收入群体的住房问题。我国城市住房市场尤其是一、二线城市供求矛盾加大，既包括供不应求的数量型住房短缺，也包括供求不匹配的结构型住房短缺，这是导致政府住房保障范围扩大的重要因素之一。

（三）　房价收入比

房价收入比是用来测量住房支付能力的重要指标。詹森（Jensen，1998）指出，"房价收入比体现了家庭收入和住房支出之间的关系，是几种支付能力指标中应用最广泛的"。一般使用中位住房价格与中位家庭收入的比值来测量房价收入比（张清勇，2011），限于中国数据的可得性，本书采用平均住房价格与平均家庭收入的比值来计算房价收入比。

不同收入阶层对应相应的房价收入比。如果房价收入比明显偏高的群体越大，则要求政府保障的量就越大；反之，政府的保障压力小。表6-1是2022年全国按居民收入五等分计算的房价收入比，低收入户（占20%）平均的房价收入比达到12.07倍，而高收入户只有2.27倍。因此，当地房价总体水平及其结构分布以及居民收入的总体水平和结构分布之间的关系，都会影响对政府保障的需求。

表6-1　　　　　　2022年全国按居民收入五等分计算的房价收入比

组别（城镇居民）	2022年人均可支配收入（元）	房价收入比
低收入户（20%）	8 601	27.63
中等偏下户（20%）	19 303	12.31
中等收入户（20%）	30 598	7.77
中等偏上户（20%）	47 397	5.01
高收入户（20%）	90 116	2.64

注：2022年全国商品住房销售均价10 185元/平方米，按户套面积70平方米，每个家庭按照3人计算。

（四）社会保障的完善程度

社会保障制度由住房保障、医疗保障、养老保障、失业保障等共同构成。住房保障以外的其他社会保障体系的完善程度对住房保障范围的影响非常大。当前，我国医疗保障、养老保障，特别是失业保障等社会保障制度还不完善，对住房保障提出更高的要求。

此外，社会文化背景和政府执政理念等也是影响政府住房保障范围的因素。

因此，从我国经济发展阶段、住房市场发展状况、房价收入比以及社会保障制度完善程度四方面的论证看来，政府必须进行住房保障，其住房保障的定位基本是合理的。

第二节　覆盖范围：保障广度与深度的二维考虑

从上一章的分析可见，目前中国城镇住房保障的覆盖范围在各城市间并不统一，在户籍及居住年限要求、住房困难标准和收入标准方面均存在一定差异。

一、不同属性人口的保障问题：保障广度

（一）不同流动性人口的住房保障

根据流动性不同，人口可分为户籍人口、常住人口与流动人口。理论及实务界对于住房保障应界定在城镇户籍人口和常住人口已基本没有争议。但为什么地方政府不将流动人口[①]纳入其范围内呢？因为人具有流动性，住房却具有不可移动性，而且住房保障对象的识别及住房保障产品的供给与配置需要一个相对较长的时间。如果将短暂居住的人口也纳入住房保障，操作难度较大。因此，对一个具体地区而言，住房保障只适合提供给在当地相对稳定居住的人群。如果与统计指标相衔接的话，常住人口比较符合这一要求。各个地区住房保障对象覆盖范围的总和与我国住房保障对象的覆盖范围在理论上应该是一致的。

（二）不同户籍性质人口的住房保障

在城市辖区范围内居住的是常住人口。2020 年全国人口普查显示，按照户籍划分的四类人口结构为：本地农村户籍人口 26%、本地非农户籍人口 47%、外地农村户籍人口 10%、外地非农户籍人口 17%。这四类不同户籍性质人口住房问题的解决方式不同，进而使其住房保障存在差异。

1. 本地农村户籍人口。多数学者认为，本地农村户籍人口拥有自己的宅基地，不应该再在城镇住房保障范围内考虑。也有学者认为，这种观点忽略了宅基地保障与住房保障的区别。农村宅基地使用权是一种毫无差别的平均分配，是农村集体经济组织成员权的体现，具有普惠性（洪运，2009）。宅基地使用权虽可无偿获得，但仅仅提供了建房的土地，而建房还需大量的资金投入，因而并未真正解决农村贫困家庭的住房问题（吴志宇，2012）。而住房保障的本质是解决住房困难群体的基本居住需求，具有特定的内涵与指向。

虽然以上观点也有一定道理，但我们认为，农村住房与城市住房存在明显差异。本地农村户籍人口的住房保障与其他性质人口住房保障的基础不同，应该建立以农村宅基地使用权换城镇住房保障的体系。东部沿海发达地区开展的

---

① 我国统计口径中，流动人口是与常住人口对应的概念，指在城镇停留六个月以下、户口在本辖区之外的人群。

城中村改造、拆村建居就是一种以农村宅基地使用权换城镇住房的做法。因此，本书未把本地农村户籍人口列入"城镇住房保障体系"的保障范围。

2. 本地非农户籍人口。本地非农户籍人口是我国住房保障的主要对象。因为本地非农户籍人口在本地城镇生活或工作，往往为本地经济与社会发展作出了贡献，且有基本居住权。这一群体主要通过当地商品住房市场满足居住需求，但在其支付能力不足以通过市场达到解决基本居住条件时，唯一解决住房问题的途径就是向政府申请，应该获得住房保障。

3. 外地农村户籍人口。外地农村户籍人口，即通常所说的农民工。实践中各地政府的政策存在差异。某些城市实现了对这类人群的全面保障，如重庆市已将农民工纳入住房保障范围，且公租房中农民工的比例约占一半。但大部分城市只是名义上将农民工列入保障，如上海的四大类保障方式中公租房名义上可覆盖农民工，但由于公租房租金都高于农民工的支付能力，因此实际覆盖力度不强。浙江省不少地方采取积分制，海宁市规定，凡是持有《浙江省居住证》、在海宁工作满一年以上的新居民，就可到各镇、街道的新居民事务所领取"海宁市新居民积分制管理申请表"。积分制管理计分标准由基础分、附加分和扣减分三部分组成，每人的基础分为200分，包括办理居住证年限、文化程度、职业资格等级、政治面貌等"硬件"；附加分则针对一些急需人才，有专利发明或者受到过表彰奖励及慈善捐款、无偿献血等都有加分；个人信用有不良记录等情况则要酌情扣分。政府将一定数量的公共租赁房用于新居民的住房保障，这一比例目前不低于年计划分配总量的5%。

从理论上看，这类人群是否应纳入其居住城镇的住房保障范围是一个有争议的问题。城乡二元化住房政策使我国城镇政府陷入一种两难境地。一方面，如果不将进城务工的农业户籍人口纳入政府住房保障范围，即他们在为城市发展作出贡献的同时得不到基本的保障，而且其无力通过市场改善恶劣的居住条件，既为城市卫生治安等埋下了隐患，又影响城市化进程；另一方面，如果将进城务工的农业户籍人口纳入政府住房保障范围，则可能出现新的社会问题，农业户籍人口享受了在户籍所在地拥有宅基地和在城市享受保障房的双重福利。对人多地少的中国来说，住房福利支出过大，对非农业户籍人口而言有失公平。

因此，本书认为，外地农村户籍人口的住房保障应纳入保障范围，但其保障方式、保障标准和准入条件等需要统筹考虑城市政府承受力、阶段性居住需求等特点，以进行区别对待。

4. 外地非农户籍人口。外地非农户籍人口，即通常所说的新就业大学生、创业人才等。由于这类人群对居住地城市发展的贡献较高，各地基本将其纳入居住地城镇住房保障范围。而且随着本地户籍中低收入家庭住房困难的基本解决和城市商品房价格的不断上升，各地越来越重视为人才提供住房保障。深圳2017年实施《深圳市人才住房和保障性住房配建管理办法》，将人才住房单列，在全市层面筹集和分配。2023年共配售20个可售型人才房项目，推出15 319套房源，整体去化率超过95%①。这一群体享受的住房保障应考虑两个方面的问题，一是这类人群的收入相对较高，其居住困难多数只是暂时性的。而那些在非户籍城市工作较长时间，但还无力在该城市立足的人群，也存在选择离开该城市的可能性，其住房保障也应该是暂时性的。二是其可能在原有城市享受过住房保障，拥有自有住房。因此，本书认为，这类人群应纳入住房保障范围，但应以其暂时性居住困难为主要保障目标，并适当考虑其在原有城市享受过住房保障，统筹进行保障方式设计。但由于尚未建立全国统一的住房保障信息系统，且各城市为争夺人才，对这类人才的住房保障难免存在保障过度的问题。

综上所述，本书认为，我国城镇住房保障应该覆盖行政区划内除本地农村户籍人口外的城镇常住人口。从户籍性质看，包括本地非农户籍人口、外地农村户籍人口和外地非农户籍人口。在外地户籍人口的保障中，应考虑其在户籍地享受过的住房保障情况（如宅基地、房改房等）和过渡性居住需求，适当区别对待。

二、住房保障覆盖程度的高低问题：保障深度

从前面的分析可见，我国政府对住房保障的覆盖深度有一个明显的变化过程，从中低收入家庭到低收入家庭，再到2015年的保障性住房覆盖面达到20%左右。那么，到底住房保障的覆盖深度应该如何确定呢？

（一）住房保障覆盖程度的确定依据

从世界各国家和地区的住房保障分析中可见，各国家和地区住房保障的覆盖范围有明显差异，如新加坡的住房保障覆盖其80%左右的人口，中国香港

---

① 2022年深圳住建局发布首批6个可售人才房项目，申购条件为：大学全日制本科学历、3年社保、申购家庭全员深户，单身人士满35周岁。在2023年申购条件有所放宽。

地区这一比例在 40% 左右，而美国政府主导的住房保障的受益群体在 10% 左右，英国从 1981 年的 29.08% 下降到 17.9%（地方政府 + 住房协会）。但这一覆盖范围只是一个结果，是在特定住房保障准入条件下形成的。

住房保障的基本目标是保证居民的基本居住权，即"人人有房住"。具体来说，获取最低可接受条件（一般以住房面积衡量）下住房的花费占居民收入的比例不应过高，即居民有基本的住房支付能力。因此，住房支付能力是住房保障覆盖范围的确定依据。衡量居民的住房支付能力，有以下因素需要考虑。

1. 最低可接受住房面积。这一标准应该根据当地人口密度、住房居住情况（人均住房面积）来确定。世界各国因为人口密度不同、经济发展状况不同，人均住房面积差异明显（见表 6 - 2），这既是各国家和地区土地资源禀赋的映射，也是国家经济发达程度的体现。因此，各国家和地区住房保障中的住房困难标准不同。

表 6 - 2　　　　　　　　　　**人均居住面积的国际比较**　　　　　　　　　单位：平方米

国家/地区	人均居住面积	国家/地区	人均居住面积
美国	67	日本	36.6
英国	35.4	韩国	26
德国	39.4	中国香港	15
法国	35.2	中国上海	24.16

资料来源：数据时间（除上海外）为 2012 年，数据来源民生证券研究院；上海数据时间为 2015 年，来自上海社科院社会调查中心、社会学研究所发布的上海居民住房及物业状况调查报告。

第五章分析也发现，我国各城市的住房困难标准有一定差异（见表 5 - 12），但差异不大。调研范围内典型城市的住房困难标准为人均建筑面积 13 ~ 18 平方米以下，在各城市的人均住房建筑面积的 36% ~ 53%，达到 13 ~ 18 平方米，既基本能保证联合国提出的住房舒适标准——每人一个房间，又能为中国居民所接受，基本合理。所以，各城市可根据自身条件确定住房困难的面积标准，并进行动态调整。

2. 住房支出占居民收入的合理比例。国际上对"住房可支付性"的界定为住房可支付性体现住房支出与家庭收入之间的关系。如果一个家庭在支付持续的住房支出后其收入仍然可以维持其基本生活水平，包括满足衣、食、行、医疗和教育需要，就可以认为该住房为可支付性住房或该家庭具有住房可支付性。

通常，住房开支占家庭总收入的 25% 或 30%，这是许多国家和地区关于可支付性住房的判断标准。在美国，一般认为，当"家庭在住房上的月支出不超过月收入的30%时，住房对家庭来说是可支付的"，同时，对于低收入家庭来说，"长期以来公共住宅租金只占其家庭收入的25%"（廖俊平和高堃，2007）。对于住房支出超过其家庭总收入25%或30%的住户，政府会给予相应的住房补贴。1968年，美国政府规定，住房支出的标准比例为25%，1981年开始提高到30%（刘琳，2011）。美国人口普查局"美国社区调查"将住房消费（包括设施和服务消费）超出家庭税前收入30%的认定为有支付困难；如果超过50%，则属于住房支付有严重困难的家庭。

在凯恩斯消费函数理论的基础上，刘琳（2011）利用扩展线性支出系统模型（ELES模型）验算了我国城镇居民的基本消费需求支出和最大住房支出。结果表明，我国低收入家庭可支配收入中扣除基本消费需求支出后的最大住房支出比例为30%，与多数国家和地区的标准相同。考虑到扣除能源支出、物业管理等住房相关费用后，我国低收入家庭最大租房或买房的月支出标准建议定为家庭可支配收入的25%。

当然，以上两个衡量住房支付能力的重要因素都可以随着经济发展及政府财政支出能力的上升而适当放松。但根据图6-1显示的社会保障水平与经济发展的关系，这一标准不能也不该无限制放松。

（二）住房保障覆盖程度的确定方法

住房保障的基本目标是保证居民的基本居住权，支付能力是住房保障覆盖范围确定的依据。一个国家或地区可以根据其住房保障的定位来确定其住房困难标准或希望帮助居民达到的住房标准。但一旦这个标准确定，衡量其住房保障合理覆盖程度的就应该是住房可支付性，即收入与住房支出的关系。因此，收入自身的高低不是确定住房保障范围的依据，收入与房租、房价的关系，即支付能力，才是确定住房保障范围的依据。

根据这一原则，住房保障覆盖范围的确定方法如图6-2所示。

第一，根据当地土地资源和住房供给确定最低可接受住房面积，即住房困难标准；同时，根据居民生活支出要求确定住房支出占居民收入的合理比例。

第二，调查满足基本居住质量条件的当地住房市场租金、房价水平。

第三，根据以上三个数据推算住房保障的收入标准。

第四，根据以上住房困难标准和收入标准确定住房保障对象。住房保障对象最终表现为住房保障覆盖一定比例居民的住房保障水平，即住房保障的覆盖范围。

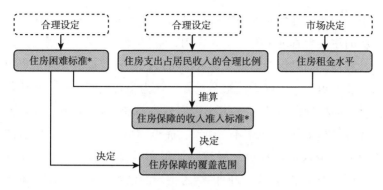

图6-2　住房保障覆盖程度的确定方法

（三）住房保障覆盖程度确定中的误区

第一，住房覆盖范围人群比例不适合作为住房保障的目标。因为它只是一个结果，较难成为政策设计的出发点。影响一个国家或地区住房保障覆盖水平的是政府在确定住房保障准入水平时制定的最低可接受住房面积以及最低应该达到的居住质量。这两个"最低"数量和质量指标才是住房保障覆盖范围及对象设计的起点和决定因素。政府在经济发展和财政收入水平变化时可适当调整这一目标，从而改变住房保障的覆盖范围。

第二，收入水平在住房保障对象确定时不是一个绝对指标，而是一个相对指标，即相对于满足最低可接受住房消费对应的最低收入水平。一个地区的房价越高，住房保障的收入准入标准就应该高一些。调研中发现，多数城市都以当地平均收入或平均收入的一定比例作为其住房保障的收入标准。尽管计算简便，但显然缺乏依据，且不科学。

第三节　发展模式：以需求为导向的保障方式设计

一、供给侧：供给主体与供给方式

（一）供给主体：政府与市场

关于住房保障的政府供给，是指由政府下属的相关组织直接提供保障住房。其特点是：其一，政府可以对保障房供给的数量、时间及质量进行较为精确的掌控；其二，政府直接参与建设将大大提高住房供应速度。在住房保障的国际经验中，新加坡是政府参与保障房供给的典型国家。新加坡建屋发展局在其供给住房的建设与管理中发挥主导作用，不仅负责组屋发展规划的制定以及对房屋进行管理，而且作为新加坡最大的房地产经营管理者，还负责组屋的施工建设与后续的租售。中国香港被全世界公认为是有效解决社会居住保障问题的典范，量大面广的公共租赁住房小区有效地解决了约占30%香港人口的住房问题，而且没有出现"穷民窟"现象，完全得益于1973年就成立的强有力的房屋委员会，全权负责规划、兴建、管理和维修保养各类公共房屋。2008年以来，我国各地也采用了以政府供给为主导的供给方式。例如，重庆为了建设公租房，组建重庆市地产集团、重庆市城市建设投资集团和重庆两江新区开发投资集团三家国有大型地产集团来集中建设，这三家在"十二五"期间公租房的开工量达到3 500多万平方米。

住房保障的市场供给是指在住房市场中由出租或出售住房的机构或个人提供保障住房。具体分析时，又可以分为以下两种：一是住房市场中符合保障对象需求的小户型普通住房，它们是保障住房的天然供给，如城市中的城中村实际成为城市外来人口的廉租房；二是在政府引导下，房地产企业或各种非营利性机构新建或改建的符合保障住房标准的住房。在20世纪60~80年代期间，美国联邦政府资助私人机构开发了约200万套中低收入租赁住房，政府提供一定的利息或运营成本补贴，要求私人机构以特定租金水平为中低收入家庭提供保障房源。委托社会机构运营保障性租赁房在发达国家非常普遍，在我国近期也有所进展，2021年7月，国务院办公厅《关于加快发展保障性租赁住房的意见》首次提出了"保租房"概念，并将其独立于已有的"公租房"之外，实质是推动社会主体参与到租赁型保障住房的供给中来。上海顺势将2017年以来为发展"租购并举"出让的租赁住房用地转化为保障房项目，并在2022年起大量供应此类租房。

理论上，保障房的政府供给与市场供给的选择主要取决于谁更有效率。如果需要大规模新建保障房，由于保障房对土地的依赖和建房审批程序的复杂，政府主导建设的方式会更有供给效率。在进入保障房的稳步发展阶段后期，供给短缺已不是主要发展目标，从社会效率和经济效率的角度来看，市场供给的方式更有效。

实践中，我国地方政府参与保障房的程度选择可以从其有限自主的行为框架中进行分析。对于保障房建设，中央政府有明确的数量指标要求；但对于具体的建设模式，中央政府只有相对模糊的政策规定。第一，在现有政治激励的制度安排中，为了完成中央政府下达的指标任务，地方政府会选择新建方式筹措房源；第二，在现有财政分权的制度安排中，为了实现财政收益最大化，地方政府会将保障房选址在城市边缘区域；第三，在现有保障房融资的政策框架下，为了弥补可用财力的相对不足，地方政府会选择让国有企业集中建设保障房（严荣，2015）。因此，2007 年以来，我国各城市政府大多选择政府作为保障房供给主体，但 2021 年保租房的出现扩展了社会主体参与保障房供给的渠道，不失为一种很好的创新与尝试。

（二）供给方式：增量与存量

增量建设保障住房主要出现在保障性住房短缺的时期。世界各国都在一定历史阶段大量新建过保障住房，如美国在 20 世纪 30～60 年代、加拿大在 20 世纪 40～70 年代等。我国在 2007 年以后也提倡增加中小户型保障住房的建设。

存量房转化保障住房的具体形式有两种：一是政府保障房机构通过收购符合条件的市场住房，然后将其转化为保障住房提供给保障对象；二是政府鼓励市场住房供给主体（机构或个人）增加符合保障房条件的住房供应。例如，通过税收、财政补贴等政策鼓励房地产商出租低租金住房，或者允许将大户型住房分割为单间出租。这些做法实际上都增加了保障住房的供给。

保障住房增量供给与存量供给选择的关键在于区域住房供求总量是否基本均衡。这里强调总量均衡而非结构均衡，即保障住房标准下的住房供求均衡。因为租赁型保障住房可以通过其他非保障标准房屋进行转化。从各地实践看，既可以通过大户型住房的分割转化，也可以通过非住宅类房地产的改建转化。

我国各城市的人均居住面积情况如表 6-3 所示。2005 年，我国城镇住房的存量套数为 1.62 亿套，当时城镇常住人口的家庭户数为 1.9 亿户，户均住房套数为 0.85 套；2020 年，城镇住房的存量达到 3.63 亿套，城镇家庭户数为 3.44 亿户，户均住房套数为 1.05 套。我国已实现城镇居民家庭户均 1 套房的基本目标。可见，我国的住房存量已告别了严重短缺的时代。

表 6-3　　　　　2005～2020 年中国城镇家庭住房面积及套数

年份	住房存量			城镇家庭户口			户均住房	
	城镇住房总量（亿平方米）	住房套数面积（亿平方米）	存量住房套数（万户）	城镇常住人口（万人）	户均人口（人/户）	常住人口户数（万户）	户均住房套数（套/户）	人均住房面积（平方米）
2005	144.8	89.25	16 223	56 212	2.96	18 991	0.85	25.76
2006	151.1	89.55	16 873	58 288	2.95	19 759	0.85	25.92

续表

年份	住房存量			城镇家庭户口			户均住房	
	城镇住房总量（亿平方米）	住房套均面积（亿平方米）	存量住房套数（万户）	城镇常住人口（万人）	户均人口（人/户）	常住人口户数（万户）	户均住房套数（套/户）	人均住房面积（平方米）
2007	158.0	89.85	17 583	60 633	2.91	20 836	0.84	26.05
2008	165.6	90.15	18 367	62 403	2.91	21 444	0.86	26.53
2009	173.8	90.45	19 214	64 512	2.89	22 322	0.86	26.94
2010	182.5	90.75	20 108	66 978	2.88	23 256	0.86	27.24
2011	192.7	90.95	21 191	69 079	2.87	24 069	0.88	27.90
2012	203.5	91.15	22 322	71 182	2.86	24 889	0.90	28.58
2013	214.2	91.35	23 448	73 111	2.85	25 653	0.91	29.30
2014	224.2	91.55	24 489	75 000	2.84	26 408	0.93	29.89
2015	234.7	91.75	25 579	76 800	2.83	27 138	0.94	30.56
2018	276	89.6	31 100	83 137	2.80	29 691	1.05	33
2020	312.3	86.28	36 300	90 199	2.62	34 427	1.05	38

资料来源：中国统计年鉴、中国区域经济统计年鉴。

从表6-4人均住房面积看，各城市差异明显。一、二线城市的人均住房面积偏小，而一些三线城市的人均住房面积明显偏大，如温州、常州、无锡等。各城市可以根据自身住房供求状况选择保障房的增量或存量供给。但从数据分析看，大多数城市住房供求已基本均衡，可以采用存量转化的方式供给保障住房。在这些住房供求基本接近均衡的城市中，住房困难不是住房供给不足，而是住房需求方的支付能力不足。支付能力不足可通过货币化住房保障手段进行解决。

表6-4　　　　　中国各城市人均住房建筑面积（2021年）

城市	城镇居民人均住房建筑面积（平方米）	城市	城镇居民人均住房建筑面积（平方米）
北京	33.4	南京	40.7
上海	37.4	苏州	47
深圳	22	杭州	40.2
东莞	58.4	广州	30
成都	34.7	福州	48
合肥	46.7	沈阳	33.8

城市	城镇居民人均住房建筑面积（平方米）	城市	城镇居民人均住房建筑面积（平方米）
杭州	40.2	南宁	48.6
温州	51.1	青岛	32.1
常州	51.4	南昌	38.5
无锡	51.7	桂林	46.8

注：由于 Wind 显示部分城市停止公布，这些少数数据来自中指报告；温州数据为 2023 年，Wind 上 2022 年数据缺失。

资料来源：Wind。

二、需求端：保障手段与分配方式

（一）保障手段：实物与货币

1. 实物保障与货币保障的理论比较。理论上，实物保障与货币保障的优劣可以从以下方面进行分析。

（1）公平性角度。相对于实物保障，货币保障更符合住房保障的公平性目标。一方面，货币补贴的方式可以根据保障对象的实际收入水平和住房需求实行差异化和分层次的保障；同时，作为收入再分配的一种形式，可以使国民平等的住房权利得到较为公正的实现。另一方面，实物保障是一种供给控制，主要实行实物保障的国家和地区普遍存在"轮候"现象，说明有部分应该被保障的人群无法及时得到保障；而货币保障则通过从住房市场自由挑选住房，"应保尽保"，实现住房保障的公平性目标。

（2）效率性角度。胡丕勇和吴宇哲（2009）认为，货币保障可以提高资金的利用效率，使其有效利用现有的资源。相较于实物保障，货币补贴的覆盖面要更为广泛，更有利于解决低收入住房需求者的住房问题。同时，货币保障易于退出管理、效率高。

（3）对房地产市场影响的角度。货币保障对土地市场和房地产交易市场的扭曲较小。货币保障减少了政府对住房市场的直接干预，不会给市场运行带来阻碍。同时，货币保障可以准确反映住房的区位价值，引导保障对象合理使用资源，不会将住房保障与住房市场割裂为两个体系。而实物保障由于政府干预了土地交易的价格，并参与住房建设，直接给住房市场带来扭曲，这也是实物保障最受争议的一面。

　　货币保障还有利于促进住房租赁市场的发展。住房需求者通过货币保障可在住房市场自由选择合适的住房，促进存量住房的有效使用，对住房租赁市场的发展提供了机遇。

　　当然，在一个供不应求的市场，货币保障会加剧市场的供不应求，刺激房价上升。

　　（4）对公共财政影响的角度。供给方补贴给政府带来的财政负担较大，政府面临巨大的融资压力，这也是促使政府反思供给方补贴政策的重要原因。除了建设费用之外，政府需要每年安排一大笔财政资金用于维持住房的正常保养、维修、物业管理，并且小区配套设施的建设也需要一笔不小的投入。其他国家的实践也表明，由于缺乏市场机制的作用，对保障性住房进行供给方补贴的经济效益较为低下，提高总体住房可支付性程度有限，公共财政的压力也越来越大。而需求方补贴则使政府的当期收入与支出相匹配，一般不会带来猛增的财政压力。但是如果市场变化较剧烈时，需求方补贴的总体预算往往难以预测，或许会给公共财政带来较大的负担。

　　（5）对保障房管理影响的角度。对政府而言，实物保障建设工作量大，后续的管理难度更大。过去认为实物保障便于集中管理，政府在管理和收入监控时不需要费很大的人力和物力。但在实际运行中已面临诸多问题，管理难度和财政负担都非常大。例如，截至 2021 年 12 月 1 日，香港房委会下属执行机构房屋署有 9 773 名员工，其中 9 190 人为公务员、583 人为合约雇员，房屋署公务员约占香港整个公务员队伍的 6%，行政开支巨大①。而货币保障有利于倒逼政府提升管理水平。因为货币保障在使住户通过住房市场自行选择住房的同时刺激了租赁市场的发展，对政府在住房租赁市场管理中的角色提出了更高的要求。

　　（6）对居民需求满足的角度。从这一角度来看，实物保障与货币保障各有优劣。货币保障对被保障家庭提供了更多的选择，理论上便于其在工作地附近获得住房、降低交通成本、提高居住满意度、实现职住均衡，但也面临可能难以租到合适住房的困境。目前，我国住房租赁市场主要由个人出租者提供房源，租赁关系不够稳定，普遍存在任意解除租赁合约、提高租金等现象。加之租赁市场管理的法规不够完善，执法困难，租户权益得不到应有保护。另外，

---

①　香港房屋委员会及房屋署《机构计划 2022/23》。

一些老弱病残等特殊人群在市场上也很难租得合适的住房，因此，一定数量的实物配置是必要的，也是必需的。实物保障对被保障家庭而言获取方式简单、租赁关系稳定。

2. 实物保障与货币保障的实践经验。从国际经验分析可知，美国、德国和英国都经历了以实物保障为主、实物保障与货币保障并存，最后以货币保障为主的过程。美国从1974年实施住房券开始，到2019年，美国有近820万低收入住户接受各种形式的住房保障。其中，租房券作为第二大的补助项目提供了257万套住房。接受政府工程补助的私人所有出租房作为最大项目，提供了277万套住房。政府建设营运的公共租赁住房数量一直下降，仅排名第四，提供了99万套住房（Schwartz，2021）。在德国，1998年以后，随着经济发展和居民收入的增加，政府不再直接参与住房建设，住房供给依靠市场。截至2011年底，德国已有90.3万户家庭获得住房补贴，约占德国家庭总数的2.2%。

3. 实物保障与货币保障的选择。从国内各城市的调研发现，少数城市已全面实行货币保障，如常州；而一些城市只在较小范围实施货币保障，如上海只对廉租房实施货币保障，公租房则没有。从对国内外实践的分析看，实物保障有助于政府对保障房供给进行控制，保障房的数量由政府根据其财政情况进行调控。而实施货币保障时，所有满足住房保障准入条件的家庭均可以申请货币补贴，达到"应保尽保"，但政府无法主动控制被保障家庭数量和保障支出。因此，是否实行全面的货币保障，关键在于城市商品房市场的供求关系以及城市政府的保障能力。

（二）分配方式：配租与配售

配租与配售在世界各国实践中都有采用，如中国香港是以配租为主的代表，而新加坡则主要实行配售。关于配租与配售的优劣，学术界也有许多争议。一种主流观点认为，在政府拥有和所能支配的保障性住房房源较少时期，为了提高保障房的利用效率，应采用配租方式。随着保障房规模的增加，逐渐增大配售的比例（曾国安和胡晶晶，2011）。但是，本书认为，配租与配售分配方式的选择应该根据保障对象需求的特点进行。对于绝对贫困无力离开住房保障体系的家庭，不建议采用配租方式。这类家庭将一直占用保障房，无法增加保障房的利用效率。因此，配租与配售选择的关键必须依据保障需求是由永久性住房困难还是暂时性（阶段性）住房困难来决定。对于暂时性困难的适合配租，对于永久性困难的更适合配售。同时，政府给予低收入家庭一些资产性保障，让他们共享经济发展成果，从而有利于社会稳定和和谐（虞晓芬、金细簪和陈多长，2015）。

根据被保障对象未来提高住房支付能力的可能性，可将保障对象分为两类。一类保障对象（Ⅰ类）是所谓的"双困户"，即住房困难和经济困难的人群。这里的贫困是指"长期贫困"，主要指以低保补助为主要收入来源、无再就业能力、身边无人照料或子女幼小以及较长时期内无法脱贫的家庭。这类家庭的居住困难是长期性的，可选择配售，可以由其自身根据经济能力部分或逐渐购买保障房。另一类保障对象（Ⅱ类）是有一定的家庭收入，但其当前收入偏低（低收入家庭），在短期内无法通过商品房市场解决住房问题。这类居民在未来有收入持续增长的态势，住房支付能力将逐步提升，对该类对象的保障房分配应该采用配租方式，使其在条件允许情况下离开住房保障体系，从而提高保障房的利用效率。

因此，出租型保障是最基本的形式，但房价收入比高的城市应保留出售型保障作为有益补充。

综上所述，中国住房保障模式的选择依据可以归纳为表6-5。

表6-5　　　　　　　　　　　住房保障模式的选择依据

项目	可选模式	选择标准
供给侧	政府与市场	谁来供给更有效率
	增量与存量	区域住房供求总量是否基本均衡
需求端	实物与货币	城市政府的保障能力和供求关系
	配租与配售	住房保障需求的性质

第四节　分类设计：三类型的城市保障模式构建

一、中国城市住房保障类别划分

（一）划分标准

基于各类保障模式的适用条件，本书从供给水平、需求特征和保障能力三个层面构建住房保障模式的适用性评价指标体系（见表6-6）。具体来说，供给水平的评价指标可分为人均住房面积（住房套数/家庭户数）和出清周期，需求特征的评价指标包括房价收入比和户籍人口比例，保障能力的评价指标以人均地方财政收入表达。

表6-6　　　　　　　　　　住房保障模式的适用性水平选择指标

因素	因子	评价指标	指标解释
供给水平	长期供给水平	人均住房面积（套户比）	城市住房总量/常住人口（住房套数/家庭户数）
	短期供给情况	出清周期	本月可售面积/月均成交面积
需求特征	住房支付能力	房价收入比（租金收入比）	商品住房均价/人均可支配收入（合适住房正常月租金/家庭月收入）
	人口稳定性	户籍人口比例	户籍人口/常住人口
保障能力	政府财政能力	人均地方财政收入	地方财政收入/常住人口

注：套户比更能反映住房长期供给水平，但我国各城市还缺乏系统数据。

（二）分类结果

我们曾对中国35个重点城市运用以上五个指标进行住房保障的聚类分析（姚玲珍等，2017）。

对35个重点城市的城镇住房保障适用性水平进行排序后再对其进行归类，用于发现城市之间的异同。以35个城市为样本，利用各样本在主成分F1、F2上的得分和综合得分的数据，采用Ward聚类方法测定个案与类以及类与类之间的距离，用欧氏距离平方计算样本距离，从而得到全国重点城市的聚类分析结果。如图6-3所示，全国重点城市可分为三类，其中，第二类又分为Ⅰ和Ⅱ两种类型，具体分类情况见表6-7。

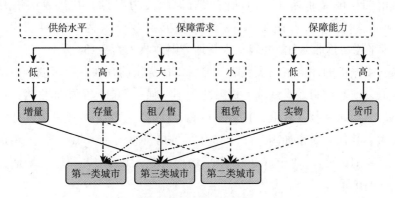

图6-3　中国城市住房保障模式的适用性分类

表 6 - 7　　　　　　35 个重点城市的城镇住房保障适用性水平聚类结果

类别	地区
第一类	深圳、上海、北京、厦门
第二类Ⅰ	天津、杭州、大连、宁波、南京、武汉、青岛、乌鲁木齐、沈阳、广州、长春、郑州、长沙
第二类Ⅱ	济南、贵阳、昆明、银川、成都、呼和浩特、福州、西安、南昌、合肥、重庆、太原
第三类	海口、兰州、哈尔滨、南宁、西宁、石家庄

根据以上各类别城市在住房供给水平、需求特征和住房保障能力三个方面的指标数据可判断各城市住房保障的适用性，进而有针对性地选择住房保障模式。

第一类城市的住房市场发展较好，住房供给充足，人口构成中非户籍人口比例很高。由于房价水平较高，低收入居民住房支付能力较差（2022 年平均房价收入比高达 32.5 倍），保障需求很大。经济发展水平虽然较好，但政府财政支出面对很高的保障需求仍显得力不从心，保障能力不够强。其代表城市主要是北京、上海、深圳和厦门等一二线城市。

第二类城市的住房市场发展较好，住房供给较充足；经济发展水平较高，政府财力较为雄厚，保障能力较强；人口构成中非户籍人口比例不高，居民住房支付能力强，保障需求不大。其中的Ⅰ型和Ⅱ型主要在保障需求和保障能力水平上有一定差距。Ⅰ型城市的保障需求略大，但政府保障能力更高，其代表城市包括天津（2022 年平均房价收入比为 11.8、人均地方财政收入为 13 549元）、南京（2022 年平均房价收入比为 13、人均地方财政收入为 16 418 元）。Ⅱ型城市的保障需求略小，但同时政府保障能力略低。其代表城市有济南（2022 年平均房价收入比为 7.5、人均地方财政收入为 10 634 元）、合肥（2022 年平均房价收入比为 9.8、人均地方财政收入为 9 438 元）。

第三类城市的住房市场发展略为滞后，住房供给存在一定短缺；经济发展水平较低，政府财力较为薄弱，保障能力不够强；人口构成中非户籍人口比例虽然不高，但居民收入较低，住房支付能力较弱，以棚户区改造为特征的保障需求较大。其代表城市如南宁（2022 年平均房价收入比为 21.04、人均地方财政收入为 4 416 元）、西宁（2022 年平均房价收入比为 17.33、人均地方财政收入为 5 310 元）。

二、三类型城市的住房保障模式设计

(一) 第一类城市的住房保障模式设计

第一类城市非户籍常住人口比例最高的主要属于特大型城市。这类城市的住房保障模式需根据政府财力和人口政策进行分别设计。从政府保障能力看，虽然这类城市的财政收入较高，但相比其绝对值大、占比高的非户籍保障群体，其保障能力还是不足。从人口政策看，2014 年 7 月 24 日国务院印发的《关于进一步推进户籍制度改革的意见》指出，"全面放开建制镇和小城市落户限制；有序放开中等城市（城区人口 50 万 ~100 万的城市）落户限制；合理确定大城市（城区人口 100 万~500 万的城市）落户条件；严格控制特大城市（城区人口 500 万以上的城市）人口规模"。因此，特大城市不鼓励人口的大规模流入。从房价收入比分析，商品住房价格已远远超过本地户籍中低收入家庭的承受能力，甚至中等收入家庭、中高收入家庭都被排斥出商品住房市场。2022 年北京、2022 年上海平均房价收入比分别为 19 倍和 15 倍（购买 70 平方米），中高收入家庭的房价收入比分别高达 12 倍和 10 倍（见表 6-8），明显超出国际上通常认为的 3~6 倍是合理水平的标准。

表 6-8　　　　　　　　2022 年北京、上海各收入阶层房价收入比

城市	平均房价收入比	低收入户	中低收入户	中等收入户	中高收入户	高收入户
北京	19.24	40.34	21.79	15.51	11.63	6.94
上海	14.88	27.27	17.47	13.15	10.13	6.39

注：根据统计年鉴，2022 年北京、上海商品住房成交均价为 38 240 元/平方米和 40 302 元/平方米。上海各等份收入以 2017 年统计年鉴公布的为基数，按年均人均可支配收入增长 8.5% 计算。2022 年北京、上海户均人口分别为 2.37 人和 2.62 人。

因此，从现实和政策两方面，第一类城市的住房保障需要区分户籍人口和非户籍人口，实施不同的政策（见图 6-4）。对于户籍人口应采用"租、售、补、改并举"的方式，通过公共租赁住房实物配租或货币化补贴保障最低群体的基本居住需求，允许无法通过收入提高脱离住房保障但有一定购买能力的群体购买出售型保障房，通过棚户区改造改善一部分老城区住民居住条件，而对于非户籍常住人口实行以租赁为主的阶段性保障。非户籍人口的保障在政府财力不能完全满足需求的情况下只能选择量力而行的实物保障形式，但政府应该通过贴息减税等方式大力培育和鼓励中低端住房租赁市场的发展（即现行

保障性租赁住房政策），鼓励发展住房租赁企业，允许商用房按规定改建为租赁住房，向以租赁为主的非户籍居民提供适度租赁补贴。

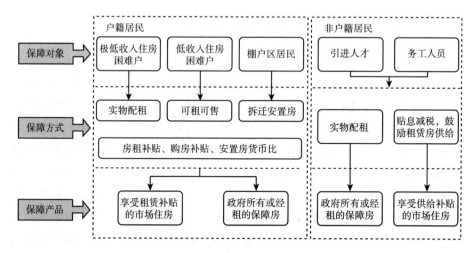

图6-4 第一类城市的住房保障模式设计

1. 保障对象。第一类城市保障对象的特点在于非户籍人口所占比例很大，如上海在"十三五"时期末非户籍人口占常住人口的比例约四成。这使这类城市的住房保障对象更为复杂。

户籍人口中的低收入住房困难群体应该得到全面的住房保障，因为户籍人口长期生活与工作在这个城市，理应在该城市享有优先的、基本的居住权保障。低收入住房困难的户籍人口有相当一部分在以往住房制度改革中享受过一定的住房保障，或者有些家庭已经拥有住房。所以，低收入群体住房困难者在户籍人口总量中的比例不高，必须实行"应保尽保"。而非户籍人口，在其户籍地已有基本的居住保障，既可以选择在户籍地，也可以选择非户籍所在地就业和居住。因此，处于次优保障地位。

非户籍人口主要包括引进人才和务工人员，其本质都是在城市工作的外来人口，只是工作性质不同而已，但其收入水平高低差异显著。务工人员普遍难以在一类城市获得基本条件的住房，而引进人才中的新就业大学生群体面对这类城市高昂的租金和房价也会出现一定的住房困难。因此，非户籍常住人口中住房困难群体比例较高。

2. 户籍人口保障方式。对户籍人口实施"租、售、补、改并举"，通过出租型保障房、出售型保障房、安置拆迁房、货币化补贴"四位一体"方式来满足多层次需求。推进共有产权住房制度，完善自住商品房、限价商品房定价与再上市收益分配机制。第一类城市商品住房的房价收入比普遍大于10，有些甚至达到20。低收入住房困难家庭很难靠收入提高离开住房保障体系，而将长期滞留在租赁保障中。由于缺乏国内这方面的调查数据，本书参考美国数据可以验证这一观点。如表6-9所示，美国滞留公共租赁住房五年以上的比例高达47%。而我国第一类城市更加高昂的房价使得这一比例会更高。因此，允许一部分有一定购买能力的群体直接购买或在租赁若干年后购买保障房的产权，这不仅有利于降低政府的保障负担，也有利于提升这类家庭的安全感、幸福感和资产积累。

表6-9　　　　　　　2009年美国公共住房不同入住时间的住户分布

入住时间	上年搬入	1~2年	2~5年	5~10年	10~20年	20年前
比例（%）	22	10	20	18	17	12

资料来源：阿列克斯·施瓦兹. 美国住房政策 [M]. 陈立中，译. 北京：中国社会科学出版社，2012.

大力推进棚户区、城中村改造。第一类城市棚户区改造任务重，"十三五"期间，北京市棚户区改造工作由重数量向重质量转变。截至2020年底，北京市完成棚户区改造约15万户[①]；上海"十三五"期间也完成了旧改281万平方米，为14万户居民改善了居住条件。棚户区平房密度大、使用年限久、房屋质量差、人均建筑面积小、居住过于拥挤、采光不足、基础设施配套不齐全、交通不便利、治安和消防隐患大、环境卫生脏乱差，目前棚户区聚集的大多是本地户籍中的低收入群体。棚户区改造将改造与居民居住条件改善相结合、与中心城区人口疏散相结合、与老城区复兴相结合，实现了一举多得。

推进租赁型保障货币化，完善市场租房补贴机制。逐步扩大市场租房补贴范围，进一步提高租金补贴额度。鼓励保障家庭承租市场住房解决居住问题有利于促进实现职住平衡、盘活市场存量住房和提高住房保障效率。

3. 非户籍人口保障方式。根据需求特点，非户籍常住人口可实行以租赁为主的阶段性保障。非户籍人口的保障在政府财力不能完全满足需求的情况下，一是要积极动员用人单位、开发区等社会力量利用存量土地建设公共租赁住房和提供货币化补贴，这方面杭州、宁波等地都有很好的探索；二是采用各方力量积极筹集租赁型保障住房，政府可以将现有公共租赁住房和通过各种形

---

① 资料来源：北京市住房和城乡建设委员会，https：//zjw. beijing. gov. cn/。

式筹集的保租房，选择性地配租给城市发展中发挥重要作用的或在重要岗位的非户籍住房困难群体；三是通过对公租房最长租赁时间的限制，体现其匹配保障对象需求的特点，也提高了其利用效率。

同时，本书认为，可以参考德国等国家的做法，通过贴息减税等方式大力培育中低端租赁住房市场，平抑租房市场的租金，向以租房为主的非户籍居民提供实质性的供给补贴下的市场租赁住房。

（二）第二类城市的住房保障模式设计

1. 保障对象。第二类城市的经济发展水平较高，对外来人口，特别是对本省份其他地区的人口有一定吸引力。例如，2022 年末，常州市常住人口536.6 万人，其中，户籍总人口 389.2 万人，户籍人口占常住人口的比例为72.5%。因此，常州住房保障群体除本地的低收入住房困难家庭外，还包括部分非户籍人口。

2. 保障方式。第二类城市的人口政策相对较第一类城市宽松，房价收入比相对合理，市场供给充分，尤其是第二类Ⅱ城市，去库存压力大，可鼓励非户籍常住人口在本地购房落户。且这类城市具有一定的经济实力，住房保障水平较高，应直接采取需求方货币补贴政策，直接给中低收入阶层租房补贴或购房补贴，鼓励被保障家庭在住房市场上自主租赁满足保障房标准的住房。这样既节约了资源，节省了政府开支，又保证了住房供应链的连续性，加速了各个等级的住房过滤。

以租赁性住房保障为主，即住房保障应基于基本居住权，立足于租赁性住房保障。租赁性住房保障按照分层逆向梯度补贴原则，根据家庭可支配收入对住房困难家庭进行分层补贴。随着家庭可支配收入的增加，给予的住房补贴额度呈梯度下降状态，以防止补贴结果的垂直不公。

当然，也不排斥将产权性住房保障作为租赁性住房保障的重要补充。建议在被保障家庭进入租赁性住房保障一定年限后（如五年），可以给予其产权性住房保障，包括采用购买实物配租保障房的部分产权或采用贴息退税等方式给予其购房补贴。

因此，对第二类Ⅱ城市无须区分户籍，对常住人口实施统一的住房保障，主要采用存量转化为主、租赁方式为主、全面货币化保障，即"存量—租赁—货币"的保障模式。对第二类Ⅰ城市，则视市场特点是更趋向一类城市还是第二类Ⅱ城市，进而采用不同的模式。

（三）第三类城市的住房保障模式设计

1. 保障对象。第三类城市的经济发展较为滞后，无法吸引外来非户籍人口，且本地户籍人口大量外流，因此，人口构成中的非户籍人口比例不高。如南宁，2020 年末常住人口为 875.25 万人，户籍人口为 791.38 万人，常住人口与户籍人口数量接近。因此，其住房保障的主要群体是本地的低收入住房困难家庭。

2. 保障方式。针对本地的低收入住房困难群体，其处于长期性住房困难的可能性较大。因此，建议采用先租后售、租售结合的方式。

这类城市的住房市场发展较为滞后，住房供给存在一定短缺。第三类城市人均住房面积明显低于其他两类城市，与常州、温州、东莞等沿海经济发达城市超过 50 平方米的人均居住面积相比较更显不足。因此，从住房供给不足来看，需要政府继续主导新建保障房或鼓励社会机构新建或改造保障房，以在较短时间内增加保障房源，解决中低收入阶层的住房问题。

而在实物与货币保障的选择方面，需要从以下两个角度考虑：一是如果在低档存量房短缺时期实行货币补贴的方式，则会由于被保障群体支付能力的提升而增加市场的住房需求，进而推高住房价格，从而难以很好地达到住房保障政策的目标；二是因为经济发展水平较低、政府财力较为薄弱，保障能力不够强。尽管人口构成中非户籍人口比例虽然不高，但居民收入较低、住房支付能力弱、保障需求较大，故政府无财力实施以需求方货币补贴为主导的全面保障政策。因此，第三类城市目前只能选择控制供给的实物保障方式。

综上所述，第三类城市无须区分户籍，可以对常住人口实施统一的住房保障；主要采用增量房源筹措、租售结合的方式提供实物保障，即"增量—租售—实物"的保障模式。

思　考　题

1. 在共同富裕理念指导下，中国特色住房保障体系的顶层设计应遵循哪些基本原则？

2. 如何理解共同富裕与住房保障体系之间的关系？

3. 在制定中国特色住房保障体系的顶层设计时，如何平衡不同收入群体的住房需求？

4. 政府在中国特色住房保障体系中应扮演什么角色，以实现共同富裕的目标？

5. 中国特色住房保障体系的顶层设计中，如何通过整合城乡住房资源促进城乡融合发展？

6. 如何评价当前中国住房保障政策在推动共同富裕方面的成效与不足？

7. 在中国特色住房保障体系顶层设计中，如何创新金融机制以支持住房保障？

8. 中国特色住房保障体系如何兼顾市场机制与政府保障，以达到共同富裕的目的？

第七章　政府与社会力量在住房保障体系中的定位

住房保障是一个世界性难题。中华人民共和国成立以来，政府一直都很重视和积极解决城乡居民的居住问题。纵观境外成熟的住房保障体系的建立和完善过程，政府都是住房保障的责任主体，同时在财政投入和市场运作之间寻找一个平衡点，根据不同阶段的住房保障目标来积极引导社会力量参与其中。在新形势下，中国政府和社会力量都需要重新思考和优化各自在住房保障体系中的定位和主要功能，探索和构建出两者互动合作的新方式、新内容和新路径。

分析中国住房保障定位的历史演进过程可以发现，目前我国住房保障的功能定位为社会型住房保障。政府的角色，一方面是照顾那些无力自行解决住房的人群，即低收入住房困难群体；另一方面强调商品住房市场在满足居民居住需求时的重要性，采用适度的激励政策鼓励中低收入家庭购买自用住房，属于"市场经济体制下的社会型住房保障"。但中央政府和地方政府在住房保障政策的执行上存在非合作博弈行为，这有可能会降低住房保障政策的有效性。社会力量的角色也从可有可无走向不可或缺，主要以投资、建设和管理的方式参与到住房保障体系中来，这也有利于提高保障性住房建设和管理效率。

第一节　政府在住房保障体系中的定位：以人为本的主体担当

一、政府在住房保障体系中的定位演进

（一）政府在住房保障体系中的总体定位变化：从主导走向引导

1949 年以后，我国住房制度大致经历了住房实物分配的福利制度、住房

制度改革推进和住房制度改革深化发展等三个阶段（见图 7-1）。简单回顾中国政府在这三个阶段住房保障工作中的定位与作用，不难发现，政府为解决居民的住房问题一直在尽职尽责。只是在不同阶段，因政治经济形势、经济发展水平、财政实力、社会大众心理和住房观念等因素的变化，住房保障力度有别而已。

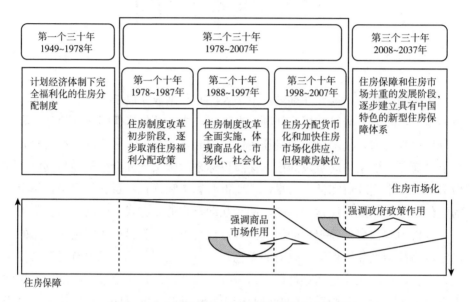

图 7-1　中国住房制度发展阶段划分与政策特征

在第一个三十年，中国处于计划经济时代，在城镇由国家（含各级政府和单位）统一建造公有住房，通过行政方式按职级和家庭人口等因素进行分配，租金低廉，是一种完全福利化的住房保障体系。在第二个三十年，中国开始探索住房市场化，并在 1998 年停止了住房实物分配，逐步推行住房商品化改革。与此同时，虽然在政府主导下基本形成了以经济适用房、廉租房和住房公积金为主体的住房保障制度，但由于一度忽视住房保障的重要性，造成保障性住房建设严重不足。在第三个三十年，以 2007 年《关于解决低收入家庭住房困难的若干意见》出台为标志，中国开始探索建立新型住房保障体系，政府和市场都重新调整各自对住房供应的定位和作用。2021 年，住房保障体系的顶层设计文件《关于加快发展保障性租赁住房的意见》首次提出构建公租房、保障性租赁住房和共有产权房"三位一体"的住房保障体系，这意味着住房保障和住房市场有了新的发展特征。

（二）政府定位的转变：从包办走向主导

与之前推行住房实物分配、政府大包大揽的住房保障相比较，中国目前已基本形成了市场供给与政府保障相结合、以市场供应为主的城镇住房政策框架，比较完备的住房保障体系已经建立。在实践中，政府积极发挥主导作用，但在不同类别的住房保障中，政府的具体定位与作用又不尽相同（见表7－1）。

表 7－1　　　　　　中国各类保障性住房基本情况与政府定位

类别		保障对象	保障标准	保障方式	政府定位与作用
经济适用房		初期为中低收入家庭，后改为低收入家庭	单套住房面积在60平方米左右	出售	政府一方面继续负责土地划拨（供地）或用地项目许可、建设项目许可、事业性收费减免、出售价格制定或审批、供应对象选择等工作，另一方面也探索运用市场机制与保障对象共同推动共有产权房保障模式
公共租赁房	原廉租房	初期为最低收入家庭，后改为低收入家庭	50平方米以内	货币补贴、实物配租	地方政府在国家统一政策指导下负责直接投资，同时，财政提供一定补助
	原公租房	城市中等偏下收入住房困难家庭、新就业职工、居住满一定年限的外来务工人员	单套60平方米以内，套均40平方米左右	出租	市、县人民政府通过直接投资、资本金注入、贷款贴息等方式投入，省、自治区政府给予资金支持，中央以适当方式给予资金补助
限价商品房		中等偏下收入住房困难家庭	90平方米以内	出售	政府采取限房价、竞地价的方式
保障性租赁住房		以新市民、青年人为主的住房困难群体	以70平方米以内为主，最大面积不超过90平方米	出租	政府扮演引导者、财政投入者、供应者和监督者的角色
棚户区改造安置住房		棚户区住房困难家庭	以被征收的棚户区的房屋建筑面积为标准	出售	各级政府对本地区棚户区改造负总责，落实具体工作责任和完善工作机制，中央政府给予补助
共有产权房		城镇中低收入住房困难家庭	90平方米以内	出售	政府提供政策支持、组织建设单位建设、承担建设资金并回购

资料来源：中国发展研究基金会. 中国城镇化进程中的住房保障问题研究［M］. 北京：中国发展出版社，2013；虞晓芬. 构建"向下有托底、向上有通道"的大城市住房保障供给体系［J］. 探索与争鸣，2023（4）.

（三）中央政府与地方政府在住房保障体系中的关系变化：政策网络理论的应用

目前，我国的住房保障体系正经历着市场化，资源的自由配置使利益主体更加多元，同时也催生了大量矛盾。其中，中央政府和地方政府由于各自站的角度不同，在住房保障政策制定和执行过程中会出现一定的博弈，甚至不合作现象。这是世界各国都会碰到的普遍难题，可用政策网络理论进行解释。

1. 中央和地方政府的非合作博弈。决策目标的不同使中央和地方政府之间的关系表现为非合作博弈。从概念来看，非合作博弈是指博弈者无法通过谈判达成一个有约束的契约来限制博弈者的行为，也就是博弈双方均基于自身效益最大化做决策。在中国现有政府组织架构中，中央政府相比于地方政府具有更高的政治地位，这使得两者具有不同的决策目的。在住房保障方面，中央政府的决策目标是要满足住房困难家庭的基本居住需求，显然，中央政府制定住房保障政策是基于实现全局的集体收益最大化这一目标。而地方政府作为中央决策的执行人，其执行效果决定了中央决策目标的实现程度。但受财政收入和政治晋升等因素的影响，相比于住房保障的公共责任，地方政府更倾向于实现局部的个体效用最大化。由此可见，中央与地方政府在住房保障政策上具有不同的价值选择：中央政府更多的是作为宏观调控者，从集体利益出发保障住房公平；而地方政府则是从市（县）个体理性出发来决定政策的执行内容。

2. 中央与地方政府的利益博弈策略。差异化的政策目的是使中央和地方政府在住房保障方面会考虑各自的成本和收益，进而作出不同的策略选择。作为执行机构，地方政府为实现个体效用最大化，在执行住房保障政策的过程中，地方往往采取灵活策略"变相"执行中央政策，这也意味着中央政府在住房保障体系中的实际定位受地方执行的影响，具体体现在以下四个方面：一是替换式执行。中央会将保障房的建设计划分配到地方，地方的执行方式和强度较为消极。例如，将在建企业员工宿舍等纳入保障房房源、公职人员违规获取保障房等。二是选择式执行。地方政府瞒报、错报住房保障建设数据。目前的保障房范围主要包括公租房、保租房和共有产权房，但部分地方政府会曲解保障房范围界定，导致保障房统计数据失准。三是象征式执行。由于商品房建设的土地出让收益远超保障房建设的收益，较大的收益差距使地方更愿意将土地出让资金用于商品房市场的开发，而对保障房建设仅是象征性地执行。四是附加式执行。由于我国缺少住房保障的立法，政策的具体实施方案主要依赖地方政府的经验，从而缺乏约束力、强制力。

3. 非合作博弈对保障房政策结果的影响。中央和地方政府的反复博弈行为使得政策目的与利益诉求互相碰撞，其结果是减弱了中央政府在保障房体系中的作用，使住房保障的建设目标无法达成。受中央与地方政府的非合作博弈影响，当前住房保障体系建设存在以下问题：第一，资金筹集难度大、使用不合理。包括中央补助资金的分配、使用、管理，地方政府的财政预算安排，土地出让收入和住房公积金增值收益安排等。第二，土地供应不足。保障房建设项目用地不能确保优先供应，中央下达的保障房用地指标与地方保障房用地需求大，新增用地指标不足。第三，质量建设不达标，多地出现保障房质量问题。开工数量的硬性要求导致保障房建设出现漏水、墙体开裂等质量问题。第四，周边配套不健全。保障房逐渐成为低端住宅的代表，公共服务配套建设缺乏。

二、政府在住房保障体系中定位的国际经验及其启示

（一）政府在住房保障体系中定位的国际经验

住房保障是一个世界性难题，涉及经济和社会的方方面面。各国政府在解决低收入家庭等的住房问题上负有不可推卸的责任，保障性住房供给水平成为衡量政府公共服务、提高执政效率的重要标杆。不同类型的经济体，其政府的住房保障职能演进轨迹不同。西方市场经济发达国家，其政府住房保障功能经历了一个弱化、逐步强化再逐渐弱化的倒"V"型曲线；而在转型国家，政府住房保障功能则是一个高度强化到弱化、再逐步归位的 V 型调整过程（高培勇等，2012）。

本节以社会构造、政治价值理念为分类依据，借鉴周冉（2020）和张佳铖（2023）的住房保障制度模式国际比较研究的有关思路，选择四类不同的保障性住房建设与管理模式，分析政府承担的主要职责、具体定位以及中央与地方间政府关系等内容。

1. 新自由主义价值取向与自由市场政策模式。新自由主义价值取向与自由市场政策模式是以住房市场化为核心，兼顾国家基本保障责任，代表国家有美国和英国。

美国政府自 20 世纪 30 年代以来就一直对住房市场实施普遍的、间接性的

干预。从保障方式看，大体经历四个阶段：一是在早期以政府兴建公共住房为主；二是逐步引入私人建筑公司通过市场化方式建造公共住房；三是以针对租户的直接租金补贴为主的方式；四是为中低收入家庭提供金融和税收支持（周冉，2020）。从资金来源看，美国公共住房主要由财政投资建造，联邦住房与城市发展部每年会编制住房发展计划并提供住房建设资助，向低收入家庭提供住房补贴，同时还对地方政府建设的公共住房提供补贴。从中央与地方政府关系看，在初始阶段，联邦政府是住房保障职能的最主要承担者，州和地方政府承担的责任很少；而在 20 世纪 80 年代住房保障的压力相对缓解之后，州和地方政府承担的住房保障责任才相对增加。

在英国，政府所承担的住房保障责任随着社会经济的发展和社会主要矛盾的变化而不断调整。从保障方式看，最初是政府直接出资进行大规模公共住房建设，之后实施公房私有化改革，从而导致住房保障供应不足，再到目前加大住房保障供给力度。从中央与地方政府关系看，低收入居民的住房问题由中央政府负责，地方政府设立住宅建设、补贴发放管理机构，负责具体实施，相关的资金投入由中央财政预算安排。

2. 法团主义价值取向与社会市场政策模式。法团主义价值取向与社会市场政策模式强调市场经济必须承担社会责任，对住房价格采取法团干预机制和支持社会住房，保障社会成员享有居住权利，代表国家有德国和荷兰。

德国属于传统法团社会模式，利用成熟的社会化住房制度维持住房价格的稳定和保障居民的居住水平。在政府层面，住房保障责任在三级政府间有明确划分，联邦负责设立法律框架；16 个联邦州参与法律制定，并具体负责社会住房项目；而市镇级政府负责城市土地管理，为住房提供基础设施，具体办理社会住房出租管理（倪虹，2013）。从保障方式看，政府在第二次世界大战后大力支持建造租金较低的"福利住房"，之后利用税收政策和贷款优惠等方式支持非营利社会组织扩大住房供给，待住房严重短缺矛盾缓解后，政府又以房租补贴、公共福利住房为辅的方式来解决低收入家庭的住房难题。从中央与地方政府关系看，德国住房政策主要为地方政策而非国家政策，地方政治传统有很大影响。例如，每个州政府按照联邦政府颁布的《民房建设资助法案》均设立一个政策性住房金融机构，便于为社会低收入阶层提供政策性购房融资。

荷兰属于竞争性法团社会模式，比传统模式更加依靠市场机制和价格机制来发挥效用。宪法规定，为公民提供充足的住所是政府的主要职责。从保障方式看，政府在二战后投入大量资金解决住房短缺，每年都有大批新建住房建成，居民总体居住条件位居世界前列，但到了 20 世纪 90 年代，政府开始鼓励住房私有化，同时针对老人和低收入弱势群体进行住房补贴。从中央与地方政府关系看，中央政府管理职能远大于地方政府，会采取补贴等一系列手段刺激房屋建设，而州政府在住房领域的责任有限，主要是编制地区规划文件和在较小的城镇进行城市重建等任务。

3. 威权主义价值取向与政府干预政策模式。威权主义具体到住房领域，具体表现为政府对住房市场供给水平和价格进行强制干预，代表国家或地区有新加坡和中国香港。

新加坡明确政府是保障性住房建设和管理的主体。1960 年，根据《住宅发展法》成立的住宅发展局（建屋发展局）代表政府行使权力，负责制定组屋发展规划及房屋管理，实行统一建设、统一分配和统一管理的运作机制，实现"居者有其屋"目标。

中国香港从 1970 年开始推行系列住房保障计划，实施统一规划、统一建设、统一分配和统一管理，其提供的住房包括政府出资兴建的出租住房、为老年人提供的长者房舍、政府补贴出售的居屋等形式，同时注重在公屋社区内规划和开发运营商业设施，努力实现公屋的可持续发展。

4. 社会民主主义与高福利国家政策模式。社会民主主义主张通过国家行为最大限度地改善住房领域的不平等，表现出国家财政支持特征，代表国家有丹麦和瑞典。

丹麦的住房质量和居住条件被公认为居全世界前列，整个住房市场处于政府高度管制和补贴中。从保障方式看，政府首先解决住房供应不足的问题，之后推出各种政策鼓励住房自有，同时将支持住房供应（建筑补贴）逐渐转为更多地支持住户的住房津贴。从中央与地方政府关系看，中央政府主要负责制定宏观政策目标和手段，尤其是设定住房补贴占国民预算的比例；而地方政府保障社会住房的建设和负责安排入住并发放住房补贴以及监督住房协会的活动等（余南平，2009）。

瑞典的住房政策旨在保证所有的瑞典人都能达到舒适的住房标准。从保障方式看，政府在二战后大规模投资建设公共住房，以缓解住房紧缺的矛盾；之后则通过中央政府预算和税收制度等不同方式对住房成本进行补贴，现在则转为对低收入家庭发放住房津贴。

（二） 对中国政府在住房保障体系中定位优化的启示

1. 政府是住房保障的负责主体。纵观各国住房保障体系建立和完善过程，政府都是住房保障责任主体。从发达国家或地区的经验来看，建立住房保障制度是实现居民住房权的重要途径，其目的在于帮助仅凭个人努力无法获得适足住宅的中低收入住房困难群体（吕萍，2020）。因此，为了弥补市场失灵造成的不足，客观上需要政府提供住房保障。在实际操作中，尽管出现了运用市场机制解决住房保障的形式，但是住房保障供给始终是各国政府的基本职责。

2. 政府负责住房保障的内容因时而变。当住房供应特别是保障性住房供应不足时，各国政府常常进行大规模国家干预，直接出资或补贴建设公共住房，以解决住房供应短缺难题。但是随着全国性住房供应不足缓解或者消失后，政府转向采取补贴住户的方式解决居住问题。从住房保障对象演变来看，在住宅供应不足阶段，住房保障覆盖面较大；而在后来居住短缺缓解甚至平衡以后，住房保障重点是低收入家庭。因此，政府所承担的住房保障责任也是根据各国的经济发展阶段和社会发展水平等进行动态调整。

3. 中央政府与地方政府需要合理分工。因为不同国家政治制度和税收体制的不同，中央与地方政府的住房保障责任也存在着区别。总体来看，中央政府常常是住房保障职能的主要承担者。同时，中央和地方政府需要合理分工，共同完成住房保障任务。一般情况下，中央政府侧重于宏观发展规划和编制预算、确定住房目标、提供资金支持和发放住房补贴；而地方政府侧重于落实和执行中央政府的决策，负责建设和分配保障性住房、发放住房补贴等具体工作。因此，通过合理的分权设计，明确中央和地方政府的责权利，有利于调动双方的积极性，使政府承担的主体责任效果达到最大。

4. 政府的职责还需要引导社会力量。从各国住房保障政策的发展趋势来看，政府负责的直接政策逐渐减少，倾向于间接干预。考虑到不同阶段的住房保障内容不同，政府需要在财政投入和市场运作之间找一个平衡点。不可否认，居民个体和社会力量在保障住房发展中日益发挥着越来越重要的作用。发达国家的经验已经表明，政府更适合做一个引导者和监管者，而不是一个执行者，应引导社会资本参与到保障性住房项目中，同时起到规范作用，确保保障性住房的质量和运营效率（李雅菲和祁怀利，2023）。因此，政府在构建住房保障体系中需要根据不同阶段的住房保障使命和要求来积极引导社会力量参与。

三、政府在住房保障体系中的总体定位

政府是住房保障的责任主体，负有建立健全住房保障体系的主导作用。政府需坚持以人为本的基本理念，突出公共服务均等化、公民权利平等化，强化目标到位、主体到位和责任到位，把建好住房保障体系作为检验自身承担公共服务职能的重要指标。在实践中，需要避免以下三个定位误区。

（一）住房保障 ≠ 住房福利

住房保障体系的广义性是指政府通过不同的优惠政策让绝大多数居民都有能力解决好住房问题，不同层次的居民所获得的优惠政策不一样。住房保障体系的狭义性是指政府通过建造保障性住房、货币化补贴等方式解决最低收入者或无收入者的基本居住问题，其边界是以政府严格的财政预算为条件（易宪容，2012）。政府主导住房保障不能超越经济发展阶段，提供的保障范围不能太大，要求实现精准、高效的住房保障，避免滑向福利陷阱，否则会严重影响，甚至拖垮国家或地区的经济发展。因此，住房保障要适度，使政府财力和居民家庭都可以负担。

（二）政府主导 ≠ 政府包办

政府肩负解决居民住房问题的重要职责，在保障性住房供给过程中，政府需全程参与并主导，但这并不意味着政府对所有事情都要亲力亲为。一方面，政府在当前阶段和形势下要勇于担当，切实改变中国住房保障总体仍然处于较低水平的局面；另一方面，也需要思考如何使有限的财政资金投入和政策安排通过市场产生杠杆效应，调动广泛的社会力量进行保障性住房的建设和管理，鼓励居民个人通过努力工作自行解决和改善住房问题。

（三）市场化运作 ≠ 完全市场化

目前，我国住房保障的基本原则是政府主导、市场运作、社会参与。针对不同性质的保障性住房，政府既采用直接投资的方式，也通过多种形式组织和协调企业投资。政府主导不仅体现在增加投入上，也体现在通过规划布局、土地供应、政策支持等方式引导社会力量充分参与（穆虹，2011）。但政府引导社会力量参与，不是淡化或者忽视自己应承担的社会责任，加上住房保障问题

涉及公平与效率。

四、中央与地方政府在住房保障体系中的分工协作

(一) 基本框架

基于中国各地区社会经济发展和各级政府间财政收支的差异，在明确住房保障是各级政府共同责任的前提下，按照"央地协同、分级管理、属地负责"的原则，构建财权与事权一致、发挥各自优势共同参与的工作机制。总体来看，中央政府承担总体责任，关注全社会住房的公平和社会稳定；地方政府负责落实和细化。两者关系的处理需要注意以下关键点。

1. 中央住房保障规划制定要接地气。现行住房保障总体目标由中央政府制定，然后以行政的方式由地方政府执行。结合中国行政体系运作的现实国情和考虑到住房保障任务完成的艰巨性，在当前阶段，一方面还需要强化中央政府在住房保障领域的总体规划职能，从全国整体上测算保障性住房的总量和规划空间布局，做好对地方政府的指导；另一方面，应综合考虑各地区的发展差异和实际情况，在设定目标过程中给予地方政府一定的参与权，而不是简单的一刀切。地方政府是住房保障政策执行的主体，更清楚属地情况。因此，有必要促使中央和地方政府携手制定有关住房保障规划，因地制宜、因时而异地选择住房保障模式。

2. 地方政府需正确认识和摆正位置。当前，大多数地方政府对住房保障重视不够，将开展住房保障工作和搞好地方经济发展对立起来，过于重视短期经济效益。首先，地方政府要正确认识住房保障是政府的基本职责，不能只算眼前的经济账，不考虑长远的社会账；其次，地方政府需要提高自己在住房保障中的主动性，将城市发展与住房保障有机结合，根据城市特点确定住房保障的定位。

3. 中央支持地方工作要抓重点。从现实看，地方政府建设保障性住房的积极性不高，表面原因主要是资金不够且难以筹集、土地紧张不愿供给，其背后的深层次原因则是地方政府的财权与事权不匹配以及对土地财政的过分依赖。另外，各地方政府的财政实力和可支配资源也不尽相同。因此，中央政府需要从经济体制改革入手，加大保障性住房的资金支持力度。中央对地方住房保障的资金支持，需要从以下两个方面入手：一是直接资金支持，即以中央财政资金投入来统筹不同地区之间的住房保障；二是间接资金支持，即拓宽融资渠道，采用政策引导、鼓励地方政府扩大保障住房融资渠道。

4. 强化责任考核和加强激励并重。中央政府加强对地方政府住房保障工作的管理需要两手抓，既要抓考核，也要抓激励。由于地方政府常常从地区局部利益狭隘理解住房保障的重要性，因此，中央政府需要将地区住房保障工作的实际进展纳入地方政府的考核指标体系内，优化传统以 GDP 为主的政绩考核机制，让地方政府正确认识社会经济不能偏离"以人为本、民生重要"的发展方向。与此同时，中央政府也应综合采取措施提高地方政府承担住房保障责任的激励，对住房保障工作有个全面的认识，使地方政府能够想明白做好住房保障对地区经济发展所起到的重要作用，不要片面地理解住房保障是地方包袱或烧钱负担，而应将建设良好的住房保障体系视为地方经济和社会发展的"压舱石"。

（二）中央政府具体职责界定

在经济新常态和新型城镇化背景下，中央政府根据国家住房保障发展使命，以促进基本公共服务均等化为导向，负责制定总体发展目标和政策，建立并健全住房保障体系，统筹区域住房市场与住房保障发展，实施动态监督考核。在借鉴国外经验和立足国情基础上，中央政府需要重点做好以下三个方面的工作。

1. 立法保障和规划先行。法律法规先行是经济发达国家和一些发展中国家解决低收入家庭住房问题的一大特点。由中央政府牵头，报请全国人大加快住房发展或住房保障方面的立法工作，早日颁布实施住房法或住房保障法，通过法律形式明确住房保障的发展目标、保障对象、保障标准，界定中央和地方政府在住房保障中的责任与定位，包括资金投入、土地提供、金融支持、财税优惠等方面的具体责任。同时，中央政府制定符合发展阶段和基本国情的住房政策和规范体系，理顺住房市场的要素供给水平，组织编制住房保障发展规划，指导全国住房保障工作。

2. 加大投入和合理分工。目前，中央政府对住房保障的财政投入明显不足，大部分仍由地方政府承担。因此，只有中央政府加大住房保障的资金投入，才可以确保住房保障职能不落空。中央政府首先需要测算资金需求，确定合理的财政投入；其次注重发挥财政间接支持的作用，发挥"四两拨千斤"的杠杆效应，尽可能引导社会力量和资本参与住房保障建设和管理。通过计算各省份住房保障财政支出占人均地区生产总值比重来衡量各地住房保障水平发现（见表 7-2），人均地区生产总值较高的北京、上海和江苏等地具有较低的住房保障水平，分别是 0.38%、0.76% 和 0.67%；而人均地区生产总值较低的甘肃、黑龙江和贵州却具有较高的住房保障水平，分别为 1.31%、1.54% 和 0.92%。显然，地区之间住房保障的资金投入力度也存在较大差异。

表 7-2　　　　　　　　　　2022 年中国各省份住房保障水平

省份	人均地区生产总值（元）	住房保障水平（%）	省份	人均地区生产总值（元）	住房保障水平（%）	省份	人均地区生产总值（元）	住房保障水平（%）
天津	119 235	0.46	河南	62 106	0.46	海南	66 602	0.64
浙江	118 496	0.36	湖南	73 598	0.48	黑龙江	51 096	1.54
山东	86 003	0.34	山西	73 675	0.63	云南	61 716	0.81
江苏	144 390	0.67	广西	52 164	0.62	甘肃	44 568	1.31
福建	126 829	0.26	四川	67 777	0.69	宁夏	69 781	1.22
北京	190 313	0.38	内蒙古	96 474	0.85	新疆	68 552	0.86
广东	101 905	0.46	重庆	90 663	0.46	贵州	52 321	0.92
上海	179 907	0.76	吉林	55 347	0.98	青海	60 724	1.87
河北	56 995	0.46	陕西	82 864	0.70	西藏	58 438	2.13
湖北	92 059	0.37	江西	70 923	0.63	辽宁	68 775	0.74
安徽	73 601	0.51						

资料来源：《2022 年中国统计年鉴》。

在确定中央和地方政府的财政责任时，一方面要强化中央财政的作用，加大中央财政的转移支付力度，取消或减少经济困难地区的财政资金配套，争取地方政府在住房保障工作中财权与事权相匹配，提高地方政府的参与积极性；另一方面，中央政府要鼓励地方政府进行实践创新，给予地方政府一定的政策实施空间，以利于拓宽资金融通渠道和吸引更多社会力量参与到住房保障建设与管理中来。

3. 完善考核和激励机制。理论上讲，地方政府投入住房保障的短期经济效益差、长期社会效益高。但在现行以 GDP 增长为主要政绩考核指标中，地方政府由于保障性住房财政投入的增加以及保障性住房用地带来的出让收入的减少等导致其保障房建设投入的动力不足（程大涛，2013）。中央政府在考核地方官员和政府绩效时，需要改变单一的经济性指标考核体系，将住房保障有关的指标纳入其中，引导地方官员从"关注经济发展"转向"关注民生发展"，促使地方政府关注城市长期发展目标，弱化"土地财政"对地方政府开展住房保障工作的不利影响。

在具体操作中，中央政府可以采取多种方式调动地方政府积极性：第一，采取"以奖代补"模式来分配财政专项转移资金，激励地方政府承担保障性住房建设和管理责任；第二，中央政府对地方政府的财政专项转移资金按照常住人口作为基数来进行均衡分配，体现"以人为本"的转移支付目的；第三，中央政府应将地方政府的城市建设用地指标和规模在分配时与地方的常住人口规模挂钩，优先供给保障性住房用地和相应配套基础设施。因此，中央政府在解决地方政府资金不足和供地瓶颈的同时应改进地方官员的考核机制，以提高地方政府提供住房保障的动力与意愿。

（三）地方政府具体职责分析

与中央政府相比，地方政府处在住房保障的最前线，最清楚居民所需、所想、所盼。地方政府需要把基本住房保障纳入公共服务职责，落实制度、规划、筹资、服务、监管等方面的责任。在中央政府的指导和支持下，地方政府需要重点落实以下职责。

1. 完善工作机制和组织体系。从工作机制看，省级人民政府对本行政区域内的住房保障负总责，并承担基本住房保障规划制定、实施监督和对财政困难市县提供资金补助等工作；市县人民政府制定具体的实施计划，对保障性住房的建设、配租、配售和后期管理等具体事务提供服务。在政府主导住房保障的前提下，需要理顺和形成法定规范以及相对统一的地方权威性管理体制，改变当前保障性住房建设、管理与分配多头参与、分散管理和政策碎片化现象。

在地方政府实施住房保障的过程中必须科学确定实施组织体系——具体由哪一级政府组织住房保障工程的实施以及采用怎样的方式来组织实施。部分地方政府会采用偏向集权式的组织体系，由市级政府统一组织实施，如重庆市；还有一些地方政府采用偏向分权式的组织体系，由区级政府统一组织实施，如上海市。各地需要根据住房保障的模式和特点，科学选择组织方式。

2. 优选保障策略和分类实施。地方政府需要基于当地经济水平和资源禀赋选择具体的住房保障方式和资源利用策略。实际上，对于不同类型的住房保障，地方政府应承担不同的责任。出售型保障房由于有销售资金的回笼，能做到项目资金自求平衡、略有盈余，可采用招投标方式委托企业开发，同时由政府监管；城镇棚户区改造项目应当在政府政策扶持下充分运用市场机制，鼓励企业和居民共同投资建设。对于主要面向城镇低收入居民、新就业人员和外来务工人员的公共租赁住房和保障性租赁住房，应坚持实事求是、量力而行的原则，由政府运用土地供应、投资补助、税费优惠等政策给予扶持，吸引企业投资建设和运营，不宜过分强调由政府统一建设管理。

3. 创新供地方式和融资渠道。地方政府在保障性住房建设中缺少积极性的主要原因在于"缺钱"和"缺地"，而"缺地"与"缺钱"有着紧密联系。因此，如何拓宽地方政府的资金来源是住房保障工作的重中之重。地方政府开展住房保障工作，一方面基于财权与事权匹配原则，需要得到中央政府的财政支持；另一方面需要紧密结合地方发展特点和住房保障工作内在要求，敢于创新住房保障的融资渠道。结合国际经验、以城市为主体发债是摆脱土地财政依赖之后加强城市建设的主要办法。同时，针对租赁型保障住房的收益特征，地方政府可以充分利用保障性住房的资产属性，通过金融创新来盘活存量资产。例如，基于资产证券化原理发行公共租赁住房项目的债券（如 ABS），或试点发展房地产信托投资基金（REITs）等。

第二节　社会力量在住房保障体系中的定位：
积极参与的重要配角

一、社会力量在住房保障体系中的定位演进：从可有可无到不可或缺

保障性住房建设项目普遍利润低、投资回收周期长。因此，地方政府是其投资开发的主要参与者，社会力量仅进行有限参与。在国外，社会组织替代政府提供公共产品较为常见（魏丽艳，2022）。梳理近年来有关政策，从整体看，政府一直都在鼓励社会机构和企业参与保障性住房建设。在具体实践中，社会机构和企业会根据保障性安居工程的不同类型选择不同的参与方式和开发模式（见表 7-3）。由于销售型保障房可以通过出售较快回收投入资金，实现建设资金短期内的自我循环，所以社会力量参与的力度相对较大。而租赁型保障住房则不同，前期一次性投入大，投资回收主要依靠租金收入，但该类住房的租金较低，投资回收和资金循环就面临着很大问题，因而，社会力量参与的积极性很低。因此，社会力量相对愿意参与销售型保障住房开发，或者代建保障性住房后由政府进行回购、配建一定比例的保障性住房，这样可以尽可能地降

低其投资风险。无论是从提高建设与管理的效率角度来看，还是帮助政府更好更快地解决居民住房问题角度来看，社会力量在住房保障中的作用都不可缺少。

表 7 – 3　　　　　　　　　　保障性住房建设类型及相应特征

开发模式	土地来源	资金来源	分配方式	适用类型	存在问题	参与主体
委托代建	政府划拨	政府投入初始资金，后期由银行贷款、保险等融资，资金从始至终由政府承担	销售或出租	公租房、共有产权房等	可能存在较大的资金缺口	民营、国有开发企业均有参与
配建	商品住房土地搭配一部分保障性住房土地出让	购买配建土地的房地产开发企业	经济适用房、限价房直接销售；公租房、廉租房由政府回购	经济适用住房、限价房和公租房和廉租房等	项目中保障房成本转移到商品房部分，可能推高商品房建设成本	较多见于民营开发企业
直接招标	政府划拨	土地平整、拆迁等初始资金由房企垫付，建设过程中根据工程开发阶段政府支付房企建造费	政府购买并负责销售	经济适用住房、安置房等	回购期不明确	较多见于国有开发企业

资料来源：邹永华. 中国保障性住房政策：范式转型与效果评估［M］. 北京：科学出版社，2023.

二、社会力量在住房保障体系中定位的国际经验及其启示

（一）社会力量在住房保障体系中定位的国际经验

从各国经验来看，大多数国家都是在政府引导下使用积极的财政政策吸引社会力量一道参与到保障性住房的建设、运营和管理中来。社会力量大致分为营利机构和非营利机构，前者包括住房开发商和私人投资者，后者包括住房协会和住房合作社等机构。虽然保障性住房是为低收入家庭提供的住房，其开发经营利润不如市场化运作的商品房，但是一些社会组织或住房开发商认为参与建设或管理保障住房是积极履行社会责任的重要体现，能积累社会信誉，因此，这部分社会力量是愿意参与到政府主导的保障性住房建设和管理体系中。本节选择具有代表性国家或地区的社会力量在住房保障体系中的定位和所起的作用进行分析。

1. 美国经验。美国公共住宅的供应早期主要依靠政府提供，其后更加注

重住房开发商和非营利机构的作用。营利机构主要是受政府的各种优惠政策吸引来参与低收入住房的开发，政府也把这类开发视为推动经济发展的好办法。例如，低收入住房退税政策（low income housing tax credit，LIHTC）的税收激励运作模式是：美国国内税务署（IRS）每年向各州的住房信贷机构（HCA）分配税务返还额度，然后 HCA 通过筛选向有限的房地产开发商发放。申请资助的项目必须满足两个条件之一：至少 20% 的住房单元是向收入在城市家庭收入中位线 50% 以下的家庭供应，对于他们来说是可支付的；至少 40% 的住房单元是向收入在城市家庭收入中位线 60% 以下的家庭供应，并且对于他们来说是可支付的。住房开发商获得返税额度后，将降低项目的债务成本。另外，租房补贴政策鼓励私人房主将符合出租标准的房屋出租给低收入者。当低收入者承租后，政府会负担低收入者不足支付的部分，这样不仅解决了低收入家庭的住房问题，而且不会损害房东的利益。

美国住房合作社最早是服装工会，于 20 世纪 20 年代创建，目前已覆盖很多城市，有超过 1 500 万的家庭（包括不同收入水平）生活在由住房协会拥有和管理的房屋中。美国的住房合作社实行产权股份制，合作社住房的产权归住房合作社所有，社员拥有一定的份额来控制其居住的住房和财产。面向低收入家庭的合作社一般属于有限权益的合作社，股份被限制转让，最高价格由合作社章程规定。住房合作社作为住房的一种开发模式，虽然不以营利为目的，受到政府的干预很少，但仍按照市场规律运作（倪虹，2013）。

综上，美国住房保障体系的显著特点是以市场机制为基础，通过市场机制下的价格补贴、利息补贴、税收减免等经济补偿形式鼓励社会力量在政府主导下共同参与建设和管理住房保障，并取得了一定的成就。

2. 英国经验。英国的住房协会（Housing Association，HA）具有很长的历史，最早于 1844 年创建，作为一个非营利性部门，主要是以较低的价格向收入低的工人们提供住房。20 世纪 70 年代，《住房法》以法律形式赋予了 HA 在公共住房建设和管理领域的地位，同时，其获得了政府补贴，从此开始了大规模的发展。HA 在 1996 年更名为注册社会住房业主（RSLs）。目前有一半的可支付住房都是由 RSLs 直接建造，或者由私人开发商建造、RSLs 管理①。RSLs 具有两个重要作用，一是考虑到承租居民的承受能力，为其提供一定的

---

① 住房和城乡建设部住房保障司，住房公积金监管司. 国外住房金融研究汇编［M］. 北京：中国城市出版社，2009：283 页.

房租补贴；二是融资方面，不受政府财政赤字规模的制约，可以通过贷款解决资金短缺问题。英国以住房协会为代表的社会组织已经成为英国保障性住房供给和管理的主要平台（虞晓芬等，2017）。

在引导营利机构方面，1990年出台的《城乡规划法案》提出，私营开发商需要拨出一定比例的商品房作为可支付住房才能获得项目开发权利。这些可支付住房的所有权通常会转交给RSLs，由这些机构负责将住房租给有需要的家庭。这种做法近年来收效显著，使得社会各部门共同参与了政府主导的公共住房发展计划。

总体来看，英国住房保障体系突出公共补贴的有效性和住房政策的针对性，像住房协会这类非营利性民间机构在其中起着非常重要的作用；同时，利用制度设计，引导营利组织参与公共住房建设，体现了英国"补救式福利"的国家传统。

3. 德国经验。住房合作社在德国已有超过200年的历史，合作社共同建房已经成为德国住房建设的主要组织形式。有关资料显示，合作建房总量占全国每年新建住房总数约30%。住房合作社在帮助政府实施住房政策方面充当了主要受理人的角色，其成立的目的不是营利，而是实现为低收入家庭提供充足住房这一目标。德国政府对合作社建房给予长期低息贷款，减少所得税、财产税、转让税和房屋交易税等多项税种以及对承租合作建房的租房者给予租金补贴等政策性帮助（余南平，2009）。

德国住房市场的租赁市场占比大于销售市场，成为房价稳定的关键因素。通过发展高质量、个性化的成本型租赁社会住房市场，并鼓励其与私人租赁市场展开竞争，租房市场的租金水平整体不高。同时，大量的成本型租赁住房市场也降低了购房者的预期和分流了购房需求，有利于住房市场形成供求平衡和价格稳定的发展机制。德国租房者协会也是成立较早的法团组织，其主要任务是保护租房者的利益；同时，与政府合作建立租金数据库，为本地区提供租金标准。

综上，住房合作社的努力保持了社会住房具有一定的市场占有率，而政府对住房市场的干预，特别是对租赁市场的干预，严格控制了住房市场的投机性，极大地促进住房保障机制融入市场机制。因此，遵循社会市场模式，社会力量参与住房保障建设和管理的力度较高成为德国在住房领域区别于其他大陆法团模式国家的一个特点。

（二）对中国社会力量在住房保障体系中定位优化的启示

1. 社会力量在各国住房保障体系中的定位以参与为主。发达国家住房问题的解决是政府与合作社、私人公司等其他主体共同努力的结果，他们共同建房、租房、管房（姚玲珍，2009）。另外，从各国住房保障方式的变化趋势来看，当住房市场从供不应求转为基本平衡后，政府对住房供应干预的主要方式也从直接干预转变为间接干预，政府会采取积极的政策优惠来引导住房开发商和私人投资者参与住房供应。因此，社会力量有必要、有能力成为构建住房保障体系的主体，为此承担一定的社会责任，但其定位是在政府的主导下积极参与。

2. 社会力量参与有利于提高保障性住房建设和管理效率。国外成熟经验已经表明，充分发挥非营利性或低营利性社会住房机构在公共租赁住房的建设和管理主体的作用，有利于减少政府的财政负担，提高管理效率（周江，2013）。当住房供应短缺矛盾突出而政府的保障性住房供应能力不足时，住房开发商和私人投资者可以在政府的优惠政策支持下参与住房建设和房源供给，缓冲住房供给相对需求的滞后效应，实现保障性住房来源的多样性。当政府因自身局限无法对保障性住房做到事无巨细般的管理时，一些社会组织则可以发挥自己的比较优势进行市场化运作，更好地为保障对象服务，满足不同家庭的不同需求。例如，英国的 RSLs 是公共住房的主要提供者和管理者，发展低成本、低租金住房，合理配置市场资源，为解决英国低收入家庭的住房问题起到了举足轻重的作用。

3. 社会力量参与有利于住房保障机制与市场机制融合。政府需要介入住房市场来保障该领域的公平，但也需要注意选择具体方式以促进效率。有关住房政策研究的国外文献一般结论表明，市场比政府更有效率，补贴比直接提供的效率更高，而收入补贴比直接的住房价格补贴效率更高。美国扶持市场化机构投资运作保障性租赁住房，较好地解决了保障性租赁住房效率与公平的问题，其对运营机构的补贴强调政策的制度化、长期化，与租赁住房项目收益与风险特征相契合，而对保障对象的补贴具有一定的灵活性，可以动态调整，从而实现更有效的住房保障。这样可以使住房保障体系与住房市场有效衔接，有利于住房保障与经济发展实现良性互动。

三、社会力量在住房保障体系中的总体定位

参与住房保障体系的社会力量按照营利与否可分为营利机构和非营利机构，按照产业链则可划分为社会投资、建设和管理等不同机构。目前，中国参

与住房保障的社会力量以营利机构为主，侧重投资和建设环节，在承担社会责任的同时兼顾一定的经济利益。无论是央企，还是地方国企或者民企，都会根据不同模式的盈利水平来作出自己的选择（见表7-4）。一些企业为了保证自己的开发规模和市场占有率，也会参建保障性住房，同时可以提升自身在社会上的品牌影响力，这一行为不仅得到政府支持，还为以后获得商品房开发机会和融资优惠做准备。

表7-4　　　　　　　　　　　企业参建保障房的三种营利模式

参建方式	权利
委托代建	土地和资金均由政府划拨和筹措，开发企业负责建设并最终获得工程总价1%左右的委托费
配建	土地出让环节在商品房土地中搭配一部分保障性住房土地，最后由购买土地的开发商负责建设，利润则主要在商品房销售部分
直接招标	直接以整体保障房地块出让，资金初始由开发商支付，到期后由政府购买并负责销售，同时支付给开发商1%左右的代建费和3%左右的利润

资料来源：邹永华. 中国保障性住房政策：范式转型与效果评估［M］. 北京：科学出版社，2023.

基于中国住房保障体系的未来规划发展重点，社会力量参与住房保障有三个发展趋势：第一，参与公共租赁住房的社会力量逐渐成为主体，包括用人单位、产业园区、村镇集体经济组织、住房开发商等多种类型的机构；第二，参与保障性住房管理的社会力量逐渐增加，特别是围绕公共租赁住房和保障性租赁住房提供专业管理服务的专业组织；第三，随着社会和经济发展水平不断提高，非营利机构将会增多，包括偏重住房保障和扶贫开发类型非政府组织（Non - Governmental Organizations，NGO），未来将发挥越来越重要的作用。

随着中国住房保障体系的不断完善，社会力量在政府主导下将起着重要而有益的补充。虽然被定位为配角，但是社会力量在住房保障体系中的作用是无法被替代的，而且未来还有继续发展的市场空间和服务范围，例如对公共租赁住房的市场化运作和社会化管理。

四、社会力量在住房保障体系中的主要功能

目前社会力量参与住房保障的方式主要有开发建设、资金支持、企业自建和捐赠等方式。在新形势下，社会力量在住房保障体系中将重点发挥以下三个方面的作用：一是增加保障性住房供给。社会力量应在政府的主导下量力而

行，选择自己能够接受的方式参与保障性住房的供给之中。二是稳定市场化住房价格。社会力量参与提供的保障性住房越多，就越能够在稳定市场化住房价格方面起到一定的作用，从广义上来说可以让更多的城市居民支付得起房租或购房。三是参与保障性住房管理。社会力量一方面继续吸收社会住房资源并将其转为保障性住房出租给低收入家庭；另一方面是做好租赁型保障住房的管理，包括租金的收缴、物业管理、房屋维修、承租人退出、小区中不同群体的利益协调等事务处理，将政府从繁杂的琐事中解放出来。除此之外，社会力量参与住房保障，可以更好地发挥市场机制作用，并与现有的住房保障体系结合，筹措更多来自民间的资金和提供更多的专业化服务，与各级政府实现更好的协同，最终有利于中国住房保障体系的建设和目标的实现。

第三节　政府与社会力量在住房保障体系中的互动分析：均衡与协同

一、政府和社会力量在住房保障体系中的相互影响

借鉴国际经验和立足国情，政府和社会力量在住房保障领域的合作关系总体为：既坚持政府的主导地位，又充分调动社会力量积极参与。因此，需要分析政府和社会力量在住房保障体系中是如何影响与互动的。

（一）政府对社会力量参与住房保障体系的影响

不同类型的社会力量参与住房保障的动机和方式都有所不同，因此，需要政府从政策指导、资金支持、实施方式、监督管理等方面对其施加影响，实现有效协同。

1. 政策指导需要两手抓。一方面，政府通过编制城市规划和住房发展规划等政策文件明确保障性住房建设的总量和机构以及空间布局，同时正面引导企业或社会组织与社会的和谐发展，强调社会责任与贡献的重要性，创造出有益于社会的共享价值；另一方面，政府也需要考虑在市场化运作中给予参与的社会力量合理的投资回报或帮助其实现投入产出平衡，运用政策积极支持和保障社会力量的投资权益，否则将难以实现保障性住房项目的可持续发展。

2. 资金支持多元化。政府可以通过财政补贴或者发行市政债支持社会住房发展，并以建设和管理保障性住房为条件，引导金融机构给社会力量提供一定规模的优惠贷款或者支持其发行企业债。

3. 实施方式多样性。可以借鉴辽宁棚户区改造的政企合作经验，对需优惠政策支持方可运作的项目，坚持市场化运作方式，由参与机构自负盈亏；对单靠政策优惠仍无法实现资金平衡的项目，对企业通过政府补贴方式进行支持；对无法通过市场运作的项目，政府直接出资或购买社会服务，组织企业开发代建或者运营服务。

4. 监督管理重协调。政府引导社会力量的初衷可能是希望减轻政府建房负担和减少财政压力，或者希望社会力量参与后可以提高整个住房保障体系开发建设与运营管理的效率，但在具体操作中，政府不能放弃对社会力量参与住房保障体系的监督管理。鉴于住房保障的民生属性，政府既要防止社会力量因为市场化运作而容易忽略弱势群体，挫伤贫困阶层的公平感，需要制定一定的保障标准；又要避免社会力量对政府政策产生误解而使其积极参与的动力不足，把参与建设和管理当作形象工程或走形式。

（二）社会力量对政府主导住房保障体系的影响

保障性住房涉及土地供应、融资、建设、监管等多个领域。虽然政府在住房保障体系构建中需要发挥积极作用，但这并不意味着政府部门必须要一肩挑尽。在当前市场经济条件下，单单依靠政府的力量也很难满足巨大的保障性住房的供应和多样化需求。因此，社会力量在政府主导下，充分发挥自身既能承担社会责任又具有灵活性和独立性的特点，参与建房、租房和管房，既有利于减轻政府的财政压力，提高保障性住房的供给水平、运营效率和服务质量，又有利于拓展社会力量的投资渠道和服务范围，繁荣国民经济和促进社会和谐发展。

二、政府和社会力量在住房保障体系中的分工合作

做好住房保障的公共服务工作的关键是要明确政府和市场的关系。当前住房保障工作的基本制度可以简单归纳为：在国家统一政策指导下，各地区因地制宜，政府主导，社会参与。住房保障属于社会系统性工程，需要调动各方面的积极性，深化政府和社会力量在整个住房保障体系的互动与合作。

（一）体系合作

要界定政府与社会力量在中国住房保障体系中的角色与职责，建立责任分工体系。一方面，中央政府负责"顶天"，应在财政资金、融资渠道、税收政策、法治建设等方面为地方政府与社会力量投资建设和运营管理保障性住房创造良好的环境；另一方面，地方政府负责"立地"，在贯彻执行国家有关保障性住房政策方面担负着重要责任，需要承担住房普查、城镇住房保障的规划、要素落实、建设、管理等职责。同时，社会力量负责"协同"，是重要而有益的补充，有利于扩大建设和供给规模，提高建设和供给速度，有助于建设和管理水平及质量的提升。

（二）供给合作

当住房市场供求矛盾尖锐、保障性住房供给水平很低时，政府的工作重心是采取多种途径增加保障性住房。除了直接投资建造以外，考虑到财政压力，政府在土地、租金、贴息和税收等方面应引导住房开发商或机构投资者参与。

当住房市场供求基本平衡而保障性住房供给仍不足时，政府需要考虑如何吸引社会住房资源参与保障性住房供应。政府一方面可以利用"人头补贴"的方式提高保障对象的住房消费能力；另一方面鼓励私人家庭、营利或非营利社会组织参与提供保障性住房，通过住房来源的多样化提高保障性住房的供给能力，实现保障性住房和商品住房的对接，有利于提高财政资金的使用效率。

（三）管理合作

在规划建设方面，政府在不同时期根据居民的居住状况和经济发展水平编制相关的住房保障发展规划，以达到住房保障的目的，但在制定城市发展规划和住房保障规划时有必要广泛征求有关的社会团体和居民的意见，做到上下结合。

在运营管理方面，政府应有所为和有所不为。政府有所为的领域是加快住房保障信息系统建设，搭建国家、省、市、县四级保障性住房信息管理系统，建立与财政、人社、社保、公安、工商、税务和社区服务等信息共享机制，打造全国信息共享平台，做好申请保障性住房资格审核和房源分配管理。政府有所不为的领域是对保障性住房的日常运营、物业管理、使用情况的检查，保障性住房相关租金和费用的收取，采取购买社会服务的方式委托相关社会组织或机构来完成。另外，政府需要强化对委托方的监控和惩罚措施，防止委托企业在不正当利益的驱使下有违法违规的行为。

（四）创新合作

1. 合作模式创新。在住房保障领域运用政府和社会资本合作模式能够缓解政府的财政支持压力，通过统筹政府和社会资源创造高效率、高质量的公共产品及服务。在具体操作中，政府部门和社会资本（企业）宜各司其职、各尽其用、风险共担和利益共享。对于政府部门来说，作为"掌舵者"，其仍然保留政策制定的控制权，只是暂时将经营权让渡给社会资本。对于社会资本来说，作为"划桨人"，为保障性住房项目提供资本金，解决政府的资金瓶颈，同时还要充分发挥自身在融资、管理、技术等方面的丰富经验，帮助政府建设和有效管理保障住房项目，提高项目绩效（见表7-5）。政府可通过政府和社会资本合作模式与合作企业共同分担保障性住房项目的各种风险，有利于政府将工作重点转向对保障性住房的整体监管，而不用专注于日常的琐事之中。与此同时，合作企业也应该对政府行为进行监督，提高项目建设与运营效率，最终实现双方利益的最大化。

表7-5　采用政府和社会资本合作模式建设保障性住房时各方的权责关系分析

项目	责任	权利
政府部门	（1）让步土地收益（无偿转让、折价转让、延期支付）； （2）建设资金的担保； （3）提名并审核入住者	（1）提供一定数量的保障性住房公共设施； （2）拥有保障性住房的分配权； （3）借助PPP项目提出的附加社会福利条件
社会资本	（1）提供主要的开发资金； （2）按照进度建设高质量的住房； （3）让步短期收益权	（1）获得长期但低额的资金收益； （2）贷款担保； （3）获得知名度和良好的社会声誉

资料来源：陈宇峰，杨雨濛. PPP模式在保障性住房领域的适用性研究及发展建议［J］. 科学·经济·社会，2020（2）.

2. 资产管理创新。从城市整体角度看，保障性住房应被视为一种社会资产，兼顾社会效益和经济效益。公共租赁住房未来将成为中国住房保障体系的供给主体，具有租金收入稳定、风险低的收益特点，与REITs投资标的物业特征相符合，并且国外有类似保障住房REITs的成功经验。2015年1月，住建部印发了《关于加快培育和发展住房租赁市场的指导意见》，明确提出"积极推进REITs试点，充分利用社会资金进入租赁市场，多渠道增加住房租赁房源供应"。因此，通过试点建设公共租赁住房 REITs，将拓宽开发企业融资渠道、减少投资压力、加快资金周转、增加保障性住房供应。

3. 信息管理创新。由政府主导构建住房保障体系，首先是保障对象能够"居者有屋住"，其次使保障对象能够"居者乐其屋"，这需要有关社会组织参与保障性住房的日常维护及管理。一方面，需要政府加快住房保障社会管理的信息平台建设，从"房的信息"和"人的信息"两个方面做好大数据，实现政府部门之间的信息共享机制，切实履行政府资产管理和对低收入家庭公共服务的职责；另一方面，社会力量在负责保障性住房管理时，应积极利用互联网等技术，主动吸纳和引导保障对象融入居住社区管理过程，促使保障对象由被动接受者转变为主动参与者，进一步提高公共服务效率。

思 考 题

1. 政府和社会力量在住房保障体系中的总体定位是如何演进的？

2. 中央政府与地方政府在住房保障体系中的关系是如何变化的？

3. 各国政府和社会力量在住房保障体系中定位存在哪些差异？

4. 社会力量参与住房保障体系有哪些方式？

5. 社会力量参与住房保障体系对保障性住房建设和管理效率有何影响？

6. 在住房保障体系中，政府和社会力量两者如何相互影响与合作？

第八章　住房保障对象的认定与分类

　　保障对象的认定包含两大基本要件：住房贫困和住房支付能力不足。本章基于我国城乡居民住房贫困现状厘定保障对象准入标准，分析表明，我国自1978年以来，居民的住房条件有大幅改善，但住房绝对贫困现象仍不容小觑，尽管社会平均住房水平与发达国家接近，但群体和地域间的差距明显。所以，住房保障应以消除住房绝对贫困、缓解住房相对贫困为目标，全国层面应统一基于绝对住房贫困的保障对象准入标准，地区可酌情提高标准。同时，本章基于城乡居民住房支付水平测定保障对象收入准入线和财产准入线。研究结果表明，根据居民住房租赁支付能力现状和住房消费收入比不高于25%的国际标准，租赁补贴对象的收入准入线约等于地区低收入标准；根据居民住房购买支付能力现状和房价收入比6倍的国际标准，购房支持对象的收入准入线约等于地区中等收入标准。在住房价格偏高的一二类城市，可适当提高收入准入线；财产准入线以家庭所持财产可支付该家庭5年的租房开支为计算依据。本章最后基于两大认定条件对保障对象进行分类，并指出应按解决住房问题的困难程度对保障对象的受益进行排序。

第一节　住房保障对象认定标准之一：住房贫困

　　贫困意指贫乏窘困，是一种物质生活或精神生活贫乏的社会现象。住房贫困隶属于前者。关于物质生活贫困，朗特里和布思（1901）第一次系统地提出定义："一定数量的货物和服务对于个人和家庭的生存和福利是必需的；缺乏获得这些物品和服务的经济资源或经济能力的人和家庭的生活状况即为贫困。"就"缺乏"的程度，欧共体在1989年《向贫困开战的共同体特别行动计划的中期报告》中指出，即"最低限度的生活方式"，世界银行在以"贫困问题"为主题的《1990 年世界发展报告》中给出的表述为"最低生活水准"，而中国国家统计局的中国城镇居民贫困问题研究课题组和中国农村贫困标准课题组在他们的研究报告中认为贫困标准的界定是"社会可接受的最低标准。"后者的表述与前两者略有不同，"社会可接受的"表明贫困的最低标准是一个具有时间和空间变化的概念，随着经济、社会的不断发展，不同时期、不同地区的最低贫困衡量标准会发生变化。相反，另外一些学者提出的贫困标准的衡量较为宽松。加尔布雷斯（1958）认为，即使一部分人的收入可以满足其生存的需要，但是如果他们的收入水平明显低于当地其他社会成员的生活水平，那么他们也是贫困的；英国的奥本海默在《贫困真相》一书中的表述更为具体："贫困意味着在食物、保暖和衣着方面的开支要少于平均水平。"综上而言，贫困的最低标准说是一种绝对贫困，贫困比较说或平均标准说则是一种相对贫困。类比住房贫困，即为住房条件达不到社会可接受的某种标准。基于标准的不同，住房贫困也分为绝对住房贫困和相对住房贫困。

绝对住房贫困是指住房条件达不到维持基本生存需要的最低量。住房满足人的生存需求，最起码应能达到遮风挡雨、休养生息、繁衍后代的功用。这就要求住房是安全卫生的，有吃饭、睡觉、洗漱的功能空间。随着社会的发展，人们越发重视居住空间的私密性需求。子女与父母、年长的异性子女分室被认为是对私密性的最低要求（郭玉坤，2010）。另外，对城市贫民窟治理的研究和实践表明，现代基本住房需求还需考虑公共服务供给程度。联合国对住房贫困人群的定义为，居住在无序连片建筑的简易房且缺乏基本公共设施的聚居区的城市居民。公共配套设施不足会增加居民的日常生活负担、降低低收入者的就业机会，此外，贫困群体的集中居住会导致一系列社会问题。基于以上认识，本书认为，住房应保证基本生存需求，不符合的即为绝对住房贫困。关于住房基本生存需求，一是要安全卫生；二是应保证居民基本居住权益，即要基本舒适。基本舒适，包含具有基本居住功能、基本私密保障和基本公建配套（见图 8−1）。

相对住房贫困是指某家庭的住房条件虽能达到或超过维持生存需要的标准，但与社会其他成员的住房条件之间仍存在着较大差距。相对住房贫困线的上限通常为社会平均住房水平。另借鉴收入相对贫困线的做法，常将住房相对贫困线划定于社会平均住房水平的一半，即遵循下四分位法则。

尹世洪（1998）指出，贫困的发展具有两个阶段性，第一个阶段是绝对贫困阶段，第二个阶段是相对贫困阶段。任何一个社会都要经历贫困的第一阶段才能进入第二阶段；只要有绝对贫困者存在，相对贫困就显得不重要。一旦绝对贫困完全消灭，问题将发生本质变化——相对贫困将构成贫困的全部。该原则也适用于住房贫困。由此，保障对象的住房准入标准应基于对社会住房贫困状况分析之上。我国自1978年以来，居民的住房条件大幅改善，为进入解决相对住房贫困问题阶段奠定了坚实的物质基础。

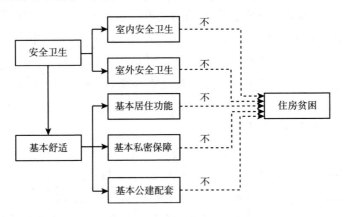

图8-1　住房绝对贫困的定义

当前，我国已全面实现不动产统一登记，不动产统一登记制度体系基本成型，这为较全面研究居民住房贫困问题带来便利①。本书在总结相关文献成果和整理有关住房统计数据基础上，对我国居民住房贫困现状予以分析。

一、居民绝对住房贫困现状

2021年后，我国对城乡居民住房中存在安全卫生隐患和缺乏基本公建的房屋的规模性改造已基本完成。这类型城镇住房的保障可通过棚户区改造资料予以佐证。棚户区一般配套设施不健全、住房内部结构简易、使用功能不完善、使用年限久、安全隐患多。资料显示，前期我国棚户区房屋存量较大。根据2008年国家社科基金项目"民生地产与城市低收入人群住房保障问题研究"的调查所示，我国居住在各类棚户区中的家庭为1 148万户，其中城市棚户区744万户、国有工矿棚户区238万户、林区和垦区棚户区166万户，但这个测算还比较保守。从2013年《国务院关于加快棚户区改造工作的意见》的表述中可以看到，2008~2012年，全国改造各类棚户区1 260万套……目前仍

① 中国政府网. 我国全面实现不动产统一登记［EB/OL］.（2023－04－25）. https：//www. gov. cn/yaowen/2023－04/25/content_5753163. htm.

有部分群众居住在棚户区中。2014 年两会期间，住建部指出，到 2017 年底计划完成 1 500 万套，到 2020 年再完成 1 000 万套。而到了 2021 年 8 月，住建部发布《关于在实施城市更新行动中防止大拆大建问题的通知》表明，我国城镇住房中规模性存在的、有安全卫生隐患和缺乏基本公建的房屋业已完成拆除改造任务。同样，对于农村危旧住房的改造也已经在 2020 年底完成。2021 年 4 月 14 日，住房和城乡建设部、财政部、民政部、国家乡村振兴局发布的《关于做好农村低收入群体等重点对象住房安全保障工作的实施意见》显示，"2020 年底，脱贫攻坚贫困人口住房安全有保障目标任务全面完成"。"十四五"期间，对于住房安全的保障，将在保持政策稳定性、延续性的基础上进行调整优化，逐步建立起长效机制。

对于缺乏基本居住功能和基本私密保障的住房，可以用两类指标予以衡量：一是数量指标，即住房空间低于一定标准；二是质量指标，指所居住的住房仍不能满足基本的功能需要，一般用有无独立厨房及厕所、有无洗澡设施来衡量。

住房最低空间指标具有明显的地域和阶段特征。经济发展水平低、住房建设基础差及人口密集国家（地区）的居住标准往往会低于其他国家。比如 20 世纪八九十年代的印度，经济发展水平低，1990 年人均国内生产总值只有 350 美元；住房建设基础薄弱，1986 年全国人均住房建筑面积仅为 8 平方米。彼时印度的最低建筑面积标准为每个成年人 5.22 平方米，小孩减半（郭为公，1994）。参照表 8 - 1 英国和日本的最低标准可知，英国最低人均建筑面积标准为 20 平方米，日本为 14.6 平方米。综合各国标准，联合国在 20 世纪 70 年代末提出将居住水平分为三个层次：一是最低标准，每人一张床，人均居住面积达到 2 平方米；二是文明标准，每户一套房，人均居住面积达到 8 平方米（约合建筑面积 10 平方米）；三是舒适标准，每人一间房，人均居住面积 10 平方米（约合建筑面积 13 平方米）以上。

表 8 - 1　　　　　　　　英国和日本住房套型面积最低标准对比

人口（人）	1	2	3	4	5	6
英国 PM 标准（平方米）	43	63	80	98	110	120
日本标准（平方米）	33	38.5	52	67	75	88

注：英国在 1961 年发布了帕克·莫里斯（Parker Morris）空间标准，简称 PM 标准；日本标准取自日本住宅建设第三个五年计划；英国 PM 标准为净使用面积，日本标准为专用面积（墙中到墙中，不包括公共交通）。上表数字均按原面积的 1.3 倍折算为建筑面积。

资料来源：李德新. 中国城市居住的尺度思考——紧凑型居住面积的标准研究 [J]. 建筑学报. 2014（S2）：82 - 85.

我国没有统一明确界定最低住房空间的指标，但在实践中有两类指标可以替代：一是住房建筑控制标准。自1978年以来，我国最低控制指标为户均建筑面积不超过42平方米，以户均3人计算，折合人均建筑面积14平方米；二是各地公共租赁住房保障对象家庭人均住房使用面积准入标准。依据2018年住房城乡建设部发布的行业标准《公共租赁住房运行管理标准》，公共租赁住房准入条件并无全国统一的具体量化标准，"宜根据地区住房情况、人口流动、政策引导等情况设定，并定期对准入条件进行动态调整"。调研显示，当前绝大多数城市以人均住房建筑面积低于15平方米作为准入标准（万玲妮，2020）。故本书也建议以人均住房建筑面积15平方米左右作为界定我国城镇居民绝对住房数量贫困的标准。

住房质量指标有5个，指标的贫困标准如表8-2所示。

表8-2　　　　　　　　　　住房绝对贫困质量指标的设置

指标	指标的贫困标准	指标	指标的贫困标准
厨房设施	合用厨房或无	燃料设施	燃料为柴草或其他
厕所设施	合用厕所或无	饮用水设施	无自来水
洗澡设施	洗澡设施为其他或无		

基于2000~2020年人口普查数据和文献调研数据对我国居民绝对住房贫困情况进行分析，结果如下。

（一）居民住房条件普遍改善，但住房绝对贫困现象仍不容小觑，住房质量贫困较数量贫困严重

统计数据显示，近年来，我国城乡居民住房消费数量明显增长，住房设施质量逐渐提高（见表8-3）。2020年，人均住房建筑面积达到41.76平方米，无自来水的家庭户比例降至8.67%，与其他用户合用厨房或无厨房的家庭也仅占4.87%。

在肯定住房建设成效的同时，也应看到居民的住房绝对贫困现象仍较为严重（见表8-4）。2020年第七次全国人口普查数据显示，就省（区、市）的平均水平而言，家庭户人均建筑面积小于16平方米的家庭占比达10.05%；住房质量贫困的比例较数量贫困更为严重，洗澡设施为其他或无的家庭户占比为19.95%，燃料为柴草或其他的家庭户占比为12.77%，住房内无自来水的占比为9.72%，厨房设施贫困与厕所设施贫困情况较好。

表 8－3　　　　2000～2020 年中国城乡住房建设成就与家庭居住改善状况

年份	住房数量指标		住房质量指标				
	户均间数（间/户）	人均住房建筑面积（平方米/人）	厨房设施贫困（%）	燃料设施贫困（%）	饮水设施贫困（%）	洗澡设施贫困（%）	厕所设施贫困（%）
2000	2.72	22.77	17.50	45.28	54.29	83.68	28.03
2010	3.12	31.06	17.97	34.11	35.42	56.01	27.53
2020	3.20	41.76	4.87	11.32	8.67	16.19	3.45

　　资料来源：根据 2000 年、2010 年、2020 年全国人口普查汇总资料计算。由于 2020 年厕所设施统计的口径与以前不同，故本表"厕所设施贫困"指住房内无厕所的家庭户占比情况。

表 8－4　　2020 年 31 个省（区、市）家庭户住房数量贫困率基本统计特征

	最小值	最大值	均值	中位数	标准差	偏度	峰度
数量贫困							
人均建筑面积≤16 平方米	3.47	26.35	10.05	8.16	5.66	1.28	1.32
质量贫困							
厨房设施贫困	1.06	31.79	6.41	4.07	6.09	2.66	9.43
厕所设施贫困	0.61	23.50	4.82	3.59	4.81	2.40	7.09
洗澡设施贫困	4.40	73.05	19.95	14.81	15.23	1.69	3.48
燃料设施贫困	1.32	53.83	12.77	12.01	10.61	2.04	6.45
饮用水设施贫困	1.17	36.58	9.72	6.95	7.42	1.75	4.40

　　注：如上为各省（区、市）指标值的描述性统计，未考虑各地区家庭户数的权重。本表及之后基于 2020 年第七次人口普查资料计算的住房数量绝对贫困情况以人均建筑面积≤16 平方米为判定标准，这一考虑基于与统计口径相匹配。

　　资料来源：根据 2020 年第七次全国人口普查资料计算所得。

（二）居民住房绝对贫困的地区差异性明显

　　就省级贫困率数据显示，地区住房绝对贫困程度明显分化。湖南省住房数量贫困率最低，广东省最高。住房质量贫困中，省际差异最大的是洗澡设施贫困，其他依次为燃料设施、饮用水设施、厨房设施和厕所设施。省际贫困率数据分布右偏，贫困率大于平均水平的省份略少。各设施贫困的峰度都大于 3，总体变数的分布较为集中。经济发达地区的住房数量和厨房设施绝对贫困发生率

相对较高，2020 年人均 GDP 最高的五省市（上海、北京、天津、江苏、浙江）中，天津和江苏的住房贫困率较低。经济欠发达地区的住房贫困率相对较高。如图 8 - 2 所示。

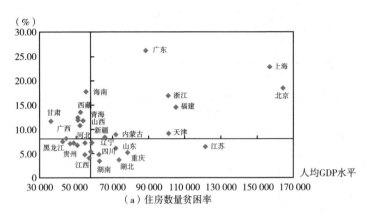

（a）住房数量贫困率

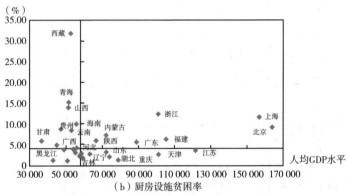

（b）厨房设施贫困率

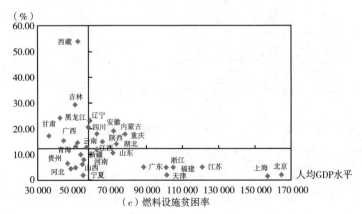

（c）燃料设施贫困率

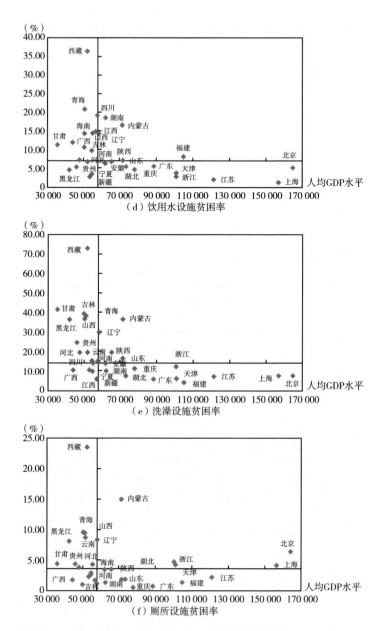

图 8-2 2020 年 31 个省（区、市）家庭户住房贫困率与人均 GDP

资料来源：根据 2020 年第七次全国人口普查资料计算所得。

（三）城市、镇和乡村居民的住房绝对贫困表现特征不同

城市居民的住房数量绝对贫困率高于乡村居民（见表 8-5）。城市居民

中，家庭户人均建筑面积小于 16 平方米的家庭占比达 13.18%；乡村居民中，该占比仅为 6.87%。乡村居民的住房质量绝对贫困率高于城市居民，乡村居民的各项设施贫困的指标值都高于城市居民，其中，洗澡设施贫困、燃料设施贫困和饮用水设施贫困的情况比较严重；居住于镇上的居民，其住房贫困发生率相对较低。

表 8 - 5　　　　2020 年城市、镇和乡村居民住房贫困类型及发生率　　　　单位：%

类型	数量贫困	厨房设施贫困	厕所设施贫困	洗澡设施贫困	燃料设施贫困	饮用水设施贫困
城市	13.18	1.86	0.74	2.73	0.83	0.92
镇	7.69	0.82	0.56	2.57	1.18	1.29
乡村	6.87	2.20	2.15	10.89	9.31	6.46

资料来源：根据 2020 年第七次全国人口普查资料计算所得。

（四）城镇住房绝对贫困居民群体特征明显：非户籍常住人口显著高于户籍人口、集体户显著高于家庭户

长期以来，城镇居民的住房保障工作是重点。城镇非户籍常住人口的住房贫困发生率显著高于户籍家庭。以上海为例，根据上海 2010 年第六次人口普查数据（见表 8 - 6）计算，常住人口家庭人均住房建筑面积低于 15 平方米的约有 242 万户；而上海房地产科学研究院的调查则显示，在此区间的城镇户籍家庭仅为 40 万户[①]。城市棚户区居民、外来农民工等与城市一般居民住房贫困状况有巨大差异。北京 2012 年城镇居民人均住房建筑面积为 29.26 平方米，外来常住人口 773.8 万人，人均住房面积不足 6 平方米（石忆邵，2014）。

表 8 - 6　　　　2010 年上海城镇居民家庭人均住房建筑面积分布情况

人均住房建筑面积分档（平方米）	<15	15～30	30～50	>50
上海城镇户籍家庭户数（万户）	40	200	150	92
上海常住人口家庭户数（万户）	242	229	165	94

资料来源：上海常住人口家庭资料根据上海市 2010 年第六次人口普查数据计算所得，上海城镇户籍家庭资料来自上海房地产科学研究院。

---

①　上海市房地产科学研究院：《"十二五"后期上海住房保障发展态势和相关政策研究》，2014 年 11 月。

城镇集体户的住房贫困发生率显著高于家庭户。罗楚亮等（2013）利用
2005 年全国 1% 人口抽样调查的样本数据所做的分析表明，2005 年，家庭户
和集体户的住房质量贫困发生率均高于数量贫困；家庭户数量和质量双重贫困
的发生率为 7.62%，集体户发生率畸高，达到 53.32%。这也导致集体户的住
房贫困合计的发生率为家庭户的两倍。

二、居民相对住房贫困现状

我国居民相对住房贫困特征表现为以下特点。

（一）整体而言，我国居民平均住房水平远超住房绝对贫困标准，住房数量丰裕程度跻身发达国家行列

2020 年我国居民人均住房建筑面积为 41.76 平方米（折合居住面积 32.12 平
方米），比 2000 年增加 18.99 平方米，是上文我国住房绝对贫困标准人均 15 平
方米的 2.8 倍，是发达国家绝对贫困标准（世界健康组织的欧洲地区机构提出
人均居住面积 12 平方米）的 2.68 倍，远超联合国提出的舒适标准人均建筑面
积 13 平方米。我国居民平均住房水平与发达国家相比差距亦不大。与表 6-2
的数据对比，我国当前人均居住水平虽不及美国人均居民面积 67 平方米，但
已接近英、德、法、日等国家，超过韩国人均 26 平方米的水平。

（二）居民平均住房水平的地区差异显著

从数量水平来看：上海居民的平均住房水平最低、河南的平均每户住房间
数和人均住房间数的指标值最高、江西的人均住房面积水平最大。各项指标数
据分布均右偏，但数值较小，表明地区指标值水平大于平均水平的省份略少。
各项指标的峰度为负，表明数据分布较为分散，住房水平的地区差异较为明显
（见表 8-7）。

表 8-7   2020 年 31 个省（市、区）家庭户住房平均水平基本统计特征

项目	最小值	最大值	均值	中位数	标准差	偏度	峰度
平均每户住房间数（间）	2.04	4.21	3.11	3.10	0.64	0.05	-0.93
人均住房建筑面积（平方米）	32.28	54.96	40.33	39.13	6.16	0.40	-0.94
人均住房间数（间/人）	0.87	1.46	1.15	1.17	0.17	0.09	-1.04

注：如上为各省（市、区）指标值的描述性统计，未考虑各地区家庭户数的权重。

资料来源：根据 2020 年第七次全国人口普查资料计算所得。

（三）城镇居民住房自有率水平高，住房产权贫困值得重视

近年来，不少研究机构曾发布我国住房自有率报告，均显示我国居民住房自有率水平极高。由中国社会科学院和英国牛津大学合作组织的中国住户收入调查（China Household Income Project，CHIP）项目显示，早在 2002 年，农村居民的住房自有率已达 98.8%；城镇居民 2002 年的自有率水平为 77.8%，2008 年增加约 11 个百分点，达到 88.7%。城镇居民获取房屋产权的主要渠道为房改房，这部分家庭成为我国住房制度改革的最大获益群体；购买商品房是获取住房产权的次重要渠道，2002～2007 年间购买商品房的渠道在获取住房产权中的占比增加了 20 个百分点，表明我国住房市场发展迅速（李实等，2013）。2022 年、2007 年农村、城镇和流动人口的房屋保有情况如表 8－8 所示。

表 8－8　　　　　　　农村、城镇和流动人口的房屋保有情况　　　　　　单位：%

项目	2002 年			2007 年		
	农村	城镇	流动人口	农村	城镇	流动人口
租房者	0.8	18.2	58.1		9.8	74.5
房主	98.8	77.8	7.2		88.7	3.9
其中：房改房		60.7			54.9	
商品房		7.4			27	
继承、自建、其他		9.7			6.8	
其他/缺失	0.3	4	34.7		1.5	21.6

注：计算使用的是 CHIP 的调查数据，经过加权。城镇指 CHIP 调查城镇子样本的家庭，流动人口指的是 CHIP 调查的流动人口样本中长期稳定的农村到城市的流动家庭。2007 年的农村房屋保有信息不可得。"其他"包括集体住房安排，如共用住房和集体宿舍。

资料来源：李实，等. 中国收入差距变动分析——中国居民收入分配研究 IV ［M］. 北京：人民出版社，2013.

而据最新的 2020 年全国第七次人口普查资料显示，我国居民的住房自有率平均水平达到 81.28%。其中，城市水平最低，为 69.24%；建制镇为 82.74%；乡村居民的住房自有率水平最高，为 94.05%。2020 年城市、镇和乡村居民住房自有率水平情况如表 8－9 所示。

表 8－9　　　　　2020 年城市、镇和乡村居民住房自有率水平情况　　　　单位：户

项目	家庭户	购买新建商品房	购买二手房	购买原公有住房	购买经济适用房/两限房	自建住房	继承或赠予
全国	45 791 305	9 554 510	3 125 007	1 831 655	1 179 957	21 076 481	449 641
城市	19 072 613	6 552 696	2 308 368	1 492 933	776 128	1 919 282	157 120

项目	家庭户	购买新建商品房	购买二手房	购买原公有住房	购买经济适用房/两限房	自建住房	继承或赠予
镇	9 876 749	2 695 759	627 700	285 145	313 777	4 154 831	94 380
乡村	16 841 943	306 055	188 939	53 577	90 052	15 002 368	198 141

数据来源：2020 年第七次全国人口普查资料。

高住房自有率水平使得居民中无住房产权者沦为少数群体，这一群体构成我国住房相对贫困问题的重要组成部分。

三、保障对象住房准入标准厘定

（一）目标定位

我国居民住房保障应以消除住房绝对贫困、缓解住房相对贫困为目标。

居住权是人的基本生存权利，因而消除住房绝对贫困的意义毋庸置疑。保障中低收入者基本居住需求是政府应尽的义务。

逐步解决住房相对贫困的意义则体现于：一是体现对贫困群体居住尊严的关怀。在社会住房条件普遍改善的背景下，亦应考虑贫困群体住房质量的提高，美国就提出让贫困者也应有"体面的住房"；二是符合包容性增长原则，社会群体应平等共享社会经济发展成果；三是创造条件让中低收入者拥有部分住房产权，可因此有效减轻贫困马太效应。

（二）标准内涵

1. 绝对住房贫困标准。居民家庭住房符合以下条件之一，即为住房绝对贫困家庭：一是住房过于拥挤，人均住房面积在 15 平方米以下；二是住房存在安全与卫生隐患（危旧房屋、危险房屋或严重损坏房屋），排水、交通、供电、供气、通信、环卫等配套基础设施不齐全或年久失修；三是住房使用功能不全，包括房屋室内空间和设施不能满足安全和卫生要求（无集中供水、无分户厨卫）以及通风与采光没有达到基本要求；四是基本私密无保障。

关于住房存在安全卫生隐患及周边缺乏基本公建的鉴定标准，具体包括房屋结构安全、消防、日照、通风、房屋周边安全卫生、基本公建设施等，散见于各项建设部部门法规和地方法规中，如《房屋等级评定标准》《危险房屋鉴定标准》《中华人民共和国国家标准住宅设计规范》《建筑设计防火规范》等。

目前我国住房保障政策中虽将危旧房视为住房困难，但并没有详细、统一的描述。

关于住房缺乏基本居住功能和基本私密保障功能的标准，基于前述建议采用人均建筑面积 15 平方米的数量指标予以衡量。

绝对住房贫困标准应为全国统一标准，并在未来的《住房保障条例》或实施细则中予以明确。对住房绝对困难的低收入家庭，地方政府有义务保障其基本居住需求。

2. 相对住房贫困标准。基于我国城乡居民住房相对贫困的现状，遵循与我国经济和地方住房条件发展水平相适应原则，允许各地在地方财政能力许可的条件下适度提高保障对象的住房准入标准。

本书将各地制定的高于绝对贫困的住房准入标准定义为相对住房贫困标准。相对住房贫困标准应基于各地实情，具体要求有：一是标准的上限不应突破地方中等居住水平，即面积标准不应超过地方平均水平，建议取为地方平均水平与 15 平方米之间的中位数；二是在我国城乡居民住房自有率畸高的社会背景下，居民无住房产权也可视为住房相对贫困，由政府提供适度保障。

第二节　住房保障对象认定标准之二：住房支付能力不足

尽管住房支付能力在文献中是一个常用术语，但至目前而言并无统一的定义。住房支付能力指标有许多种，包括住房—收入比、不变质量比较和市场菜篮方法等（张清勇，2011）。这里仅从使用最广泛的住房—收入比角度探讨住房可支付能力。简而言之，住房支付能力是指一个家庭从市场上租赁或购买住房的经济能力，故可分为租赁可支付性和购买可支付性。现有文献认为，家庭收入与住房支付能力有重要联系。通常将有限的家庭收入简化用于两种支出：住房支出和非住房支出。因而对住房支付能力的测度有两种角度，一是直接考虑住房支出与家庭收入的关系，二是考虑家庭总收入在扣除基本非住房支出后的剩余收入与住房支出的关系。基于如上测度角度的不同，现有住房可支付能力指标分为两类：住房支出收入比指标和剩余收入比指标。如上做法仅考虑了收入因素，并不能全面衡量家庭购买或租赁市场住房的能力。除收入外，财产亦是重要因素，故对住房保障对象支付能力的衡量应综合其收入和财产状况。

由于数据限制，本节在分析整体城乡居民住房支付水平时仅考虑收入因素，采用了住房支出收入比指标，具体为房租收入比和房价收入比；分析保障对象支付能力准入时，则综合考虑了收入和财产因素。

一、居民住房支付水平分析

（一）住房租赁支付能力现状

房租收入比又叫住房消费比，指住房消费支出（包含房租、设施和服务费用等）占家庭可支配收入总额的比重。杨同利等（2000）对住房消费比进行了国际比较，研究结果表明：人均 GDP 越高，住房支出比例越高；恩格尔系数越低，住房支出比例却相应增长。但考虑非住房支出的刚性，即使在高收入国家，住房消费比亦应限制在一定范围之内。1968 年，美国政府规定房租收入比的标准为 25%，1981 年提高到 30%。在德国，若某家庭的住房开支超过家庭总支出的 15% ~ 25%（结合了家庭的人口、结构等因素，故为幅度比例），就表明该家庭不具备住房支付能力。英国政府在 1991 年提出，如果租户的租金（含服务费）支出超过其收入的 20%，则该租金水平是不可支付的，1993 年，该比例又被提高到其净收入的 22%。本书前述的我国低收入家庭最大房租支出标准被建议为 25%。

本节对于住房消费比的测算，收入指标选用国家（地区）人均可支配收入，住房消费来源于统计年鉴居民消费支出的"居住"项。从 2013 年起，国家和部分地区统计局开展了城乡一体化的住户收支与生活状况调查，与 2012 年及以前的调查方法有所不同，其中，在"居住"项统计口径与以往最大的不同在于，为更准确反映居民住房消费水平，该项包括了自有住房折算租金。结合考虑统计时间的匹配，本书选择的数据分析时间为 2017 年。

就平均水平而言，当前我国城乡居民的住房消费负担不轻。2017 年，全国城镇居民居住消费收入比为 15.29%，农村居民消费收入比为 17.53%，显著高于相同经济发展水平国家 12% 这一平均水平（2017 年我国人均 GDP 为 59 592 元，约合 8 500 美元，依据表 8 - 10，国际平均住房消费比应为 12% 左右），且东西部地区差异不太明显（除农村低收入居民组）①。

---

①   由于未取得全部省区的数据，该结论有待进一步检验。

表 8 – 10　　　　　　　　　　人均国内总值与住房支出情况

人均国内总值（美元）	住房支出比（%）	人均国内总值（美元）	住房支出比（%）
250	8.66	2 000	10.1
500	9.04	5 000	11.29
750	9.3	10 000	12.79
1 000	9.5	20 000	15.39
1 500	9.83		

资料来源：杨同利. 住房消费支出的国际比较 [J]. 建筑经济，2000（12）：36.

恩格尔系数与住房支出情况如表 8 – 11 所示。

表 8 – 11　　　　　　　　　　恩格尔系数与住房支出情况

恩格尔系数（%）	住房支出比（%）	恩格尔系数（%）	住房支出比（%）
60	7.43	30	10.45
55	7.87	25	11.11
50	8.33	20	11.87
45	8.81	15	12.83
40	9.32	10	14.16
35	9.86		

资料来源：杨同利. 住房消费支出的国际比较 [J]. 建筑经济，2000（12）：36.

住房消费比的收入结构特征表现为：一是地区住房消费比与收入呈负相关关系，随收入增加，住房消费比比值下降；二是城镇居民中，经济发达地区不同收入组的居民，其住房消费比均高于同收入组的西部地区居民，但差别并不太大；三是农村居民中，西部地区的低收入居民住房消费比畸高，且中等收入及以下的西部地区居民的住房消费比要高于同收入组的东部居民。这是由于住房基本消费支出的刚性所致，江苏和陕西农村低收入户的家庭人均居住消费分别为 1 888 元和 1 919.9 元，相差不是很大，但相应人均可支配收入分别为 6 218 和 2 222.7 元，差距却较为明显。如图 8 – 3 所示。

（二）住房购买支付能力现状

尽管房价收入比指标有很多的使用局限，但"如果说有哪个单一指标传递了住房市场整体运行状况最丰富的信息的话，那就是房价收入比"（Angel and Mayo，1996），因而学术界广泛使用该指标测度居民的住房购买能力，广为引用的是世界银行"4~6 倍合理区间"的标准。关于我国城镇居民住房购买能力的分析，大部分文献认为，从房改到 2010 年左右，我国城镇居民购房

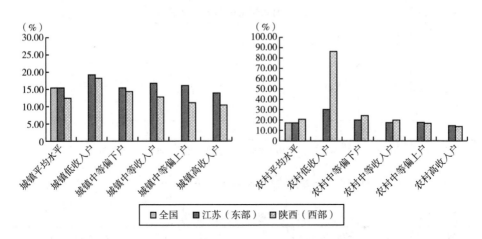

图 8 - 3　2017 年我国城乡居民住房消费比特征

资料来源：基于 2018 年的《中国统计年鉴》《江苏统计年鉴》和《陕西统计年鉴》的相关数据计算所得。

支付能力整体上呈现先下降后上升的"U"型特征（陈杰，2009；董昕，2012）。就地区而言，房价上涨快、城市化率高、住房市场供给缺乏弹性地区的居民购房支付能力明显低于其余地区（况伟大，2010；丁祖昱，2013）。居民购房能力的收入特征表现为，随房价的攀升，低收入甚至中等收入居民的购房能力不断恶化（吴福象等，2012）。

　　考虑农村居民以自建房为主，本节基于城镇居民数据描述我国居民房价收入比的最新状况。收入指标选用国家（地区）家庭年均可支配收入，由人均可支配收入与家庭户均人口的乘积表示（家庭户均人口统一取 3）；房价为该地新建商品住宅的年均销售价格，分别计算 60 平方米与 90 平方米两种面积的住房总价。60 平方米为我国经济适用房的建筑标准，以此代表当前我国城镇居民家庭住房最基本购房消费标准；90 平方米为我国当前新建小户型商品房的典型面积控制指标。如表 8 - 12 所示。

表 8 - 12　　　　　　近年来我国城市居民家庭的房价收入比

60 平方米住宅						
项目		平均	低收入户	中等偏下户	中等收入户	中等偏上户	高收入户
全国		7.0	19.7	11.0	7.8	5.6	3.2
一类城市	上海	8.4	19.1	12.0	9.1	7.0	4.5
	广州	8.2	16.2	11.0	8.1	6.6	4.8

续表

60 平方米住宅							
项目		平均	低收入户	中等偏下户	中等收入户	中等偏上户	高收入户
二类城市	重庆	4.4	11.4	7.1	5.2	3.9	2.4
	郑州	4.3	9.5	5.8	4.4	3.3	2.0
三类城市	贵阳	5.1	14.1	8.3	5.8	4.2	2.3
	兰州	4.0	9.9	4.9	3.7	2.8	1.8

90 平方米住宅							
项目		平均	低收入户	中等偏下户	中等收入户	中等偏上户	高收入户
全国		10.5	29.6	16.5	11.7	8.4	4.8
一类城市	上海	12.6	15	18.0	13.7	10.5	6.7
	广州	12.3	24.2	16.5	12.1	9.9	7.2
二类城市	重庆	6.7	17.1	10.7	7.8	5.8	3.5
	郑州	6.4	14.2	8.7	6.6	5.0	3.0
三类城市	贵阳	7.7	21.1	12.5	8.6	6.3	3.4
	兰州	6.0	14.8	7.4	5.5	4.2	2.7

注：由于统计口径存在差异，上表各行数据的统计时间不一。全国、广州、重庆、郑州、兰州的数据统计时间为 2021 年，上海的为 2017 年，贵阳的为 2019 年。

资料来源：基于《中国统计年鉴 2022》《中国房地产统计年鉴 2022》《广州统计年鉴 2022》《重庆调查年鉴 2022》《郑州统计年鉴 2022》《兰州统计年鉴 2022》《贵阳统计年鉴 2020》《中国房地产统计年鉴 2020》《上海统计年鉴 2018》《中国房地产统计年鉴 2018》的相关数据计算所得。

表 8 - 12 表明，我国城镇居民的住房购买支付能力不佳。首先，就全国平均水平而言，比照"6 倍"标准，只有中等收入及以上的居民具有 60 平方米住房购买能力，中等偏上收入和高收入家庭才具有 90 平方米住房购买能力。其次，地区结构特征明显，就地区行政级别而言，省会城市居民住房购买力低于地级、县级城镇；就城市经济发展程度看，经济发展程度越高，所在地居民的购房支付能力越差。再者，就收入特征而言，在一类城市，高收入群体中的相对较低者，其房价收入比也会超过"6 倍"；部分二类和三类城市，中等偏上收入群体亦不能负担 90 平方米的住房。

二、保障对象收入准入线测算

根据我国城乡居民住房租赁支付能力现状的分析和住房消费比不高于 25% 的国际标准，各地低收入居民为住房租赁支付能力不足者，故租赁补贴对象的收入准入线为地区低收入标准。但在一些租赁市场需求旺盛的一二类城市，准入线与平均可支配收入之比接近1，因此，这类城市可将准入线提高至地区中等收入。典型城市保障对象收入准入线核算如表8-13所示。

表8-13　　　　　　　典型城市保障对象收入准入线核算

项目		绝对住房困难标准（平方米/人）①	市场租金（元/平方米）②	合理支出收入比（%）③	收入准入线（元/人）④=②×①×12/③	可支配收入（元/人）⑤	准入线与可支配收入之比（%）⑥=④/⑤
一类城市	北京	15	108.46	25.00	78 091	81 518	95.80
	深圳	15	95.46	25.00	68 733	70 847	97.01
二类城市	南京	15	51.37	25.00	36 986	73 593	50.26
	郑州	15	27.36	25.00	19 697	45 246	43.53
三类城市	南宁	15	27.88	25.00	20 074	41 394	48.49
	西宁	15	26.81	25.00	19 302	39 251	49.18

资料来源：市场租金数据为2021年该城市各月平均租金，可支配收入为该城市2021年城镇居民可支配收入，均来源于Wind数据库。

根据我国城镇居民住房购买支付能力现状的分析和房价收入比6倍的国际标准，各地中等收入以下居民为住房购买支付能力不足者，故购房支持对象的收入准入线为地区中等收入标准。在部分房价较高的地区，如一二类城市，其收入准入线可适当提高至中等偏上收入标准。

三、保障对象财产准入线测算

（一）需审核的财产类型

家庭财产根据用途的不同可分为经营性财产、投资与消费性财产。经营性财产是中低收入家庭赖以取得收入的生产资料，故保障准入审核的资产应局限于投资与消费性财产。上海保障政策中对审核资产的描述较为简单，包括"家庭成员拥有的全部存款、非居住类房屋、车辆、有价证券等"（见文件《上海市人民政府关于调整本市廉租住房准入标准，继续扩大廉租住房受益面的通知》）。深圳对审核资产的内容较为细致，具体见表8-14。

表8-14 深圳市保障对象申请家庭资产审核内容

资产类别	具体内容
银行存款	含现金和借出款
土地房产	现自有住宅、商业及工业物业，停车位及已协议买卖的房产，以出让方式取得的土地，且房产、土地与借贷情况无关，价值以现估价值为准
汽车	自用和经营用车辆，价值以现估值为准
投资类资产	含企业股份、股票、各类基金、债券等投资类资产
收藏品	字画、古币、瓷器等古董，黄金、白银等贵金属，邮票、货币等收藏品

资料来源：侯浙珉. 基于社会福利的住房保障准入条件、模式与策略研究 [D]. 武汉：华中科技大学，2013.

（二）财产准入线测算

传统的住房支付能力定义仅考虑了流量收入因素，忽视了家庭存量收入，即财产的作用，故全面衡量应综合考虑该家庭的收入和财产。

关于租赁补贴家庭的财产准入线核算可基于住房消费比关系式的修正。

设某一时期家庭 i 占用社会认可的基本水平或档次的住房需支出 C_i^h，该家庭收入为 Y_i，社会认可的支出比例为 h。

若满足支付能力关系式 $\dfrac{C_i^h}{Y_i} < h$，则表明该家庭对此住房具有支付能力。

若考虑家庭财产对住房支付能力的贡献，则可设家庭 i 财产量为 P_i，$A(P_i, r, n)$ 为年金，r 为贴现系数，n 为贴现年数。

此时，住房消费比公式修正为 $\dfrac{C_i^h}{Y_i + A(P_i, r, n)} < h$，则 $P_i < P\left[\left(\dfrac{C_i^h}{h} - Y_i\right), r, n\right]$，其中，$\left(\dfrac{C_i^h}{h} - Y_i\right)$ 为年金，$P(\cdot)$ 为年金现值函数。

若以上海为例，2021 年上海主城 8 区的租金补贴标准最高为 160 元/平方米（见文件《上海市人民政府关于调整本市廉租住房相关政策标准的通知》），保障租赁面积设为 10 平方米/人（家庭最低配租面积按照居住面积 15 平方米确定），则年租金 C_i^h 为 19 200 元/人。h 如前取为 25%，r 依据一年期股份制商业银行存款利率设为 2%。考虑极端情况，该户没有收入，且 n 设为 50 年，则 P_i 的极端值为 241.33 万元。

如上计算存在的缺陷主要表现为：一是期限长，且未来的 50 年里，参数未作任何变动；二是该值是在保障对象没有任何收入的情况下计算所得，这与大部分保障对象的实际不符。

因此，可考虑将 n 调整为 5 年，则财产准入线的设计思想为，在没有收入的情况下，家庭所持有的财产应可支付该家庭 5 年的租房开支。该设定下，P_i 为 14.85 万元，与上海目前的廉租房家庭最高人均财产 15 万元（3 人及以上）的标准接近。

关于购房支持家庭的财产准入线核算可基于基准住房的首付。同样，以上海为例，若以住房建筑面积标准 60 平方米、2021 年上海商品住宅均价 40 974 元/平方米（来源于中国房地产统计年鉴）及首付比例 30% 计算，则财产准入线为 73.75 万元。以 3 口之家算，人均财产 24.58 万元。这与上海目前的共有产权房准入标准人均最高 21.6 万元也很接近。

第三节　住房保障对象分类体系：以困难程度为序

一、住房保障对象分类与构成

基于住房贫困和住房支付能力不足两大标准，可将保障对象分为四类：第一类为住房绝对贫困且租赁支付能力不足者，主要构成为城乡户籍"双困"家庭与城镇外来务工人员；第二类为住房绝对贫困且购房支付能力不足者，主要构成有住房绝对贫困的城乡中等以下收入家庭、无房的城镇新就业青年职工以及外来技术人才；第三类为住房相对贫困且租赁支付能力不足者，主要是有一定居住条件但较社会平均水平差的户籍低收入家庭；第四类为住房相对贫困且购买支付能力不足者，包括住房相对贫困的户籍中等以下收入家庭及城镇外来一般引进人才。

二、保障受益的当前排序评价

社会保障"3U"原则（universality，unity，uniformity）的首要原则即为普遍性原则，要求社会保障作为公民的一项基本权利由全体公民普遍享有。而当前由于我国住房保障资源稀缺、住房保障群体覆盖范围不够大，并且保障对象受益存在先后顺序，该原则具体表现为以下几点。

（一）居民身份是保障受益排序的重要依据

户籍一直是获取当地住房保障的必要条件，直到 2007 年，《关于改善农民工居住条件的指导意见》才将"改善农民工居住条件作为解决城市低收入家庭住房困难工作的一项重要内容"。

当前，户籍身份条件虽有所放松，但各地在具体的住房保障政策内容和执行上仍然存在差异。以上海市为例，主要的差异在于购房保障方面。2023 年，上海分别出台《上海市城镇户籍居民共有产权保障住房申请须知（二〇二三版）》和《上海市共有产权保障住房申请须知（非本市户籍居民家庭）（二〇二三版）》两份文件，对户籍居民和非户籍居民的共有产权住房实行差别管理。

（二）租购并举的认识被普遍接受

前期，产权保障需求的满足优于租赁保障需求。从建设历史来看，我国住房保障建设始于经济适用房。1994 年，《关于深化城镇住房制度改革的决定》明确指出，"建立以中低收入家庭为对象、具有社会保障性质的经济适用住房供应体系"。租赁保障的出现最早见于 1998 年的《关于进一步深化城镇住房制度改革加快住房建设的通知》，"最低收入家庭租赁由政府或单位提供的廉租住房"。从供给实践来看，截至 2013 年，全国实物租赁的廉租房约 1 007 万套，公共租赁房 393 万套；出售的经济适用房和限价商品房数量要远高于租赁保障房，分别为 1 965 万套和 132 万套。我国住房保障对象受益排序的形成受政策原因影响。如上所述，产权保障供给早于租赁保障。同时，这种排序在特定的社会经济条件下也是具有其合理性的：其一是符合公平原则，住房保障的资金来自地方财政，户籍和居住时间等身份特征反映了居民对地方的贡献，因而在住房保障体系建设初期，保障供给相对紧缺，确实应当优先考虑户籍居民和居住时间较长的外来人员；其二是符合效率原则，政府在供给出售型保障房时，财政压力小，建设成效显著。这是很多住房保障制度完善的国家在初期阶段的选择，相应地，初期阶段表现出的产权保障优于租赁保障的特征就不难解释了。

2007 年以后，"有房住"而非"有住房"的观念在保障领域得以普遍推行。在城镇化进入快速发展和住房保障建设初显成效阶段，上述排序的弊端逐渐显现。首先，现有住房保障体系已基本解决年长的户籍居民和前期久居的外来人员的住房困难问题，这时再强调居民身份条件，显然带有地域狭隘思想和对先天"出生"身份的偏见；其次，当前人口流动频繁、规模巨大，不妥善解决好外来人口的住房问题，必会带来较大的社会问题；再次，近年来房价高涨进一步放大了优先满足部分群体产权保障需求的不公。由此，许多地区开始实施公共租赁住房政策，政策层面也开始强调通过租赁方式解决中低收入家庭的住房困难。2009 年，政府工作报告中首次提出"积极发展公共租赁住房"；2010 年，住建部等国家部委联合发布《关于加快发展公共租赁住房的指导意见》，并积极推进廉租住房与公共租赁住房并轨，并明确保障对象包括符合规定条件的城镇低收入住房困难家庭、中等偏下收入住房困难家庭及符合规定条件的新就业无房职工、稳定就业的外来务工人员。2017 年，党的十九大报告正式确立了"租购并举"的住房制度。

近年来，伴随经济和社会发展的需要，租赁保障的重要性开始凸显。2020年 12 月，中央经济工作会议要求"要高度重视保障性租赁住房建设"，并将其作为解决好大城市住房突出问题的重要举措。2021 年 3 月，扩大保障性租赁住房供给作为一项重点工作列入了《中华人民共和国国民经济和社会发展第十四个五年规划和 2035 年远景目标纲要》。同年 6 月 24 日，国务院办公厅印发《关于加快发展保障性租赁住房的意见》，明确了保障性租赁住房的基础制度和支持政策（倪虹，2021）。

三、保障受益排序的理论探讨

本书在社会保障"3U"原则的框架下对住房保障受益排序进行理论探讨。一是普遍性原则，在地区常住人口口径下划定住房保障对象，具体包含城镇居民和农村居民；二是统一性原则，地区根据保障需求情况和供给能力，统一确定地区保障目标、保障方式和保障对象的准入线，不再设置任何居住身份条件；三是均等性原则，向住房越困难的家庭提供更多的保障。在保障资源不充沛时，优先保障住房绝对贫困家庭，后保障相对贫困家庭；先满足租赁需求，后满足购买需求。

简单而言，地区保障目标分为消除绝对住房贫困或缓解相对住房贫困。保障方式分为提供租赁保障、产权保障或租赁与产权相结合的保障。在保障目标和保障方式确定的条件下，保障对象的准入和受益顺序自然给定：

第一个层次，地区保障目标为仅消除绝对住房贫困、仅提供租赁保障。保障对象为住房绝对贫困且租赁支付能力不足者。

第二个层次，地区保障目标为缓解相对贫困、仅提供租赁保障。保障对象按受益优先排序依次为住房绝对贫困且租赁支付能力不足者、住房相对贫困且租赁支付能力不足者。

有住房困难但收入相对较高者并不纳入前两个保障层次中，在租赁保障房源较为充足的地区，政府可以向这部分群体提供保障住房，但不提供任何财政补贴。

第三个层次，地区保障目标为缓解相对贫困、可提供租赁与产权保障。保障对象按受益优先排序依次为住房绝对贫困且租赁支付能力不足者、住房相对贫困且租赁支付能力不足者、住房绝对贫困且购买支付能力不足者、住房相对贫困且购买支付能力不足者。此时住房保障的资源还不完全充裕，资源应向满足租赁需求倾斜，提供租赁补贴，对购买保障房的家庭仅提供共有产权之类的金融制度安排或少量贴息减税类的经济支持。

第四个层次，地区保障目标为缓解相对贫困、仅提供产权保障。尽管此时地方政府的保障能力极高，但仍应保持住房绝对贫困且租赁支付能力不足者、住房相对贫困且租赁支付能力不足者、住房绝对贫困且购买支付能力不足者、住房相对贫困且购买支付能力不足者的先后受益顺序。

思 考 题

1. 住房保障对象的认定需要考虑哪些条件？
2. 如何理解住房绝对贫困和住房相对贫困的内涵及其关系？
3. 当前我国居民住房贫困有哪些特征？请举例说明。
4. 如何理解保障对象住房准入标准？
5. 如何理解住房支付能力？可以通过哪些指标对其进行测度？
6. 谈谈你对保障对象收入准入线和财产准入线测算方法的认识。
7. 你认为合理的保障对象受益排序应遵循哪些原则？

第九章　住房保障标准的分层与分类

　　住房保障标准的制定立足于宏观保障水平，而适度的保障水平则决定于保障的供给能力与需求。本章测算了 2018～2022 年我国住房保障平均水平。比照国际经验来看，当前我国城镇住房保障水平是适度的，但受供需因素影响，保障水平后续扩容的压力较大、能力有限。故而建议在宏观层面，一是继续保持我国当前城镇住房保障范围的目标边界，覆盖"符合条件"的住房困难家庭；二是按照住房困难程度，优先保障基本租赁需求，再扩展至保障购房需求。微观层面的建议是，对保障对象进行分类，提供方式和程度不同的保障。本章还基于国际经验对补贴的方式和标准进行了探讨。

第一节　当前住房保障水平分析：基本适度

　　本节主要从宏观层面考量住房保障水平。住房保障水平的"适度"是指住房保障支出与经济发展水平相适以及在政府财政可负担的范围之内，同时又能满足居民基本住房保障需求或社会认可的稍高住房保障需求。根据贾康等（2012）的研究，政府住房保障支出水平在一个国家通常会随社会经济的发展呈现出一个倒"U"曲线，因而适度的住房保障水平由住房保障的供给与需求决定。住房保障的供给一般由政府主导或引导，因而供给水平整体上受国民经济发展的制约，直接供给层面上受政府财政支出能力的硬约束。住房保障的需求主观上与政府的住房发展目标相关，推行住房高福利政策的国家（地区），其住房保障需求相对较高；客观上则体现为住房困难家庭的支付能力与市场供给之间的差距，因此，保障需求与该地居民的住房贫困程度、住房贫困家庭的支付能力以及房地产市场的发展状况相关。

一、住房保障水平适度性分析

一般采用住房保障支出占国内（地区）生产总值的比例来测度某地某时期宏观层面的住房保障水平。《中国统计年鉴》从 2010 年起在地区财政支出中列示"住房保障支出"数据，故可利用该数据计算近五年（2018～2022 年）我国全国和地区层面的住房保障水平（见表 9－1）。从计算结果来看，全国年均住房保障支出占地区生产总值的比重为 0.88%；各地住房保障水平不一，最小为福建 0.25%，最大为西藏 3.50%。

表 9－1　　　　　　　　2018～2022 年中国城镇住房保障支出水平

省份	人均地区生产总值（元）	住房保障水平（%）	省份	人均地区生产总值（元）	住房保障水平（%）	省份	人均地区生产总值（元）	住房保障水平（%）
福建	111 053	0.25	河南	56 698	0.57	云南	51 291	0.94
北京	168 723	0.36	江苏	128 287	0.60	吉林	52 137	1.07
浙江	107 683	0.37	江西	58 790	0.64	贵州	47 414	1.14
山东	77 360	0.37	广西	46 026	0.66	新疆	57 525	1.39
湖北	79 384	0.42	山西	56 015	0.67	宁夏	59 034	1.42
广东	93 797	0.47	辽宁	61 574	0.71	黑龙江	44 091	1.52
安徽	62 712	0.48	陕西	70 928	0.71	甘肃	37 268	1.56
天津	109 133	0.51	上海	160 313	0.73	青海	52 922	2.06
河北	50 770	0.52	四川	58 977	0.74	西藏	51 983	3.50
重庆	79 495	0.55	海南	58 780	0.91	全国	74 902	0.88
湖南	63 285	0.55	内蒙古	78 022	0.92			

资料来源：基于 2018～2022 年各年《中国统计年鉴》的数据计算所得。

二、保障水平供给适度分析

设住房保障水平 X 为住房保障支出（X_a）与国内（地区）生产总值 GDP（G）之比。现有文献大多采用数理模型或实证计量方法来确定理论的适度住房保障水平。前者借鉴了穆怀中（1997）构建社会适度社会保障水平的思路，将住房保障水平 X 进行分解，并通过理论或经验的方法论证每个中间变量的合理水平，最后综合取得 X 的合理上下限。张锐（2007）引入财政支出 F，将住房保障水平分解成住房保障支出系数 D 和财政支出系数 C 进行估算 $\left(X = \frac{X_a}{F} \times \frac{F}{G} = D \times C \right)$；李娟（2008）采用的中间变量为社会保障支出 S_a，$X = \frac{X_a}{S_a} \times \frac{S_a}{G} = H \times S$；李娜（2006）则认为住房保障水平为住房保障支出系数 D、社会保障负担系数 Q 和劳动生产要素投入分配比例系数 H 的乘积，既 $X = \frac{X_a}{S_a} \times \frac{S_a}{W} \times \frac{W}{G} = D \times Q \times H$，其中，W 代表工资收入总额。但由于中间变量合理区间的确定往往也无统一标准或经验，因而得出的区间范围较大，且以上文献得出的结果重合度并不高。欧阳华生（2014）构建了回归模型、通过 IMF 和世界银行发布的数据测度理论的适度住房保障水平。但该模型仅考虑了经济发展水平、政府财力和贫困人口因素，假定了社会住房发展目标（即政府住房保障支出偏好和效率等主观因素）与国家经济发展水平和政府财力等客观因素之间是独立的，但实际上这可能会产生内生性问题。

本节对我国住房保障水平适度性进行分析，测算出我国住房保障水平数据。在供给方面，通过与 OECD 国家发展经验对比，以判定我国当前保障水平的适度性，并结合我国地方财政支出能力推断未来保障水平扩容的能力；在需求方面，通过对住房保障需求整体趋势和结构特征的阐述来分析适度保障水平的扩容压力。

（一）经济发展水平

当前我国住房保障水平支出与经济发展水平基本相适。相较于国际水平，以 OECD 国家为例，自 20 世纪 80 年代以来，其人均 GDP 超万美元，住房保障支出保持在 0.3%～0.4%之间的低水平。适用倒"U"形曲线的假说，由于当前我国经济发展水平低于 OECD 国家（近 5 年人均 GDP 为 74 902 元，按 2023 年 1 月 12 日 1 美元 = 7.1616 人民币的汇价计算，约合 10 459 美元），故住房保障支出水平相应较高，近 5 年平均水平为 0.88%。进一步比较我国经济较发达的一些东部省份，其住房保障水平处在 0.3%～0.4%之间，与 OECD 国家水平大致相当。如表 9 - 2 所示。

表 9 - 2　　　　　历年 OECD 国家经济与住房保障水平对比

项目	1980 年	1985 年	1990 年	2000 年	2010 年
人均 GDP（美元现价）	10 081	13 247	17 763	25 309	36 523
住房保障水平（％）	0.29	0.34	0.31	0.32	0.42

资料来源：基于国研网统计数据库及 OECD. Stat 的相关数据计算所得。

（二）财政支出能力

基于统计年鉴数据计算，2018～2022 年我国住房保障支出占地方公共财政支出的平均比例为 3%，比重不大。但如果认为其余的公共支出均是合理的，则我国地方政府住房保障支出的扩容能力较差。究其缘由，为我国地方财政一直处于财政赤字状态。这种状况的产生与我国财税体制有关。1994 年的分税制改革促进了我国中央政府财政收入的集权化，但原有地方支出责任的保留使地方财政捉襟见肘。图 9 - 1 的数据表明，分税制改革之后，地方财政收支缺口比重一直保持在 50% 以上，2020 年甚至突破 100%。财政的压力促使保障水平在今后相当长时间内不可能大幅提高。解决的方法是要推动央地财权与事权改革的深化，并考虑把与房地产业相关的部分税额收入作为保障财政专项拨款的来源，形成长期资金供应的制度安排。

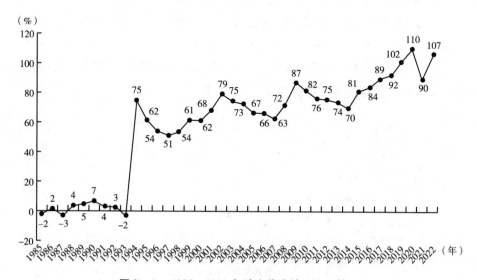

图 9 - 1　1985～2022 年地方收支缺口比重情况

资料来源：根据查询 Wind 数据计算整理。

三、保障水平需求适度分析

（一）整体趋势

住房保障的需求主观上与政府的住房发展目标相关，客观上则体现为住房困难家庭的支付能力与市场供给之间的差距。第八章分析表明，当前我国城镇居民家庭的住房困难问题还较为严重，住房困难家庭的支付能力与市场供给间的差距明显。就全国水平而言，若以住房消费比 25% 为标准，则低收入群体有租房支付困难；若以"6 倍"房价收入比为标准，中等收入以下群体具有购房支付困难。目前的保障支出水平只能确保"廉租房家庭应保尽保"，对于惠及"符合条件"的住房困难家庭的保障目标而言，支出水平有待进一步增大。

就未来城市化的动态演进，我国城镇住房保障需求也将大幅增长。2023年政府工作报告显示，我国常住人口城镇化率达到 66.2%，正处于新型城镇化的关键阶段。此外，"公共服务均等化"和"人的城镇化"等政策的推行将进一步扩大住房保障的覆盖面，推动支出增加。

（二）结构特征

如前分析表明，我国经济最发达和最不发达地区的住房保障压力较大，住房保障支出水平理应表现出两头大、中间低的特征。但在实际运行中，我国住房保障支出水平却呈现出随经济发展水平反向变化趋势。若考虑地区住房保障福利水平一致的话，发达地区的住房保障支出水平则相对偏低。由于这些地区房价高、人口流入大，住房保障压力将会更加严峻。2018～2022 年我国地区人均 GDP 与住房保障水平散点如图 9－2 所示。

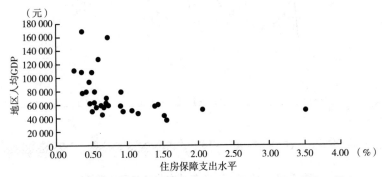

图 9－2　2018～2022 年我国地区人均 GDP 与住房保障水平散点

资料来源：基于 2018～2022 年各年《中国统计年鉴》的数据计算所得。

第二节　宏观住房保障标准：覆盖范围适时扩大

一、覆盖范围的当前目标

就总体特征而言，随着经济水平和保障能力的提高，我国住房保障的目标范围逐步扩大。即从户籍低收入住房困难家庭到"中等偏下收入住房困难家庭、符合规定条件的新就业无房职工、稳定就业的外来务工人员"，再到"符合条件"的住房困难群体。

属地农民的住房保障内容主要是住房安全保障，对象为农村低收入群体。当前，农村贫困人口住房安全问题已得到历史性解决（王蒙徽，2021）。但是，住房安全是一个动态且长期存在的问题，"十四五"期间，我国将逐步建立健全农村低收入群体住房安全保障长效机制[①]。而转移出的农村劳动力则成为新市民，进入城镇住房保障对象范围。

城镇居民的住房保障范围逐步扩大。从政策文件看，《国务院关于解决城市低收入家庭住房困难的若干意见》提出把解决城市（包括县城）低收入家庭住房困难作为住房制度改革的重要内容以及政府公共服务的一项重要职责。廉租住房制度是解决低收入家庭住房困难的主要途径，经济适用住房供应对象从中低收入住房困难家庭调整为低收入住房困难家庭，并与廉租住房保障对象衔接，保障的是低收入住房困难家庭。2012 年，住房和城乡建设部令第 11 号《公共租赁住房管理办法》明确，公共租赁住房是面向城镇中等偏下收入住房困难家庭、新就业无房职工和在城镇稳定就业的外来务工人员出租的保障性住房，这标志着保障范围的扩大。而随着城镇化进程的加速和流动人口规模的扩大，大量新市民、青年人涌向大城市，2021 年 7 月，国务院办公厅印发《关于加快发展保障性租赁住房的意见》，保障范围进一步扩大，着重"解决符合条件的新市民、青年人等群体的住房困难问题"。

根据对各地的调查发现，各地住房保障范围虽有差异但不大（详见本书第五章）。具体而言，当前我国住房保障的覆盖范围为城乡住房困难家庭：租

---

① 中国政府网．四部门：逐步建立健全农村低收入群体住房安全保障长效机制 [EB/OL].
（2021－04－20）. https：//www. gov. cn/xinwen/2021－04/20/content_5600912. htm.

赁型保障面向户籍中低收入家庭和外来稳定就业、居住的中低收入员工，当前越来越多的城市放松了收入线的限制；而产权型保障主要面向户籍中低收入家庭。但近年来，在一些保障房源充裕的二、三类城市，甚至在一类城市，户籍和收入线条件均有所放松。

二、覆盖范围的实际水平

至"十三五"期末，我国已建成世界上最大的住房保障体系。"十二五"期末，全国正在实施的实物配租户数（含廉租房）989.28 万户，正在实施的租赁补贴户数 317.09 万户；实物配售经济适用住房 418.36 万户，货币补贴经济适用住房 10.94 万户，限价商品住房 188.97 万户，加上 2008 ~ 2015 年基本建成棚户区安置房 1 705 万套，合计达到 3 629.64 万户。"十三五"期间，全国棚改累计开工超过 2 300 万套，帮助 5 000 多万居民搬出棚户区住进楼房。至 2021 年底，已经有 3 800 多万困难群众住进了公租房。政府通过公租房实物保障和租赁补贴解决了大量困难群众的住房问题。其中包括 1 176 万低保低收入住房困难群众、508 万 60 岁以上老年人、71 万残疾人、44 万青年教师、26 万优抚对象、23 万环卫工人和公交司机①。就地方层面而言，尽管各地的保障目标范围相同，但由于各地的保障压力不同，实际保障水平存在差异。

当前各地对本地户籍低保、低收入住房困难居民的住房保障已基本实现应保尽保；本地户籍中等偏下收入困难居民的保障需求也得到根本性缓解。同时，各地对新就业大学生和创业人才重视程度高，更多地从提高城市竞争力角度出发将其纳入保障范围，尽可能地提供保障。但是，各地对稳定就业的外来务工人员的租赁型保障水平存在明显差异。一、二类城市，人口流入多，中低端租赁市场需求旺盛、供应紧缺，因而保障压力大，保障水平明显不足。而与之相反的是，一些三类城市的租赁型保障房源呈现以房等人态势。

以上海为例，其保障性租赁住房的需求与结构测算如下：根据第七次全国人口普查数据（见表 9 - 3），上海市家庭户中住房面积为 16 平方米以下的约为 2 078 174 户。按照 2020 年户均人口 2.54 计算，家庭户中住房面积为 16 平

① 中国经营报. 住房建设这十年：保障性安居工程的奋进时代［EB/OL］.（2022 - 10 - 08）. https://baijiahao.baidu.com/s? id = 1746059627652468386&wfr = spider&for = pc.

方米以下的人口约为528万。由于上海市保障性租赁住房政策不设户籍线和收入线，因而"十三五"期末需要租赁型保障的群体涉及范围将达到528万人，再考虑以"十三五"期间常住人口共0.86%的增长率估算"十四五"期间的人口增长，则"十四五"期间上海需要租赁型保障的对象将达到532万人。

表9-3　　　　　　2020年上海市按人均住房建筑面积分的区段人口分布

指标 （平方米）	8 及以下	9～12	13～16	17～19	20～29	30～39	40～49	50～59	60～69	70 及以上
总计户数 （户）	534 227	710 023	833 924	527 561	2 062 954	1 451 028	1 041 380	524 145	420 653	989 146

资料来源：第七次全国人口普查统计资料。

就租赁型住房保障群体的结构而言：

一是户籍住房困难家庭实际有效需求不大。据上海房地产科学研究院测算，上海市城镇户籍人口家庭人均面积小于15平方米的约有40万户（见表8-6）。这部分人口按2010～2020年间上海常住人口增长率8.06%计算，则2020年这部分住房困难群体为43.2万户。在该群体中，住房尤为困难的家庭将纳入廉租房保障。截至2020年末，据上海市住房和城乡建设管理委员会调研所得，上海在保廉租房户数约为4.1万户。因而除廉租保障对象外，剩余需保障群体达到39.1万户，约99万人。这些户籍家庭大都倾向"挤一挤"。一般而言，只有那些家中有成年就业子女的，可能会因工作或父母家住房面积太小不方便居住，从而希望承租保障性租赁住房。

二是外来务工人员体量庞大。将上海常住人口潜在保障对象减去户籍人口潜在保障对象可以得到需保障的外来人口，2020年末约为418万人。若以学历划分外来人口中的务工人员和引进人才，大专及以上的为引进人才，高中及以下为务工人员，则依据第七次全国人口普查外来常住人口文化构成比例，2020年末外来务工人员约274万人。2020年上海外来常住人口文化构成如图9-3所示。

三是引进人才构成上海保障性租赁住房需求的主体。引进人才包括高端引进人才和一般引进人才。高端引进人才包括海外高层次引进人才和外省市户籍高层次引进人才。一般就业单位为了吸引高端人才的进入，都会为其解决阶段性住房问题，且大多人均面积超过15平方米，因而这部分群体往往不在住房困难群体中。由此，一般引进人才构成上海公租房的另一需求主体。2020年末上海引进人才潜在保障对象约为144万人（418-274）。

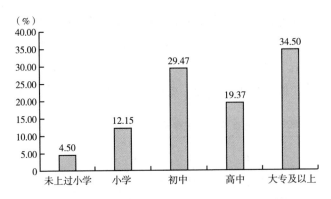

图 9 - 3   2020 年上海外来常住人口文化构成

资料来源：第七次全国人口普查统计资料。

如上测算，2020 年末上海保障性租赁住房的潜在需求达 517 万人左右，而据《上海市住房和城乡建设管理"十四五"规划》，"十三五"期末，上海累计供应的公租房房源为 15 万套；到"十四五"期末，上海将累计建设筹措保障性租赁住房 60 万套（间）、形成供应 40 万套（间）左右，彼时保障性租赁住房才能形成批量供应。

三、完善覆盖范围的建议

由于住房领域的不平衡发展，我国住房的相对贫困现象还较为严重；考虑住房市场租金和房价的攀升，部分居民的住房支付能力未来甚至有可能进一步恶化；再加上城镇化及政策的推进，这些都迫使政府提高住房保障水平。但受制于地方财政的可负担能力，未来由政府主导、大幅提高住房保障水平的可能性比较小。就目前的保障水平而言，对外来稳定就业、居住的新市民和青年的住房保障需求满足的缺口还较大。考虑当前我国房地产市场的供求关系发生重大变化的新形势，本书认为，可以由政府引导社会资源共同参与住房保障。故而综上所述，我国今后在一段时间内可适时扩大城镇住房保障覆盖范围边界。具体地，针对我国城镇住房保障范围界定的建议为：

一是继续保持我国当前城镇住房保障范围的目标边界，对中低收入、存在住房困难的城乡常住家庭应保尽保。

二是按照住房困难程度，优先保障基本租赁需求，再扩展至保障产权购房需求。破除以户籍为住房保障优先条件的思想，基于包容性增长和保障无歧视的理念，沿着户籍中低收入居民租赁保障—常住中低收入居民租赁保障—户籍中低收入居民购房保障—常住中低收入居民购房保障路线，稳步解决相应问题。

第三节　微观住房保障标准：补贴程度分类递减

对保障对象进行分类，并提供方式和程度不同的保障。对绝对住房贫困的低收入家庭，提供租赁完全保障，补足其可支付能力与市场基本租金之间的差额；对中等偏下收入的绝对住房贫困家庭——主要为外来稳定就业的技术人才，依据财政能力和城市产业升级等多重目标，提供租赁轻度保障，以略低于市场租金水平向其提供公共租赁住房或对急需引进人才提供适量货币补贴；对低收入相对住房贫困家庭，支持其购买共有产权房；对于中等偏下收入的相对住房贫困家庭，对其购买首套住房给予贴息减税等产权激励支持。保障对象分类补贴标准如表9-4所示。

表9-4　　　　　　　　　　　　保障对象分类补贴标准

住房贫困程度住房支付能力	绝对住房贫困	相对住房贫困
低收入	租赁完全保障	产权轻度保障
中等偏下收入	租赁轻度保障	产权激励支持

对保障对象的收入财产状况应定期审核，并依情调整其获取的保障收益。同时，地方政府可根据经济、社会发展变化，定期对保障对象的认定标准和保障水平进行调整。

一、保障居住标准的厘定

保障房应该安全、卫生和舒适。安全卫生是最基本的居住要求，这里主要探讨保障房的舒适标准。舒适分为室内环境佳和室外环境佳。所谓室内环境佳是指户型好、房屋功能齐全、满足私密要求；室外环境佳则要求公建配套良好。

关于公建配套，主要与保障房的区位有关。由于土地供给有限，保障房建设的区位选择有两种模式，市中心小规模建设和近郊区大规模供给。近郊区大规模供给的保障房往往存在公建配套不足问题。这就要求近郊保障房项目在规划阶段要重点考虑公建配套设计：一是优化公交路线，在一、二类城市，项目应建设于轨道交通沿线；二是结合保障人口数、年龄结构来安排教育、医疗和养老配套；三是设置邻里商业中心，满足居民生活需要。

本节重点考虑保障房的户型设计。前述我国住房绝对贫困的标准为人均建筑面积15平方米，相对贫困的最高标准为地区平均水平，相对贫困的建议标准为地区人均建筑面积与15平方米之间的中位数。尽管有人均居住面积标准，但不能简单将此作为户型标准。保障房户型的设计既需节约，但也需考虑功能齐全，即卧室、厨房、卫生间、起居室等功能空间齐全，同时，这些功能空间均应满足最低设计要求规范，且功能空间的数量应随家庭人口的数量和结构进行调整。

关于功能空间的数量规范，各国（地区）大致相同。日本自第三个住宅建设5年计划（1978~1980年）起就开始制定住宅设计细则。关于"最低居住水平"，卧室数量要求为：夫妇有独立房间，最多可与一名5岁以下儿童（学龄前儿童）同屋；6~17岁的孩子（小学生到高中生）需有与父母不同的单独房间；每间房间最多两人；12岁以上的孩子（初中生以上）需按性别分住不同房间，18周岁以上需有自己的单独房间；住房需有厨房兼餐厅，单人家庭只保证有厨房即可；原则上每个家庭须有专用卫生间，单身家庭除外（马庆林，2012）。世界健康组织（World Health Organization）同样指出，除夫妻之外的异性青少年和成年人应分室居住。

各国（地区）功能空间的最低设计规范会酌情调整。国际住房和城市规划联合会（International Federation of Housing and Town Planning）于1958年联合提出了欧洲国家的住房及其房间统一的最小居住面积标准建议（见表9-5），要求每套住房应至少有一间11.3平方米的房间，每个卧室的面积至少为8.5平方米等（姚玲珍，2009）。而日本第三个住宅建设规划中的相关标准要稍低，主卧的面积为不低于10平方米，次卧不低于7.5平方米。

表9-5　　　　欧洲不同规模家庭住宅的最小居住面积标准　　　　单位：平方米

房间	居住面积指数（分子为住房卧室数，分母为家庭人数）								
	2/3	2/4	3/4	3/5	3/6	4/6	4/7	4/8	5/8
居住面积	46	51	55	62	68	72	78	84	88
约合建筑面积	60	66	72	81	88	94	101	109	114

资料来源：Ranson R. Healthy Housing. A Practical Guide London. E & FN Spon，1991。

依据我国家庭人口特征确定卧室数量，具体将我国家庭分为五种：一人户、二人户、三人户、四人户和五人户。我国二人户分为夫妻户和单亲二代户两档，分别需要 1 个或两个卧室；三人户中的核心户是我国典型的家庭结构，一般为夫妻和 1 个子女；四人户随我国生育政策的调整而户数增多；五人户及以上户包括三孩户及多代户，需要 4 个及以上的卧室。具体如表 9-6 所示。

表 9-6　　　　　　　　　针对不同结构家庭的套内空间组成形式

家庭结构			套内空间组合方式							
代际	人数	户型	卧室		起居室	卫生间	厨房	玄关	阳台
			双人卧室	单人卧室					
1 代	1 人	单身	1 间		1 间	1 间 集中式 （放置洗衣机时，采用干湿分离式）	1 间	1 间	1 间
	2 人	夫妻户							
2 代		单亲户（1 孩）	1 间	1 间	1 间	1 间 集中式 （放置洗衣机时，采用干湿分离式）	1 间	1 间	1 间
	3 人	核心户（1 孩）							
		单亲户（2 孩）	1 间	2 间	1 间	1 间 干湿分离	1 间	1 间	1 间
	4 人	核心户（2 孩）							
	5 人	核心户（3 孩）	1 间	3 间	1 间	1 间 干湿分离	1 间	1 间	1 间

注：因为每位未成年子女均需配置独立卧室，家庭性别结构不作为影响因素，故不列出；住房均满足适老化住房空间需求。

资料来源：刘洁. 西安市公共租赁住房套内空间构成及优化设计研究 [D]. 西安：西安建筑科技大学，2022.

关于我国功能空间的最低设计可见 2011 年我国《住宅设计规范》，相应的规定有：双人卧室的使用面积不应小于 9 平方米，单人卧室为 5 平方米，兼起居的卧室为 12 平方米；起居室（厅）的使用面积不应小于 10 平方米；由卧室、起居室（厅）、厨房和卫生间等组成的住宅套型的厨房使用面积不应小于 4.0 平方米，由兼起居的卧室、厨房和卫生间等组成的住宅最小套型的厨房使用面积不应小于 3.5 平方米；卫生间使用面积不小于 2.5 平方米。

基于相对贫困原则，各地制定的保障房标准最高不应超过地方人均水平，建议按下四分位法则，取绝对贫困 15 平方米和地方人均居住水平之间的中位数水平。若按 2020 年全国人均居住建筑面积 41.76 平方米计算，则保障标准为人均 28 平方米左右。

二、租赁补贴标准的确定

（一）租赁完全保障

目前我国对绝对住房贫困的低收入家庭的补贴目标是实现完全保障，但在实际操作上，保障精准度略差。各地的租赁补贴政策大致相同，在拟定的面积标准基础上参照项目周边的住房市场租金或略低于市场租金水平（一般为 8～9 折）确定基本租金水平，其后按保障对象的收入差异实行分档补贴制度。以北京公租房为例，补贴政策见表 9-7。

表 9-7　　　　　　　　北京城六区公共租赁住房租金补贴标准

补贴对象	租金补贴占房屋租金的比例（%）	租金补贴建筑面积上限（平方米）
民政部门认定的城市最低生活保障家庭、分散供养的特困人员	95	60
民政部门认定的城市低收入家庭	90	
人均月收入 1 200 元及以下的其他家庭	70	
人均月收入 1 200（不含）～1 600 元（含）之间的家庭	50	
人均月收入 1 600（不含）～2 000 元（含）之间的家庭	25	
人均月收入 2 000（不含）～2 400 元（含）之间的家庭	10	

资料来源：北京《关于完善公共租赁住房租金补贴政策的通知（2015）》。

分档补贴制度旨在通过对低收入家庭的分档实现累退补贴，但政策的设计和操作较为复杂，一是对低收入家庭的分档和每个档次的补贴标准设定均应有合理依据，二是会增加对低收入家庭收入审核的难度。同时，分档设计还存在的一个最大问题就是在级点处会出现负担跳跃问题。

国际上常用的补贴方式是比例收入法。以美国为例，住房租赁补贴的标准为符合条件的住房租金与家庭年可支配收入 30% 的差额部分，从而确保保障家庭的住房开支不高于家庭收入的 30%。英国的补贴对象为租房开支不超过其净收入 22% 的家庭。比例收入法政策操作相对简单，但一些学者会质疑这种做法的保障精准性和累退性。

理论上，更为精准的补贴计算应核算出低收入家庭除住房以外的其他开支，该家庭租房可支付能力为可支配收入与其他开支之差，补贴额应为市场租金与其住房支付能力之差。如此计算的补贴占家庭可支配收入的比例应是可变的。但英美国家采用单一比例的做法亦有其道理。首先这个比例应是经过核算的，可确保绝大部分低收入家庭不致因支付自付租金导致其他基本开支"入不敷出"；其次，除租房补贴外，英美国家往往有一揽子补贴计划，以确保低收入家庭维持基本生存，比如美国的粮食券（food stamp）、家居能源补贴计划（home energy assistance program）等。我国也可借鉴这样的思路，以住房补贴解决低收入家庭的居住问题、低保政策解决其"衣食行"基本开支。

关于累退性，比例收入法虽然没有相对累退，但具有绝对数额的累退。尽管比例相同，但保障对象的家庭收入是不一致的，低收入家庭中相对收入较高者支付的绝对数额是高的。同时，单一比例可避免级点跳跃问题。况且，本书认为，累进（退）政策适合在高收入群体中施行，享受租赁完全保障的群体均为低收入者，无须锱铢必较。

比例收入法还有一个重要的特征是，只要保障对象具有收入，均需自承担部分租金。这样做的好处很明显，对低收入者自身发展也具有重要意义：一是低收入家庭通过自身的努力部分解决了住房问题，这可以帮其赢得社会尊重；二是强调低收入者也应支付房租，可以倡导社会勤勉之风，降低社会的福利性。

对我国租赁完全保障政策的设计，具体的建议为：一是对老弱病残等低收入特殊群体施行实物保障，使其免费租住公租房；二是对一般的低收入家庭，借鉴英美的做法，补贴市场租金超过保障家庭可支配收入某个比例的部分。但国外30%和22%等比例不可拿来直接使用，各国租金水平、居民收入支出状况都存在很大差异。刘琳等（2011）基于国家统计局城调队有关中国价格及城市居民家庭收支调查统计数据，利用扩展线性支出系统模型求出1998年和2008年我国城镇居民的基本消费需求支出，在各等级收入分组的可支配收入中扣除基本消费需求支出（不包含居住基本消费支出）之后，所剩的收入即为所求的居民家庭所能承受的最大住房支出额，所剩收入与可支配收入之比即为不同收入阶层所能支付的最大住房支出比例。依据测算，本书建议选取30%作为低收入家庭住房支付能力的判断标准。对比本书第八章第二节的计算，2017年全国城镇和农村居民家庭平均的住房消费比分别为15.29%和17.53%，考虑近年来我国房租上涨和对低收入群体资源倾斜的原则，本书建议将补贴准入线下调至25%，即补贴居民家庭可支配收入的25%与基本租金的差额部分。补贴面积上限依据各地实践取为20平方米/人。

（二）租赁轻度保障

当前我国已将住房绝对贫困的中低收入群体纳入保障体系。该群体的主要构成有住房绝对贫困的城镇中等以下收入家庭、新就业青年职工以及刚引进的外来技术人才等。各地主要提供公租房、保障性租赁住房的实物保障，极少数地区进行货币补贴，如上海浦东张江园区对区里职工租住园区公租房给予租金补贴，但这并不是普遍的政策。这类租赁保障房租金较市场水平略低，一般为市场正常价格的 8~9 折，保障水平远低于廉租房保障对象。且当前各地提供的公租房和保障性租赁住房数量不多，面对庞大的符合准入条件的保障对象整体而言，其保障水平微乎其微。

尽管保障水平极低，但该部分群体本身具有市场租赁能力，故 8~9 折的租金水平和实物保障补贴方式是合理的。而这部分庞大的社会群体不能解决居住问题的关键在于，其需求与市场供给结构不相符合。据 58 同城、安居客在一线及核心二线城市针对租房意向人群的调研报告《2024 年节后租房调查报告》显示，希望租金在 1 000 元及 1 000 元以下的占 7.6%，1 000~2 000 元的占 32.5%，2 000~3 000 元占比 31.4%，3 000~4 000 元占比 17.1%，4 000 元以上占比 11.4%。而上海租赁市场上低租金出租房屋的比例非常小，市场挂牌租金在 4 000 元以上占 61.2%，1 000 元以下只有 0.19%，1 000~2 000 元占 4.67%，2 000~3 000 元占 14.08%，3 000~4 000 元占 19.86%，具体如图 9-4 所示。因此，解决中低收入群体租房困难的核心举措不在于对保障者如何补贴，而在于如何调动社会资源提供中低端出租房。

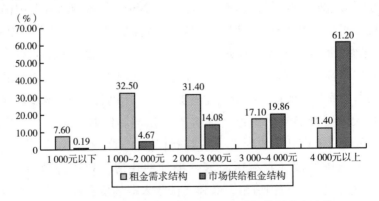

图 9-4　公租房租金需求结构和市场出租挂牌租金比较

资料来源：市场挂牌租金分布数据来源于上海市随申办。

三、购房补贴方式的设计

（一）产权轻度保障

当前我国对中低收入群体的购房保障补贴方式主要有以下三种。

一是直接给予一次性购房补贴。如山东微山县针对城市无房低保户、低收入、特困家庭在 2022 年 8 月 1 日～2022 年 12 月 31 日期间购买新建商品房（含住宅、非住宅）和存量房（二手房）的，县级财政给予购房总价款的 10% 的购房补贴，最高不超过 3 万元。与其他购房补贴政策不重复（同时）享受。这种方式对补贴对象的要求较为严格，但补贴力度非常大，实际上是经济适用房政策的货币体现。国际上采用这种大额一次性直接补贴方式的案例也较少，住房保障体系完善的国家中仅见于新加坡的中央公积金住房资助计划（"CPF Housing Grant" Scheme），即政府对于符合条件的新加坡居民购买二手组屋提供直接资助。因而本书建议在今后的保障中减少使用这种方式。

二是共有产权方式。"共有产权房的价值由保障对象支付购房资金和政府投入组成，在实践操作中，政府占有的份额小于政府实际投入占房地产全部价值的比例，而且购房人拥有全部的住房使用权"。这实际上构成了政府对保障对象的补贴。以上海为例，根据 2016 年《上海市共有产权保障住房价格管理方法》，保障对象购买共有产权房的销售基准价格以开发建设成本为基础，参照共有产权保障住房周边一定时期、一定区域内新建同品质商品住房的市场平均成交价，并综合考虑结算价格、保障对象支付能力以及相近时期、相邻地段共有产权保障住房项目销售价格平衡等因素确定，即销售基准价格 = 周边房价 × 折扣系数；购房人产权份额参照共有产权保障住房销售基准价格占周边房价的比例予以合理折让后确定，计算公式为：购房人产权份额 = 销售基准价格/（周边房价 × 90%）。如此计算，仅价格层面的折让，保障对象获取的补贴在房价的 11% 以上，同时，保障对象还拥有政府产权部分住房的免费使用权。

与经济适用房相比，共有产权房这种保障方式具有极大的优势。首先，与经济适用房一样，可有效解决低收入家庭的住房困难；其次，这种方式极大压缩了保障房与商品房之间的价格差距（经济适用房土地为行政划拨，售价中没有土地出让金，按照建设成本加微利低价供应，一般低于同类市场住房价格 20% 以上），避免了"福利陷阱"问题；最后，以"有限产权"的方式让居民实现了"买房梦"，保证了财富随房价的增长而增值。

未来对这种补贴方式的建议是降低补贴标准，使其保持在 10% 以内的水平，毕竟这还是一种福利性保障措施。另外，政府产权的比例不应高于 50%。以居民和政府 5∶5 的构成为例，若居民通过按揭首付 20% 购买，实际居民购房成本仅占 10%（20%×50%），过高的杠杆会在房价波动时产生巨大的系统性风险，2008 年美国的次贷危机就是值得警示的例证。

三是配售型保障性住房。配售型保障性住房是按照保本微利原则配售给普通工薪收入群体的保障性住房。前述得知，当前城市居民购房困难矛盾主要集中在大城市，特别是在一二线城市。这些城市房价高，且住房存在结构性供给不足，中等收入甚至中等偏上收入家庭都买不起商品住房。加大配售型保障性住房的建设和供给，让工薪收入群体逐步实现居者有其屋，是解决"夹心层"群体住房困难、缓解广大工薪收入群体，特别是新市民和青年人买不起商品住房焦虑的根本路径[①]。

（二）产权激励保障

产权激励保障，补贴标准低、受众面广、政府财政压力低，并能促进中低收入群体通过自身努力解决住房问题，是住房保障体系完善国家最常用的方式。产权激励保障政策通常为税收或金融政策。

我国当前并没有此类保障政策。目前与住房相关的税收优惠政策主要指向个人唯一住房、普通、持有时间长、卖旧换新等特征，并非只有保障对象才能享受。例如，2016 年出台的《关于调整房地产交易环节契税营业税优惠政策的通知》和《营业税改征增值税试点过渡政策的规定》等政策规定，个人购买家庭唯一住房、面积为 90 平方米及以下的，减按 1% 的税率征收；个人将购买不足两年的住房对外销售的，按照 5% 的征收率全额缴纳增值税；个人将购买两年以上（含两年）的住房对外销售的，免征增值税（限北上广深一线城市之外地区）；2022 年，国家税务总局就关于支持居民换购住房实行个人所得税优惠政策发布公告。住房保障特有的个人税收优惠政策不多，比如 2023年财政部和税务总局发布的《住房城乡建设部关于保障性住房有关税费政策的公告》中提到，"对个人购买保障性住房，减按 1% 的税率征收契税"。与住房相关的金融优惠政策主要有公积金政策，但其面向全体社会居民，且很多人

---

① 央广网．配售型保障性住房拉开建设大幕［EB/OL］．（2024 - 01 - 08）．https：//house. cnr. cn/kcb/20240118/t20240118_526561996. shtml.

认为公积金具有"劫贫济富"的特征。

国外对住房保障对象的专项税收优惠政策主要体现在住房持有环节。在流转环节的税收优惠政策并不突出，这是由于大部分国家和地区为缓解交易桎梏、推动住房市场交易活跃度，在房地产税制设计上通常采用轻流转、重持有模式，税收少，故优惠也少。住房持有环节的税种主要包含财产税性质的房地产税和个人所得税。

房地产税是国外普遍征收的税种，优惠极少，大多面向特殊群体，因而对住房保障对象而言，是重要的税收减免措施之一。美国对低收入群体赋予的优惠有：一是计税额减免。一种是从住宅价值中扣减一定数额；另一种是从住宅价值中减去一定比例，如俄亥俄州从住宅价值中扣减 12.5%（柳德荣等，2011），减免力度为房地产税额的 10% 左右。二是税额抵免。比较著名的有"断路器"政策，对超过家庭收入一定比例的房地产税，政府通过直接归还或减免所得税等方式予以税收抵免。三是延期纳税和税负冻结政策。主要针对老年人，这里不做详述。瑞典房地产税的一个特殊优惠是按房产扣除抵押贷款后的余值且超过免征额的价值部分计税。

所得税的税收优惠设计常见的是在税基中抵扣购买、建造和大修房屋的抵押贷款利息，部分国家还可以扣除抵押贷款的部分本金甚或购建住房或维修住房的部分费用，如德国。所得税额的抵扣比例，美国近年来大约是人均 8.6%（姚玲珍，2009）。国外抵税的时限一般为 10 年左右。所得税额的直接减免，主要是超过家庭一定收入比例的房地产税额。

国外对住房保障对象的专项金融优惠主要有贴息和担保政策。

很多国家为提高居民住房自有率，对居民购买和自建房均有贴息优惠，但为了增强对低收入群体的扶持力度，在普惠安排之外，针对低收入群体会有特殊政策。如德国的公营抵押银行和储蓄银行专门向低收入者、残疾人、多子女家庭提供购建住房的长期无息或低息住房贷款。这显然与我国公积金制度不一样。就贴息力度而言，德国的优惠较大，前述的低息贷款利率为 1%，而当前德国商贷利率大约在 3% ~4.2% 之间，补贴率超过 60%。

担保政策构成了政府的或有补贴。美国的中低收入家庭抵押贷款担保政策做法较为完善，联邦住房管理局为抵押贷款提供 100% 的保险，但仅购房债务支出占家庭收入比为 29% ~41% 的中低收入家庭才有资格获得该抵押贷款，且抵押贷款保险有上限数额。"这种做法，既体现了政府积极执行向中低收入家庭倾斜和扶持弱小阶层的政策取向，也防止了人们利用政府保险的抵押贷款来购买过于奢侈的住房的倾向"（姚玲珍，2009）。德国对减免税后还本付息仍有困难的低收入家庭也进行专项债务补贴。

除了如上税收金融政策外，一些特殊激励政策也十分新颖。如美国的家庭自给计划（family self-sufficiency program，FSS），由领受住房券的家庭自愿选择参加，这些家庭成员通过教育和培训，达到合同约定的就业和收入提高等目标，公共住房管理机构将返还其由于收入增加而多付的租金份额。

国外的这些产权激励政策值得我国借鉴。就税收优惠而言，一是我国未来势必会开征的房地产税，其税制设计中应加入面向中低收入群体的税收减免政策；二是每月还贷额的一定比例可以在个人所得税税前抵扣，建议扣除额不超过个税税基的 10%，扣除年限为 10 年。关于金额支持政策，一是贴息政策，对保障家庭购买的单价不超过平均市价、人均面积低于当地平均水平的商品房，可享受 15%~30% 的贴息，这个幅度比例参照了瑞典的贴息标准，同时考虑了我国商业贷款和公积金贷款的利差水平，具体比例可由地方政府酌情制定；二是创新中低收入家庭抵押贷款担保产品。除此以外，住房保障制度也可引入如美国的家庭自给计划中的激励项目，鼓励中低收入家庭通过自身努力购买住房。

思 考 题

1. 宏观层面影响住房保障供给和需求水平的因素有哪些？
2. 当前我国住房保障的范围是什么？
3. 你认为应该如何对保障对象进行分类并提供差异补贴？
4. 你认为适度的保障居住标准是什么？
5. 你认为应如何完善住房租赁补贴标准？
6. 你认为应如何设计购房补贴？

第十章　住房保障要素供应体系建构

保障性住房建设是在推动全体人民住有所居的基础上服务于共同富裕的战略目标。2008 年，中国开始了人类历史上最大规模的保障性住房建设。2008 ~ 2023 年十五年时间，全国累计开工建设各类保障性住房和棚改安置住房约 8 683 万套，基本建成 6 643 万套，帮助越来越多的住房困难群众改善了居住条件①。目前，我国已建成世界上最大的住房保障体系。而要实现这一壮举，不仅需要充足的土地与资金，也需要多样化的房源筹措方式。基于此，本章通过对各类保障性住房土地供应、资金筹集与房源筹措的梳理分析，重点探讨住房保障要素供应体系的新模式。在土地供应方面，保障性住房用地以行政化配置为主，拓展保障性住房用地供给主体，鼓励集体经济组织利用集体土地、企事业单位利用存量土地开发面向社会的保障房，政府可以采用购买服务的形式，与集体经济组织或企事业单位签订协议，按市场价格长期租赁住房或以缺口补助的方式锁定保障房房源，调动社会力量开发建设保障性住房。在资金筹集方面，我国保障房建设投资主要来源于财政、贷款、政府债券和其他资金，其中，以财政资金为主。对此，本章指出，我国保障房资金必须采取财政资金与社会资金并重的模式，并要求财政资金以间接投入为主、直接投入为辅，对社会资金进行利率补贴和税收优惠，起到引导与激励的功能。在房源筹措方面，我国保障性住房由政府主导、并以新建为主，其中，政府新建的保障房可具体分为集中新建、分散配建和存量改建三种模式。但长期看，政府投入过多且责任过大，财政负担重且效率低。对此，本章指出，政府通过市场化手段筹措保障房房源，并以公租房为例，提出"政府主导，区县公租房机构代理经租""政府引导，社会机构代理经租""政府引导，所有者出租"三种模式。

---

① 资料来源于吉林省房地产协会公布的《我国保障性住房建设规模及成就》。

第一节　土地供应：多元与多样供给并重

土地是住房建设最基本的投入要素。土地投入的数量与质量①在很大程度上决定了住房建设的数量与质量，对于保障性住房建设尤其如此。中国特色的土地制度决定了保障性住房建设中的土地主要采用行政配置方式。

一、保障性住房用地的行政化配置

城市土地国有制为我国保障性住房用地的行政配置提供了前提条件。同时，中央政府通过政策文件对各类保障性住房用地的配置方式又做了具体规定，凸显了保障性住房建设用地以行政划拨为主、供应主体单一的格局。

《国务院关于解决城市低收入家庭住房困难的若干意见》规定，廉租房和经济适用房建设用地实行划拨方式。住建部《关于加快发展公共租赁住房的指导意见》规定，"各地要把公共租赁住房建设用地纳入年度土地供应计划，予以重点保障。面向经济适用住房对象供应的公共租赁住房，建设用地实行划拨方式供应。其他方式投资的公共租赁住房，建设用地可以采用出让、租赁或作价入股等方式有偿使用"。具体各类保障性住房用地供应方式见表 10－1。2021 年，国务院办公厅印发《关于加快发展保障性租赁住房的意见》，首次提出"保障性租赁住房"的概念，并明确国家层面住房保障体系的顶层设计以公租房、保障性租赁住房和共有产权住房为主体。该意见还规定"保障性租赁住房用地可采取出让、租赁或划拨等方式供应"。"三位一体"体系中各类保障性住房用地供应方式见表 10－2。

表 10－1　　　　　　　　各类保障性住房土地供应方式

类别	廉租房	经济适用房	公共租赁房	棚户区改造房	限价商品房
土地供给	划拨	划拨	划拨或出让	划拨或出让	招拍挂出让

资料来源：顾建发，陈晟. 上海房地产发展报告 2014～2015 ［M］. 上海：上海社会科学院出版社，2015.

---

① 主要指土地区位。

表 10 – 2 　　　　　　　"三位一体"住房保障体系土地供应方式

类别	公租房	保障性租赁住房	共有产权房
土地供给	划拨	出让、租赁或划拨等	划拨或出让

　　资料来源：政府官网、东吴证券研究所。

　　鉴于数据的可得性，仅以 2013 年全国保障性安居工程用地供应计划汇总表为例（见表 10 – 3），当年不包括中小套型商品住房和限价商品房用地的保障性住房计划用地 26 540 公顷。其中，通过划拨方式供应的土地达 96%，采用出让方式供地仅占 4%。公共租赁房用地总量中，划拨土地 4 769.74 公顷，占 81.98%[①]。随着"三位一体"住房保障体系的构建，以 2023 年上海国有建设用地供应为例（见表 10 – 4），保障性租赁住房用地供应计划 135～180 公顷，包括新供应商品住房用地配建、产业项目配建、利用企业自有闲置土地、利用集体土地等多渠道筹措的保障性租赁住房用地；保障性住房用地供应计划 260～310 公顷，包括共有产权保障房用地、征收安置住房用地等[②]。

表 10 – 3 　　　　　2013 年全国保障性安居工程用地供应计划汇总表　　　　单位：公顷

全国	保障性住房用地		各类棚户区改造用地			公共租赁房		限价商品房
	廉租房	经济适用房	廉租房	经济适用房	中小套商品住房	划拨	出让	
合计	5 710.05	7 961.6	1 570.85	5 482.33	10 376.29	4 769.7	1 048.4	3 977.5

　　资料来源：国土资源部网站 2013 年保障房用地计划供应情况。

表 10 – 4 　　　　　2023 年上海国有建设用地供应计划用途情况　　　　单位：公顷

用地性质	2023 年	2022 年
保障性租赁住房用地	135～180	135～160
保障性住房用地	260～310	220～260

　　资料来源：上海市规划和自然资源管理局网站上海市 2023 年度国有建设用地供应计划。

　　这种以行政划拨、无偿使用为基本特征的土地供应模式，有利于大规模、低成本、高速度推进保障房建设，但缺点也很突出。地方政府在政策目标明晰、路径清晰，但激励不足的情况下，更可能对住房保障政策采取变通式的执行（杨宏山，2014）。出于自身利益的考量，为了完成上级政府下达的保障房

---

　　① 计划供给数与实际数有一定差距。但因为政府一般通过年度计划控制当年土地供应，使计划与实际数据差距不大，从而也可在很大程度上说明问题。资料来源于 2013 年全国保障性安居工程用地供应计划汇总表。

　　② 资料来源：上海市规划和自然资源局《上海市 2023 年度国有建设用地供应计划》。

建设指标，仅注重土地供应的数量而忽视土地供应的质量（区位）。大部分土地区位偏僻、交通不便、设施不全，又由于集中建设，为保障房的分配、使用和后续管理带来了极大隐患。

二、拓展保障性住房用地供给主体

中国各类城市住房保障压力各异，进而对其用地的需求也不一样。为了从土地层面增加保障性住房建设的数量和提高其质量，近年从中央到地方都进行了有益探索（见表10－5）。

表10－5　　　　　　　　　各地对保障性住房用地的探索

地区	政策
国家层面	商品住房价格较高、建设用地紧缺的直辖市和少数省会城市，确需利用农村集体建设用地进行公共租赁房建设试点的，由省级政府审批同意试点方案并报国土资源部门审批后，可以试点；在符合城乡规划和土地利用总体规划的前提下，利用单位（包含开发区、产业园区等）自用土地建设保障性住房。 《国务院关于规划建设保障性住房的指导意见》规定，保障性住房以划拨方式供应土地，仅支付相应的土地成本。要充分利用依法收回的已批未建土地、房地产企业破产处置商品住房和土地、闲置住房等建设筹集保障性住房。在符合规划、满足安全要求、尊重群众意愿的前提下，支持利用闲置低效工业、商业、办公等非住宅用地建设保障性住房，变更土地用途的，不补缴土地价款，原划拨的土地继续保留划拨方式。 2021年6月24日，国务院办公厅公布的《关于加快发展保障性租赁住房的意见》中提到，保障性租赁住房主要利用存量土地和房屋建设，适当利用新供应国有建设用地建设
上海	2009年8月12日，《关于单位租赁房建设和使用管理的试行意见》发布，其中提到引导单位利用自用土地建设单位租赁房，鼓励集体经济组织利用存量集体建设用地建设市场租赁房。 2023年10月24日，《关于本市全面推进土地资源高质量利用的若干意见》指出，增加保障房用地规模，稳妥有序盘活存量土地资源，推进集体经营性建设用地建设保障性租赁住房
浙江	鼓励村集体经济组织利用集体留用地建设外来务工人员公寓；鼓励住房困难职工较多的单位，在符合城乡规划前提下，利用自用土地建设公共租赁房。 2021年6月24日，《关于加快发展保障性租赁住房的指导意见》指出，支持利用村集体经营性建设用地、企事业单位自有闲置土地、非居住存量房屋、产业园区配套用地、新供应国有建设用地等建设保障性租赁住房
广东	依法收回的闲置土地、具备净地出让条件的储备土地和农用地转用计划指标，应优先保证保障性住房用地；在符合城乡规划、不改变土地用途和权属的前提下，探索利用农村集体建设用地进行面向新职工、外来务工人员的公共租赁房建设。 2021年6月24日，《关于加快发展保障性租赁住房的实施意见》指出，各地级以上市要在年度住宅用地供应计划中单列租赁住房用地。其中，广州和深圳市单列租赁住房用地占比原则上不低于10%

续表

地区	政策
山西	支持太原市利用集体建设用地建设公共租赁房；企事业单位可利用存量土地，在依法变更为住房建设用地后建设保障性住房；允许大中型企业利用自有土地建设公共租赁房；加大对工矿企业废弃地的整治和复垦，盘活存量土地，通过城乡用地增减挂钩确保棚户区改造用地需求。 　　《山西省"十四五"城镇住房发展规划》指出，可利用农村经营性集体建设用地建设保障性租赁住房；允许利用企事业单位自有闲置土地建设保障性租赁住房，并变更土地用途，不补缴土地价款；支持产业园区配建保障性租赁住房，可将配套用地面积占比上限由7%提高至15%，建筑面积占比上限相应提高，最高不得超过30%，提高部分主要用于建设宿舍型保障性租赁住房，严禁建设成套商品住宅；鼓励将产业园区中与各工业项目的配套比例对应的用地面积或建筑面积集中起来，统一建设宿舍型保障性租赁住房

资料来源：全国与各省市住房规划和政策文件。

　　各地在颁布上述规定的同时，在实践中纷纷进行了探索。目前，保障房用地的供应主体除代表国家行使国有土地权力的地方政府外，还有拥有集体土地的经济组织以及拥有存量土地使用权的企事业单位。

　　但是，关于两类主体的供应保障性住房用地，中央政府的管理尚有提升空间：一是缺乏顶层设计。保障房用地的全国供应总盘子如何？每类供应主体所供应土地的比例和进度如何？三种供应主体如何相互补充、相互竞争？二是集体经济组织和拥有存量土地使用权的企事业单位在供应保障房用地时，其激励和规范机制如何建立？企事业单位在将存量土地使用权转化为保障房建设用地时，是否会造成没有存量土地使用权的企业在市场竞争，特别是人才竞争方面的不公平？

三、探索多样化的保障性住房用地供应方式

　　保障性住房用地的供应方式，既取决于一国的土地制度，又与住房保障的定位相关。从各国实践看，多数国家实行土地私有制，但政府及公共部门也会拥有一定数量的土地，这为保障性住房建设用地提供了基本条件。从使用制度看，多数发达国家与新兴工业化经济体以有偿和有限使用为基本特征。有偿使用是土地使用制度的核心；而通过城市规划、建筑条例等对土地使用进行种种限制，即有限使用，则是土地使用制度的条件。

　　保障性住房用地的供应方式，无非分为无偿和有偿。新加坡与中国香港地区长期采用划拨方式，德国和法国在特殊时期也曾采用无偿供给土地的方式。

例如，第二次世界大战后法国政府直接提供土地，但其一般位于郊区或远郊区（王一和张尚武，2015）。但有些国家也采用有偿方式供应土地。例如，韩国采用低于市场价格的方式供应土地，以市价60%～80%的价格提供公共租赁住房开发用地（陈杰和张鹏飞，2010）；英国则采用市场价格供应土地，但适度调整土地使用费的缴纳方式与缴纳时间；美国一些地方采用容积率奖励，间接鼓励私人或单位提供保障房用地；日本地方政府实行类似土地银行的做法，购置大片住房建设用地（张运书，2011），地方政府负责出地，其中，保障性住房土地优先供应（黄海洲等，2015）。

建议中国以产权理论为依据，根据以有偿为核心、有限为条件的土地使用原则，针对不同类别的保障性住房，采取多样化的土地供应方式。具体地，以往廉租房可以采取划拨方式，公租房可以采取土地租赁、作价入股等方式有偿使用。所谓土地租赁，是指土地供应主体（政府、集体经济组织或拥有闲置国有土地使用权的企事业单位）把土地租给公租房项目投资主体，通过分期缴纳土地使用费，降低公租房投资者的资金压力。而作价入股，就是借鉴经济适用房中共有产权的做法，土地供应主体以土地入股，与公租房投资方进行合作，但政府不参与公共租赁住房经营期间的收益分享。而当前"三位一体"住房保障体系中，公租房以划拨为主，保障性租赁住房可采取出让、租赁或划拨等方式，共有产权房以划拨和出让为主。

同时，鼓励集体经济组织利用集体土地、企事业单位利用存量土地开发面向社会的保障房，政府可以采用购买服务的形式，与集体经济组织或企事业单位签订协议，按市场价格长期租赁住房或以缺口补助的方式锁定保障房房源，调动社会力量开发建设保障性住房。

第二节　资金筹集：财政与社会资金并重

保障房建设的第二个决定性要素就是资金。从资金来源来看，我国城镇保障房建设投资主要来源于财政、贷款、政府债券和其他资金。其中，财政资金来源整体较为稳定，如表10－6所示，2011～2018年基本稳定在2 000亿元左右，2019年在保障房建设下降的背景下也有所下滑。贷款方面，2014～2018年是政策性银行棚改贷款投放的高峰，其中，2018年投放达到1.29亿元。

表10-6　2008~2019年中国保障房建设投资情况

年份	实际新开工			保障房投资资金投向				保障房投资资金来源				
	保障房（万套）	棚改（万套）	非棚改保障房（万套）	投资额（亿元）	棚改（亿元）	非棚改保障房（亿元）	财政（亿元）	政策性银行棚改贷款（a）（亿元）	除（a）以外保障房贷款（亿元）	棚改专项债（亿元）	保障性安居工程专项债（亿元）	其他投资（亿元）
2008	231	76	155	1 726	630	1 096						
2009	330	130	200	2 877	1 597	1 281						
2010	590	320	270	5 381	4 173	1 207	921					
2011	1 043	417	626	9 104	6 835	2 269	2 040					
2012	769	317	452	10 800	8 116	2 684	2 036	778	2 171			5 815
2013	678	350	328	11 405	8 655	2 750	1 893	1 060	1 153			7 299
2014	740	470	270	12 900	9 605	3 295	1 778	4 265	2 104			4 753
2015	783	501	182	15 400	12 399	3 001	2 049	7 793	3 541			2 018
2016	687	606	81	16 859	14 800	2 059	2 405	11 858	869			1 727
2017	661	609	52	19 658	18 400	1 258	2 122	12 800	523			4 214
2018	670	626	44	18 147	17 400	747	2 036	12 856	1 807	3 153		-1 769
2019	354	316	38	12 588	12 000	588	1 405	2 670	2 346	7 024		-858

资料来源：郭镇、乐加栋：《保障房专题研究：中国城镇保障房、保障性租赁住房与房地产投资》，广发证券，2022年。

一、财政资金为主的保障房资金筹集

保障性住房按照产权的性质可分为出售型和出租型。出售型保障房主要包括往年的经济适用房、限价商品房以及当前"三位一体"住房保障体系中的共有产权房。这类保障房可通过产权出售在较短时间回收资金，所以社会资金愿意投入，政府的资金压力较小。棚改房的资金主要通过土地商业开发收益来补偿，但随着较好位置的棚户区改造的完成，后续棚改房的资金将出现较大的困难。出租型保障房主要包括公共租赁住房（含廉租房）和保障性租赁住房，由于资金回收期长、投资收益低，其对社会资金的吸引力较小，而财政负担较重。所以，出租型保障房的资金压力要远远高于出售型（即产权型）保障房。这也是各地政府对产权型保障房建设特别青睐的原因，各类保障房资金压力分析如表 10 -7 所示，当前"三位一体"体系中各类保障住房资金分析如 10 -8 所示。

表 10 -7　　　　　各类保障房资金压力分析

保障房类型	资金注入	资金回流	还本付息压力	后续支出
廉租房	建安成本	租金 + 政府补助	大	大
公租房	土地价款（出让）+ 建安成本；建安成本（土地划拨）	租金 + 政府补助	大	大
经济适用房	建安成本	售房款	小	无
限价房	土地价款（出让）+ 建安成本	售房款	小	无
棚改房	土地价款（出让）+ 建安成本	少量售房款 + 腾退土地出让金	取决于土地出让进度与商业价值	无

资料来源：顾建发，陈晟. 上海（中国）房地产发展报告 2014 ~ 2015 ［M］. 上海：上海社会科学院出版社，2015.

表 10 -8　　　　"三位一体"住房保障体系资金压力分析

保障房类型	资金注入	资金回流	还本付息压力	后续支出
公共租赁住房	土地价款（出让）+ 建安成本；建安成本（土地划拨）	租金 + 政府补助	大	大
保障性租赁住房	土地价款（出让）+ 建安成本；建安成本（土地划拨）	租金 + 政府补助	大	大
共有产权房	土地价款（出让）+ 建安成本	售房款	小	无

资料来源：2024 年"三大工程"解读系列报告《保障性住房政策演变和投融资模式》。

我国保障房建设具有明显的政策推动特点，政府财政投入是保障房建设资金投入的重要来源。2009年以来，我国保障性安居工程的财政支出呈现出快速上升—趋于平稳—小幅下降的整体趋势（见图10-1）。

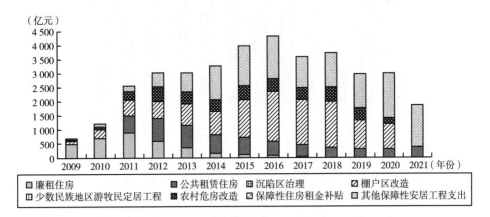

图10-1　保障性安居的财政支出情况

注：其他保障性安居工程支出包括改变公房土地性质补缴土地出让金，经济适用房、公共租赁住房审核工作经费，其他保障性住房的基础设施建设等。

资料来源：刘艳，焦阳：《我国逐步完善以政府引导、市场驱动的保障性住房体系》，联合资信，2023年。

从2009~2021年保障性安居工程财政支出结构来看，用于棚户区改造的财政支出在全部保障性安居工程财政支出中占比最大，为31.81%；然后为公共租赁住房、农村危房改造和廉租住房，其财政支出在全部保障性安居工程财政支出中占比分别为14.90%、11.19%和9.09%。从中央和地方财政支出占比来看，地方财政支出中用于保障性安居工程的占比一直维持在96%以上，是保障性安居工程建设的主要资金来源（见图10-2）。

近几年，随着"三位一体"住房保障体系的确立以及中央和地方对保障房建设的大力支持，政府在保障房资金供应方面的主导作用有所缓和。以四川省绵阳市"三位一体"保障房体系中的保障性租赁住房为例，2022年绵阳市已到位保障性租赁住房财政补助资金3304万元，申请专项债资金7.08亿元，银行贷款资金13.32亿元①。

---

① 资料来源：《关注新市民和青年人四川保障性租赁住房建设加快推进》，《四川日报》，2022年11月18日。

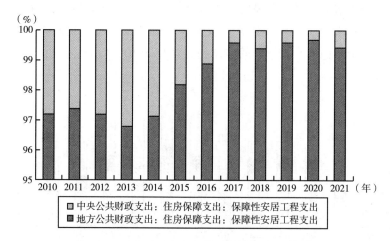

图 10 - 2　我国保障性安居工程的财政支出结构

注：其他保障性安居工程支出无法匹配至具体保障房类型。

资料来源：刘艳，焦阳：《我国逐步完善以政府引导、市场驱动的保障性住房体系》，联合资信，2023 年。

二、财政资金与社会资金并重的中国实践

保障房主要为让中低收入家庭解决住房困难，通过保障房可以实现"第二次财富分配"，让低收入群体能够走上共同富裕的道路。前已述及，由政府财政直接投入、土地出让金净收益和住房公积金增值收益构成的财政性资金是我国保障房建设最重要的资金来源。但保障房不仅建设期的资金投入巨大，后期运营也需要持续的资金投入，因而以财政资金为主的模式具有明显的不可持续性。因此，有必要及时调整优化政策，促使地方政府和社会单位加大投资建设保障房，从而形成一个良性循环。从各国实践看，保障性住房建设资金主要依靠财政投入（包括财政资金与税收减免两部分）和社会资本两大类。

英国工业化较早，其保障性住房建设资金筹集模式在一百多年的发展过程中发生了很大变化，即从公共筹资向私人筹资模式转变。1935 年，英国开始实行地方政府住房收支账户（HRA）制度。该账户由收入与支出组成，收入包括租金、地方税补贴和国家补贴，支出包括住房建设贷款支付、管理和维修费用。当账户出现赤字时，联邦政府将增加补贴额度，以实现收支平衡。当公共住房出现短缺时，联邦政府通过增加住房补贴以刺激地方政府建设更多的住

房；当联邦政府推动贫民窟拆迁时，就相应增加贫民窟改造补贴的额度；当政府鼓励节约用地时，就规定高层公寓可以享受额外补贴。20 世纪 70 年代，公共住房建设的筹资模式开始转变，私人筹资模式逐步成为主要的融资方式。这种转变主要是由保障性住房供给主体由地方政府逐步转变为住房协会造成的。2005 年，英国住房协会住房供给量升至 180 万套；到 2010 年，英国大部分公共住房都由独立的住房协会，而不是地方政府提供和管理。在住房协会建设公共住房的过程中，政府对其建设成本补贴的方式也逐渐调整。1989 年，政府取消全额补贴，改为对建设成本进行比例补贴。根据相关数据，住房协会获得补贴的平均比例从 1989～1990 年度的 75% 下降到 1998～1999 年度的 56%（Cope，1999）。这时，住房协会开始转向资本市场向私人筹资。住房协会在早期从资本市场获得的资金有限，1989～1990 年度为 3 亿英镑，同时，利率较高，一般高于地方政府的低风险贷款利率。到 2002 年 4 月底，英国住房协会的私人融资达到了 260 亿英镑，同时，利率下降，2001～2002 年度住房协会的私人贷款利率与制造企业的私人贷款利率基本持平。

美国以公共筹资建设少量的保障性住房。作为自由市场经济发达的国家，美国政府对住房市场的直接干预较少，直接建造的少量保障房的建设资金来自财政投入。而另一种具有保障性质的住房，即政府资助的私有租赁住房，在建设过程中享受政府提供的补贴与利率优惠，但社会资金是其主要来源，具有私人筹资模式特点。

韩国保障房包括公售房、公租房、永租房和国租房四类。其中，后三类统称为韩国的公共租赁房。公售房的建设资金可由出售获得回收，而公共租赁房的建设资金主要由财政投入，同时吸收社会资金参与。比如，永租房建设的资金 85% 来源于政府投资。为推动公共租赁房建设，韩国成立专门的政策性住房金融机构——国民住宅基金（NFF）。由于私人资本的积极参与，2004 年公共租赁住房存量中由私人开发建设的占 60.3%[①]。

从中国实践看，各地也正在进行资金筹集方面的探索。

第一，发行地方政府债券或转借国债。已有省份（如新疆、安徽）通过财政部代发地方政府债券用于廉租房建设。除财政部代地方政府发行债券外，2011 年，上海、浙江、广东、深圳四省市还试点自行发行地方债支持保障房建设。

---

① 　中南财经政法大学房地产研究所课题组，《中国保障性住房投融资方式创新研究》，《湖北省住房保障课题成果汇编》，第 247 页。

第二，包括政策性和商业性贷款在内的银行贷款。首先，根据国家开发银行（国开行）公布的年报数据，该行贷款是保障性住房建设的主要融资渠道，而且利率低（5.39%）、期限较长（一般为 15 年）。厦门是首批住房租赁试点城市之一，也是中央财政支持住房租赁市场示范城市。截至 2019 年末，国开行累计为 11 个厦门公共租赁房重点建设项目发放贷款 11.17 亿元。2022 年，为加快发展保障性租赁住房、老旧小区改造和棚户区改造，助力实现住有所居，国开行全年发放保障性住房贷款 1 302 亿元，筹建保障性租赁住房，惠及居民超过 27.8 万户；累计支持 99.2 万老旧小区居民改善居住条件以及 2.600 万户居民"出棚进楼"[①]。其次，抵押补充贷款为保障性住房等"三大工程"建设提供中长期低成本资金支持。住建部数据显示，2016～2020 年，棚改项目新开工超过 2 300 万套，完成投资约 7 万亿元，抵押补充贷款在此期间累计投放 2.59 万亿元，在棚改投资中占比约为 37%[②]。央行数据显示，2023 年 12 月，国家开发银行、中国进出口银行、中国农业发展银行净新增抵押补充贷款 3 500 亿元，新一轮抵押补充贷款将加速推进保障性住房等"三大工程"建设。最后，商业银行在公租房和保租房建设融资中的作用也日益增强。2010 年，中央在北京、河南等地试点开展联接住建部、公积金中心的保障性住房建设贷款业务。当年，工商银行全年累计发放保障性住房开发贷款 94.15 亿元，同比增长 55%；建设银行累计发放保障性住房开发贷款 44.3 亿元，比年初增加 31.4 亿元，支持了 67 个保障性住房建设项目。当然，商业银行贷款有资本金和担保抵押要求，利率也较高。

第三，项目自身的经营性收入，包括保障房租金收入以及经营性配套设施的租赁或销售收入。

第四，保障性租赁住房 REITs。产权型的保障房通过房屋销售，租赁型保障房可以争取进入 REITs 试点，让资金快速回笼，减轻建设单位与持有机构的资金压力。2022 年 8 月 31 日，红土深圳安居 REITs、中金厦门安居 REITs、华夏北京保障房 REITs 作为首批保障性租赁住房 REITs 试点项目正式上市。其中，红土深圳安居 REITs 首次上市发行规模达 12.42 亿元。当然，保障性租赁住房筹建资金需求大、资金投入周期长。目前，保障性租赁住房 REITs 的发展仍处于起步阶段（刘冉，2023）。

---

①　资料来源：国家开发银行年度报告。
②　资料来源：根据央行、住建部、中指研究院相关报告综合整理。

第五，其他融资渠道。2010 年以来，南京、上海、天津等城市先后试点社保基金、保险资金等新型融资渠道，融资规模在 30 亿~40 亿元。

2011~2019 年，全国城镇安居工程投资完成 12.07 万亿元，各级财政投入达 18 685 亿元，通过银行贷款、发行企业债券等社会融资方式筹集安居工程资金 91 793 亿元，上述两大来源占总投资的 76.08%（郭镇和乐加栋，2022）。

整体看，当前阶段，我国保障房资金必须采取财政资金与社会资金并重的模式。财政资金以间接投入为主、直接投入为辅，对社会资金进行利率补贴和税收优惠，发挥引导与激励的功能，起到四两拨千斤的作用。

三、社会资金参与保障房投资的模式创新

目前，公租房是我国住房保障发展的主要方向之一，同时也是资金筹集的难点所在。公租房建设资金投入量大，但回收期长、收益有限使其融资困难重重。公租房要得以全面快速发展，必须借助社会资金。在这方面，世界各国有着成功的先例。英国住房协会经历了从政府投资到社会资金的转型，从 1989/1990 年度到 1998/1999 年度获得政府补贴的平均比例从 75% 下降到 56%（Cope，1999），但到 2002 年 4 月底，英国住房协会的私人融资达到了 260 亿英镑。韩国公共租赁房（公租房、永租房和国租房）中，除永租房建设资金的 85% 来源于政府投资外，其他公共租赁房建设则大量依赖社会资金。为推动公共租赁房建设，韩国成立专门的政策性住房金融机构——国民住宅基金（NFF）。由于私人资本的积极参与，2004 年，公共租赁住房存量中由私人开发建设的占 60.3%[①]。

公租房的融资借助资本市场工具才能得以快速和高效地发展（见图 10-3）。房地产信托投资基金在美国及全球是房地产投资金融产品中发展最快、最成熟的产品。公共租赁住房投资信托基金（REITs）利用住房租赁的稳定现金流和房地产未来增值吸引以社保及养老基金为主力的机构投资者进行长期投资。从美国公开上市的房地产信托投资基金历史表现来看（见图 10-4），它具有相对稳定和较高的收益。公租房如果能够利用这一金融产品进行融资，将极大地提高融资效率。

---

① 中南财经政法大学房地产研究所课题组，《中国保障性住房投融资方式创新研究》，《湖北省住房保障课题成果汇编》，第 247 页。

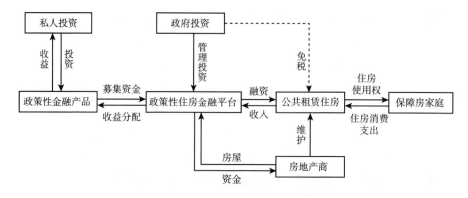

图10 – 3　社会资金参与保障房投资结构

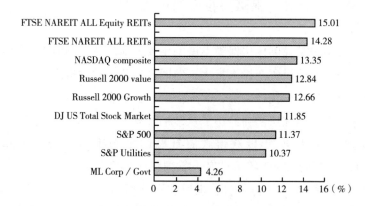

图10 – 4　2003～2023年美国REITs平均年收益与其他金融工具比较

注：图中英文从上至下依次是指富时美国权益类REITs指数、富时美国全市场指数、纳斯达克综合指数、罗素2 000价值指数、罗素2 000成长指数、道琼斯全市场指数、标准普尔500指数、标准普尔公共事业指数、ML Corp/Govt债券指数；图纵坐标为金融工具类型、横坐标为平均年收益率。

资料来源：美国国家房地产投资基金协会（NAREIT）和中泰证券研究所。

　　实务及学术界对于以公租房为基础发行房地产投资信托基金有所争议，其难点在于公租房收益的有限性。公租房租金一般低于市场租金，如何在低租金情况下保证公租房投资信托基金能够满足投资者的正常回报要求，本书认为可以从以下方面考虑。

　　第一，公租房投资信托基金的合理回报应该低于其他同类住房投资信托基金。其原因是公租房因低租金和政府担保的优势，其投资风险大大降低。它适合于相对低风险和低收益的长期投资者。

　　第二，公租房投资信托基金需要政府在资金之外的投入和支持。在上一节中提到住房城乡建设部《关于加快发展公共租赁住房的指导意见》规定，"面向经济适用住房对象供应的公共租赁住房，建设用地实行划拨方式供应。其他方式投资的公共租赁住房，建设用地可以采用出让、租赁或作价入股等方式有偿使用"。通过划拨和作价入股的方式取得土地可以极大降低公租房投资者的成本，从而提高其投资回报率。而政府通过牺牲公租房土地的部分土地使用金促进公租房的建设和发展。在这样的假设下测算，公租房投资信托基金的回报率可以满足投资者要求。

第三，允许公租房投资信托基金项目在适当时期、适当条件下从租转售，实现投资者对基金的增值要求，同时可兑现政府的土地收益。公租房的先租后售是发展趋势，也是本书所提出的合理发展模式之一。当公租房由被保障人购买部分产权时，基金投资人就可以获取公租房增值收益，并部分或全部退出该套公租房的投资。另外，由被保障人购买产权后上市交易的住房需要按照其与政府在该套公租房之间的共有产权比例进行收益分享，实现政府在退出的同时获得土地收益。

通过此模式，政府在没有直接资金投入的前提下借助社会资金实现了公租房的开发建设，同时获得了土地的增值收益。

第三节　房源筹措：政府与市场互动

一、政府以新建为主的房源筹集

当前，我国保障性住房由政府主导并以新建为主。这一模式的特点主要表现为建设资金主要由政府财政直接投入、建设用地由政府提供、规划选址由政府决定、保障房的分配与运营也由政府主导。这种模式能在较短时间建设大量保障房，这是其优点。但长期看，政府投入过多，对商品房市场产生挤出效应，政府承担责任过大，财政负担重、效率低。政府新建的保障房可具体分为集中新建、分散配建和存量改建三种模式。

（一）集中新建

地方政府一方面要完成中央政府规定的保障房建设目标，另一方面又要考虑自身面对的资金、土地资源的约束。基于保障房建设任务与单一项目资金平衡的考虑，以及按照公租房选址城市环境的不同，集中新建大类又可以细分为保障房片区内新建型、居住片区内新建型、科教及高新产业片区内新建型、混合片区内新建型等。

大规模开工建设保障性住房时期以集中新建为主，配建较少。这种现象在房价高、外来人口多、土地资源紧缺、保障压力大的城市尤为突出。例如，上海保障房主要依托大型居住区建设。大型居住区占地面积大约为 5 平方公里，能容纳 10 万人左右。保障房在大型居住区率先开发，带动新区人气集聚，加快政府基础设施与配套设施建设可以提升大型居住区商品房用地的价值。

如前所述，政府主导集中建设尽管具有在短期内大量增加保障房的优点，但容易造成阶层隔离，影响社会的和谐与稳定。

（二）分散配建

在经适房建设减少、廉租房并入公租房的背景下，为了实现保障房分散布局，中央政府对商品房中的保障房配建比例进行了规定，即在普通商品房中按建设项目住宅建设面积 5% ～ 10% 的比例配建公共租赁住房。根据对各地政府出台的配建比例的整理（见表 10 - 9）可知，北京规定的比例达到 30%，其他各地规定的配建比例仍有待提高，同时，大多数地方对配建比例没有明确规定，即使有规定也未有效执行。

表 10 - 9　　　　　　　　　各省市对商品房中配建保障房比例的规定

北京	商品住宅用地原则上均需配建保障性住房，配建比例不低于 30%，在轨道交通沿线等周边区域的住宅用地配建比例还应适当提高。在新建普通商品住房，特别是在生产生活便利、租赁需求集中的物业中配建一定比例的保障性租赁住房
福建	按照年度住宅建筑面积不低于 10% 的比例配建公共租赁住房；棚户区改造项目，扣除拆迁安置房后，按照不低于 5% 的比例配建公共租赁住房或者廉租住房
云南	按照不低于总建筑面积 5% 的比例在普通商品住房项目中配建公共租赁住房
江西	在普通商品房中按建设项目住宅建设面积 5% ～ 10% 的比例配建廉租住房、公共租赁住房

资料来源：部分省（区、市）住房发展规划文本汇编，住房城乡建设部住房发展与改革司，2014 年 3 月。

分散配建有利于防止中低收入居民过于集中带来的社会问题，也有利于减轻政府的财政负担。但是，不同收入的居民同住一个小区，其存在的收入差距、理念差距也带来管理难等问题。此外，目前国家政策大力推广的企业或园区配建更贴近职工集体宿舍的概念，通常以企业为单位申请，并由企业协助政府相关部门管理自身职工的准入、运行和退出。

而无论政府集中新建还是分散配建，都不利于利用社会存量房资源。这两种方式在住房短缺的情况下可以采用，但在住房供需基本平衡的情况下不宜再采用。从长期来看，由于部分出租型保障房的产权属于政府，同时，住户支付能力有限，随着时间推移，住房维修成本上升，分散配建的方式给政府财政造成了巨大压力，使其难以持续有效地运行。

（三）存量改建

随着房地产市场从增量市场到存量市场的转换，存量改建是加快保障性住房发展的重要手段。尤其对于大城市而言，棚户区或城中村代表着历史遗留的、低效的但通常土地价值较高的建设用地，该模式即是将此类用地再开发并部分改建为公租房。在城区土地紧张的情况下，如何向存量土地要空间成为各大城市正在或将要面临的问题。深圳的改建实践走在前列，2020年，深圳颁布《深圳市人才住房和公共租赁住房筹集管理办法（试行）》，通过盘活城中村房源等开拓公租房筹集渠道。同时，作为中国现代商业的起源地，上海也是城市更新的先行者，更早一步进入存量时代，引领着中国商业地产蜕变的脚步。2022年，上海市政府通过出台《本市非居住存量房屋改建为保障性租赁住房的实施意见》政策加快发展保障性租赁住房。

此外，大量空置房是房地产供给过剩最为直观的体现。研究表明，就空置率而言，中西部地区低于东部，城市中心区低于新区和郊区，普通住房低于高档住房，对于经济发达、城市扩张快速的各大城市而言，高空置率是对资源的极大浪费。深圳、上海等城市在将空置办公楼、闲置酒店和商务公寓等社会存量建筑改建成公租房，但由于受到用地性质、政府回购能力、回购建筑自身条件等限制，需要各地政府因地制宜、量力而为。

二、从政府主导到政府引导的房源筹集

我国保障房建设前期虽然大多采用政府新建为主，但目前已出现不少政府引导下的房源筹集方式的创新与试点。而这一从政府主导到政府引导的房源筹集方式策略的改变与欧美国家住房保障发展的历史经验也相符合。

在欧美国家，由政府主导的大规模保障性住房建设大多伴随着城市化进

程的发展、城市人口的快速增加、城市住房需求快速增长的社会背景；或者
由于战争的原因，存量住房遭到了严重的破坏，在较短时间内需要大量的住
房。其中，以德国最为突出。德国在二战后建设了大量的保障性住房，具体
情况如表 10 - 10 所示。除了德国以外，英国、匈牙利、波兰等欧洲国家也
建设了大量或者较高比例的保障性住房，这可能与其信奉的有计划的市场理
念有关；而北美的加拿大、美国政府建造的保障性住房较少，政府对住房市
场的干预也多采用财政与金融手段。虽然多数欧洲国家曾经建设过大量保障
性住房，但政府直接建设的情况依然较少，多数通过对企业资金、财政税收
补贴以及土地方面的优惠来激励保障性住房建设。随着时间的推移，一般在
住房供需大体平衡后，政府不再大规模地支持保障性住房建设；同时，由于
大规模的存量保障性住房所带来的严重财政负担，政府通常会选择出售部分
保障性住房。

表 10 - 10　　　　　　　　　各国保障性住房建设情况

国家	政策	保障房占比
德国	第二次世界大战后，德国住房短缺，政府通过无息或低息贷款支持私人和企业建设用于出租的社会保障房；1998 年以后，随着经济发展和居民收入的增加，德国政府不再直接参与住房建设。在住房供需基本平衡时期，住房保障方式以租金补贴为主。但当前，德国住房保障政策的基本形式为实物配租和货币补贴。实物配租包括供给补贴住房和住房促进。其中，供给补贴住房是政府鼓励私人投资建设的为低收入者服务的住房。住房促进是基于各类住房合作社集资建房、成本价出租的新兴住房保障形式。货币补贴包括住房全额补贴和住房部分补贴，当居民净收入低于全民净收入中位数的 60% 时，其便可申请货币补贴	最多时 600 多万套。目前仅剩余 150 万套左右，约占市场租赁住房的 8%（陈怡芳、高峰和于江涛，2012）
美国	一是政府建房，即政府出资、政府建设并拥有的公共住房；美国约有公共住房 130 万套，大多数建于 20 世纪 60～70 年代，到 80 年代后停建。二是合作建房，即政府出资或提供政策支持、非政府部门建设或购买并拥有的住房。美国于 1961 年开始合作建房，目前建成住房 300 多万套。三是市场租房，即低收入家庭在私人住房市场上自选租房、政府给予租金补贴的住房。1974 年，美国修订《住房法》，建立了对低收入家庭在私人住房市场上租房给予租金补贴的制度。1983 年，美国再次修订《住房法》，进一步完善了这种做法，实行租房券制度	根据美国住房和城市发展部的统计数据，超过 500 万家庭需要保障性住房，但实际上只有约 150 万的保障性住房单位（李雅菲和祁怀利，2023）

续表

国家	政策	保障房占比
加拿大	一是政府建房，即政府出资、政府建设并拥有的公共住房；加拿大从20世纪40年代开始建设公共住房，1985年停建，共有4 800个公共住房项目、约20.5万套公共住房。二是合作建房，即政府出资或提供政策支持、非政府部门建设或购买并拥有的住房。加拿大从20世纪40年代开始合作建房。目前，联邦政府大约建成25万套合作住房。三是市场租房，即低收入家庭在私人住房市场上自选租房、政府给予租金补贴的住房。1973年，加拿大修改《国家住房法》，明确政府对低收入家庭在私人住房市场上租房给予补贴	加拿大历史上总共建造45.5万套公共住房
匈牙利	"预制板楼"的快速修建给现行政府留下了历史包袱。住房租金援助制度由国家和地方政府各承担50%；对于密集型公寓式住房的维护与修缮，国家财政和地方政府各提供维修费用的1/3，业主自付1/3	匈牙利"预制板楼"单元房总数约有70万套，居住在这种住房中的人口200万左右，占匈牙利人口总数的20%（匈牙利、波兰低收入家庭住房保障考察报告，2008）
波兰	"社会租赁住房体系"（TBS）是指波兰政府为解决低收入者住房问题，通过向依据"社会个人购房法"成立的房屋建造商提供贷款支持而建造专门供低收入者租用的住房。该类住房简称为TBS住房，建造该类住房的建造商简称TBS公司或组织。TBS政府建设基金、启动资金完全来自国家财政投入，同时，中央财政每年向该基金注入新资金。2006年之前注入额平均每年约4亿兹罗提，2006年为3亿兹罗提。同时，TBS住房所收租金全部划入该基金	2005年以前，平均每年建造量为5 000~7 000套TBS住宅。2006年有所好转，但也只建造了7 000套TBS住宅

资料来源：根据住房保障相关文献与资料整理得到。

　　我国政府引导下房源筹集方式的创新与试点主要体现在公租房房源筹措领域。从保障性房源筹措的主体与客体出发，不同房源筹措方式的特点为：

　　第一，从公租房房源筹措主体看，需要处理政府与社会组织的关系。根据政府在公租房房源筹措中的角色以及社会组织参与的程度和方式，可分为政府主导和政府引导社会经营两种方式（见表10-11）。政府主导的房源筹措方式中，政府参与度相对较高，其在组织房源筹措过程中通常会获得房屋的所有权或使用权，房屋出租给保障对象后，租金由政府确定，该租金通常低于市场租金。政府引导的房源筹措方式中，政府对保障房建设和分配的过程不直接参与，只实施审核和监督职能；同时，政府利用土地出让、税收及金融优惠政策等方式引导社会组织参与保障房的供应及管理，以实现政府的住房保障职能。

表 10 – 11　　　　　　　　　　保障房源筹措的基本方式

	政府主导	政府引导
增量	政府筹建	社会组织建设
存量	政府收购（获取所有权） 政府经租（不获取所有权）	所有者出租（开发商、企业、居民） 中介公司经租

第二，从公租房房源筹措客体看，房源可以是增量建设，也可由存量转化。其中，存量转化既可对工业厂房进行建筑改建，也可以从存量保障住房或商品住房中选择适当房源纳入保障性住房体系中。增量方式适合房源短缺时使用，存量方式适合房源总体供应充足时使用。

三、政府引导下市场化手段筹措保障房房源的机制构建

在扎实推动共同富裕的历史阶段，利用有限的住房保障资源满足多样化且不断增长的住房需求的关键在于如何在资源分配过程中建立正向激励机制。因此，在住房结构变迁背景下，在不同时期住房保障政策关于准入、腾退机制设计和获得住房后的使用与再处置原则上，应当建立有限期或长期租赁的保障机制；同时，在不违背市场经济原则的基础上，积极推进基本公共服务权益的均等化，促进共同富裕目标的实现。本节继续以公租房为例，通过前期调研成果并根据我国城市现状和住房特点构建以下三种市场化的房源筹集机制。

（一）政府主导，区县公租房机构代理经租

该方式可将其他保障房房源快速转化为公租房。具体由有政府背景的区县级公租房公司对保障性住房聚集区内的潜在公租房房源实施代理经租，发挥体制优势，快速并顺利地推进。由保障房开发商协助装修可以确保质量、提高效率。同时，快速、成批量人口导入有利于提升保障房聚集区的成熟度。

该房源按其所有权主体分为两种。第一种房源，政府从保障房开发商处以成本价集中购买或租赁滞销的共有产权房或配套商品房；第二种房源，与居民达成长期租赁协议，将居民多余房源适当集中，便于装修、租赁和管理。此方式的运行机制如图 10 – 5 所示，包括房源收租、房源装修和房源分配三个过程（见图 10 – 5）。

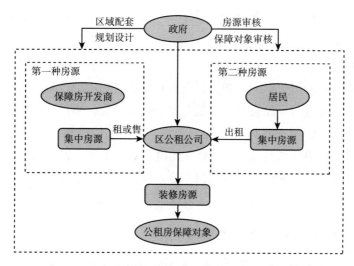

图 10-5　"政府主导，区公租机构代理经租"运行机制

（二）政府引导，社会机构代理经租

对于社会闲置的可出租房源及可改造的非居住房屋，鼓励现已初具规模的社会机构代理经租公司经营此项业务（见图 10-6）。

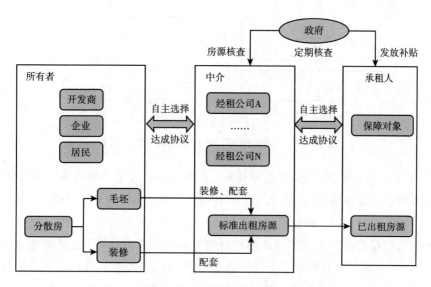

图 10-6　"政府引导，社会机构代理经租"运行机制

代理经租公司通过在住房市场上寻找合适房源，与房主签订中长期租赁协议，将房屋按公租房标准装修后以略低于市价的价格租给保障对象。政府负责：第一，保障对象与房源的定期审核；第二，审核通过后落实承租人补贴和其他优惠政策。

该方式下政府担负引导职能，即负责对社会机构代理经租公司的公租房运营进行监督和规范，保障公租房承租对象的合法利益，通过制定税收等优惠政策进行扶持。上海市通过调研发现，青客、蘑菇等以散租公寓为主的经租公司，其大量出租房间的月租金在 2 000 元以下。其中，青客的出租房中月租金在 1 500 元以下的占 50% 以上，其以刚毕业在沪就业大学生为目标人群，符合公租房关于保障对象的定位。

（三）政府引导、所有者出租

政府引导、所有者出租方式是一种公租房房源的自主寻找机制。公租房房源由保障对象在市场上自主寻找，签订租赁协议后方可申请补贴；政府主要承担房源及补贴资格审查和发放公租房补贴的职责（见图 10－7）。

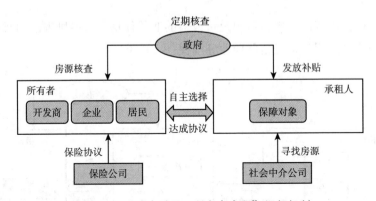

图 10－7 "政府引导，所有者出租"运行机制

该方式下政府主要提供需求方补贴。按照公共政策学中的成本—效益分析，其政策效益是使公租房被保障群体获得住房，其成本主要指补贴的租金。为了在保持成本不变的基础上给被保障者提供同样数量和品质的住房，特以上海市闵行区翔泰公租房为例，比较其"新建公租房"与"需求方补贴"的政策成本。该项目 90 平方米居室的租金为 1 520 元/月，其建设成本为 3 500 元/平方米（不含土地成本）。与现行政府主导、规模建设模式相比，成本约为每套 31.5 万元；所有者出租模式，政府在 50 年内的成本现值为 17.25 万元（假设政府提

供的补贴为租金的30%，即456元/月；租金增长率为3%，折现率为现行贷款基准利率5.15%）。可见，政府引导、所有者出租模式在实现相同的政策效益时，政府成本得到极大降低。

思 考 题

1. 我国保障性住房用地供应有哪些特点？其面临的主要问题是什么？

2. 租赁住房专项用地的推出对保障性住房建设有什么影响？能否推广至其他城市？

3. 如何拓展和创新保障性住房资金筹集渠道？

4. 阐述保障性租赁住房REITs运行模式，如何实现资金流动？

5. 保障性住房房源筹措包括增量（集中新建、分散配建）与存量（存量改建），如何权衡两种筹措方式以填补我国保障房建设缺口？

6. 你认为应该如何优化我国保障性住房的房源筹措方式？

第十一章　现代化住房保障
管理体系的探索

从 2008 年住房保障事业拉开大幕，到 2024 年的今天，经过十多年的大规模建设与发展，中国住房保障已成体系。在供给端，政府拥有大量保障性住房资产，保障房资源也已初具规模；在需求端，以提升低收入住房困难家庭住房可支付性能力的政策体系已基本形成。当大量保障房完工投入使用环节时，保障性住房的管理、分配、后期运营，特别是被保障家庭的进入与退出面临更大的挑战。住房保障的可持续运行，亟须建立现代化的管理体系。这一体系，应由完善的住房保障法规、服务与资产运营并重的住房保障组织定位、行政化与现代化结合的住房保障管理组成，框架如图 11-1 所示。

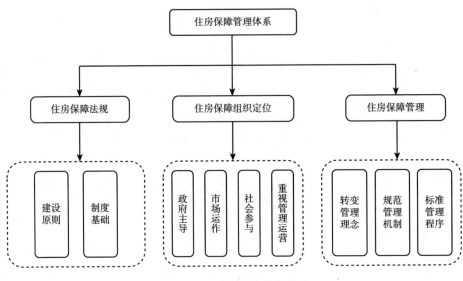

图 11-1　住房保障管理体系

第一节　住房保障法规：从缺失走向完善

我国住房保障在取得一定成就的同时，在住房保障法规体系建设方面仍需加强，我国至今尚未建立全面规范的住房保障法规体系，这制约了住房保障事业的有效可持续推进。

一、中国住房保障法律的缺失与不完善

中国住房保障工作自中华人民共和国成立以后就全面展开，但从管理手段看，还未上升到法律层面。就综合性法律而言，我国的宪法和民法通则中没有关于公民住房权利的相关规定；就部门法律看，尚未出现一部关于住房保障的法律。多数住房保障的规定都是以政府文件的形式出台，各个时期中央关于住房保障的相关政策如表 11 - 1 所示。

表 11 - 1　　　　　　　　各个时期中央关于住房保障的相关政策

时期	社会背景	住房供应特点	代表性政策
20 世纪 50 ~ 80 年代末	计划经济时期，城镇居民的工作和生活主要由单位组织，企业单位办社会，各类福利与就业单位直接挂钩	中华人民共和国成立初期，老城中心贫民区治理以及新的工矿点配套住房建设解决基本居住问题；单位统包住房投资建设，以实物形式向职工分配，即近乎无偿使用的福利性住房制度。后期出现住宅商品化趋势	国家计划委员会《关于职工宿舍居住面积和造价的暂行规定》（1954）；国家建设委员会《民用建筑设计参考指标》（1957）；国家建委、城建总局《关于城市出售住宅试点工作座谈会情况的报告》（1982）
20 世纪 90 年代 ~ 2005 年	1992 年市场经济体制正式确立，国家随之在城市进行了包括税收、国企、住房等一系列改革，减轻了政府行政成本，提高了市场运行效率	真正意义上的商品住房出现，停止住房实物分配，逐步实行住房分配货币化；建立和完善以经济适用房为主的多层次城镇住房供应体系；发展住房金融，培育和规范住房交易市场	国务院《关于深化城镇住房制度改革的决定》（1994）；财政部《城镇经济适用住房建设管理办法》（1994）；人大《城市房地产管理法》（1995）；国务院《关于进一步深化住房制度改革 加快住房建设的通知》（1998）

续表

时期	社会背景	住房供应特点	代表性政策
2006 年以来	经济快速增长后，国家宏观经济面临投资过热、物价上涨；房价高歌猛进，政府开始高度关注快速增长背后的民生问题	抑制房地产市场过热增长，缓解和解决中低收入家庭的住房困难，调整住房供应结构，建立市场经济体制下包括保障性租赁住房、公租房、共有产权房在内的三位一体住房供应体系	建设部等七部门《关于调整住房供应结构稳定住房价格意见的通知》（2006）；建设部《廉租住房保障办法》（2007）；建设部等七部门《经济适用住房管理办法》（2007）；国务院《关于促进房地产市场平稳健康发展的通知》（2010）；国务院《关于坚决遏制部分城市房价过快上涨的通知》（2010）；国务院《关于进一步做好房地产市场调控工作有关问题的通知》（2011）；国务院《关于保障性安居工程建设和管理的指导意见》（2011）；《公共租赁住房管理办法》（2012）；住建部等《关于做好住房救助有关工作的通知》（2014）、住建部等《关于进一步做好棚户区改造工作有关问题的通知》（2016）、住建部等《关于做好城镇住房保障家庭租赁补贴工作的指导意见》（2016）、国务院《关于加快发展保障性租赁住房的意见》（2021）、国务院《关于规划建设保障性住房的指导意见》（2023）

资料来源：申明锐，罗震东. 英格兰保障性住房的发展及其对中国的启示 [J]. 国际城市规划，2012，27（4）：28－35.

　　各级政府依据中央政府相关法律政策，结合各地实际，制定了住房保障地方性的相关规定。尽管国务院在酝酿制定《城镇住房保障条例》，但迟迟未见发布实施，《中华人民共和国住房保障法》更没有提到议事日程。无论从中国住房保障的实践看，还是从住房保障在社会经济发展中的重要性看，我国都亟须成体系地制定全国层面的住房保障法规。从中央到地方已经颁布的相关文件和所进行的实践探索已经为住房保障法规的制定奠定了基础。

二、住房保障法律建设的国际经验

　　世界各国在住房保障工作推进过程中都强调立法先行。既通过法律明确政府在住房保障方面的责任，同时界定中央与地方政府的职责分工，对于相关的住房保障机构也明确了其相应的法律地位。

　　英国城市化进程的时期较早，住房问题也出现得较早。其在 1919 年颁布的《住房法（1919）》（The Housing Act of 1919）中明确规定住房问题属于公共事务，国家应对公共住房提供支持，地方政府应发展房屋租赁和销售市场以满足工作人群的住房需求。1919～1939 年，英国通过一系列住房法案来促进这个目标（陈杰和曾馨弘，2011）。《住房法》以相对完整的住房法律体系来明确地方政府对公民住房保障的责任和义务，确保每个公民的居住权得以实现。1972 年，《住房金融法》实施，住房救济项目开始由中央部门转向各级地方政府来进行管理。1985 年，《住房协会法》出台并逐步修订，明确了住房协会在住房保障中的法律地位，大量由地方政府管理的公共住房逐步转到住房协会，住房协会成为新的公共住房的供给者和管理者。2004 年起，私营房地产商得以介入公共住房建设，《2008 住房复兴法案》（Housing and Regeneration Act 2008）准许盈利机构登记成为公共住房提供者（John Thornhill，2010）。从英国住房保障法律的发展历程可以看出，其通过法律逐步明确了地方政府在住房保障方面的主要责任地位，同时给予其他机构在住房保障方面相应的法律地位。

德国为规范国内住房社会保障体系的运作，专门设立了严格的法律，对居民的居住权、住宅保障职责、住宅财税金融政策和房屋租赁双方权利义务等都进行了详细的规定。德国的《民法》是住房保障的根本大法，规定了居住权是公民权利的重要组成部分，政府必须保障公民的基本居住条件；同时，还明确了德国联邦政府与各州政府在住房建设与保障方面的职责等（薛德升等，2012）。

1937 年，美国国会通过的第一部公共住房法案标志着政府开始对低收入者实施住房保障政策。1949 年出台的《全国住房法》中明确提出美国住房政策的目标是"向全体美国人民提供体面、安全和可负担的住房"。这也成为历届美国政府公共住房政策的指导方针。美国通过制定一系列法律条款来保障低收入群体住房，例如，《合众国住房法》规定，为低收入家庭修建公共住房制定长远计划。《国民住宅法》要求建立住房管理署，设立联邦存款和贷款保险公司，由政府提供低利息贷款，鼓励私人投资于低收入家庭公寓住宅。《开放住房法案》为帮助穷人成为房主，规定 10 年内为低收入家庭提供 600 万套政府补助住房，并禁止在购买和租用房屋时的种族歧视（倪志纯、孙金虎和裴慧敏，2013）。

日本政府也制定了大量法律、法规，形成了比较完备的住房建设和住房保障法律体系。按性质大体可分为三类：一是引导住宅产业发展的综合性政策和法规。《住宅建设规划法》明确了中央政府和地方政府在住房供应方面的责任。二是具体组织实施的政策法规。例如，组织住房建设五年及十年发展计划和规划的《住宅建设计划法》《公营住宅法》《地方住宅供给公社法》《土地区划整理法》等。三是住宅产业技术、标准的法律法规。2005 年 6 月，政府出台了《居住基本生活法》，以法律形式对未来 5 ~ 10 年的住宅目标、政策保障措施等进行明确规定，这标志着日本住房建设已从重视数量建设转向全面提高生活品质和居住环境建设的新阶段。

三、中国住房保障法律体系的建构

（一）住房保障法律体系的建设原则

1. 明确政府和市场的关系。住房保障的实质是政府提供公共服务，以解决部分低收入住房困难群体的住房问题。在强化政府公共服务职能的同时，更要避免政府干预对市场的过度伤害，寻找市场化与政府保障的最佳结合点。因此，住房保障法律需妥善处理政府干预和市场化的关系。

2. 统一性与灵活性相结合。由于各地区的社会经济发展状况存在差异，因而住房保障法律体系应注重全国统一性和地方性事务的特殊性，做到原则性和实践可操作性的有机结合，在统一的总体目标和制度框架下，给地方政府留有充足的操作空间。

3. 针对性与协调性相结合。既注重与相关法律的协调，又要对问题具有针对性。住房保障法应以宪法有关规定为依据，注重与《中华人民共和国城市房地产管理法》《中华人民共和国土地管理法》等现行法律的衔接，并与《社会保险法》等法律制度相协调，但又要针对本身面临的问题提出相应的法律依据。

（二）明确住房保障的制度基础

1. 明确住房保障的含义。在立法中要明确住房保障的含义。"保障性"主要体现在努力让住房困难且依靠自身努力无法改善居住条件的公民享有适当的居住条件。

2. 住房保障的基本原则。可分为四个方面：第一，保障公民的基本居住需要原则。明确享有基本住房保障是住房困难公民的权利，政府应予以保障。第二，政府主导、社会参与原则。住房保障是政府不可推卸的责任，同时也应注重调动社会各界资源的积极参与。第三，与经济社会发展状况相适应的协调发展、逐步推进原则，处理好需要和可能的关系、住房保障和防止福利陷阱的关系。第四，在全国统一的政策目标基础上因地制宜的原则。

3. 政府责任与职权划分。住房保障法应明确将住房保障纳入政府公共服务职能，由政府负责。明确中央政府与地方政府住房保障事权、合理划分中央与地方政府财权、建立中央对地方的住房保障转移支付体系。

4. 住房保障的标准与体系。住房保障标准应与经济发展的阶段水平相适应，首先，要消灭低收入者因为经济困难而居住在环境恶劣的住所或无处容身，保障其基本的生活所需。其次，根据经济条件，逐步提高保障标准。建议住房保障法可规定住房保障的最低面积标准和对经济发达地区指导性保障面积标准，最低面积标准不应低于 15 平方米，指导性面积标准不高于当地居民人均住房面积水平。最后，明确住房保障供给体系。

5. 保障性住房建设与管理要素保障。住房保障法应明确保障性住房建设与管理要素保障措施，包括机构设置、土地指标、资金筹措、政策支持。建立国家、省、市、区负责建设与管理的机构，保障必备的人员配备；建立保障房用地指标与商品住房用地指标挂钩制度；建立支持保障性住房建设的稳定的、低成本的资金筹措渠道；对于中西部财政困难地区，国家通过中央预算内财政补助等方式给予支持。住房保障资金应当统一纳入财政专户管理，用于保障性住房的建设、筹集、维修和管理以及货币补贴的发放等。

6. 住房保障的准入与退出。住房保障的准入制度应包含财产收入与住房状况申报、审核、公示及异议处理，轮候，保障性住房配置或者住房货币补贴发放。住房保障的退出制度应包含复核的调整和退出、保障对象的主动退出与强制退出、异议、退出宽限和对拒不退出对象的处理。

7. 监督管理。我国应着力完善社会保障政府责任制度。住房保障法中明确规定了对县级以上人民政府住房保障工作实施情况的监督和考核机制。具体包括人大监督、上级政府对下级政府的监督和考核、监察和审计监督、社会监督等。

8. 法律责任。住房保障法应对弄虚作假骗取住房保障、逾期不退出保障房、单位和个人协助弄虚作假、国家机关及其工作人员渎职等情形作出严格的法律规定。

第二节　住房保障组织定位：服务与资产运营并重

一、政府主导的非市场化功能定位

保障房作为准公共产品，政府在住房保障方面负有天然的责任，同时，由于保障房的建设和管理利润微薄，市场化机构不愿进入住房保障领域，导致住房保障体系仍然为政府主导的非市场化功能定位。当前，我国已经形成了包括公租房、保障性租赁住房和共有产权房的三位一体的住房保障体系。其中，公租房和共有产权房的建设、资金管理和后期管理仍然由政府主导。

公租房的建设方式及其对应的资金来源主要有以下两种：第一种，委托代建。政府划拨土地，通过招标等方式选择专业化的项目管理单位负责项目实施管理，待项目竣工验收后交付使用。委托代建方式的初始资金来源于政府投入，项目建设过程中的资金由银行贷款、保险等构成，资金从始至终由政府承担。第二种，配建。政府在出让商品住房土地时设定一定比例的公租房配建标准，项目建成后将无偿交由政府使用。资金来源于购买土地的房地产开发企业，政府无偿获得使用权。目前采用委托代建方式建设的公租房数量远高于配建，委托代建过程中，土地、资金和后续的管理运营都由政府负责，政府承担了公租房运营和建设的责任。

共有产权房的建设方式及其对应资金来源主要有以下两种：第一种，直接招标。政府划拨土地，通过项目招投标确定符合资质的房地产开发企业进行建设，由政府购买并负责销售，并根据工程开发阶段支付开发商建筑费。第二种，配建。与公租房配建模式相同，目前大部分城市共有产权房建设较多采用政府划拨土地直接招标的方式，政府不仅承担开发商建筑费，同时将减免的土地收入和相应税费作为政府出资。虽然共有产权房由政府和购房者共同承担住房建设资金，合同中明确规定了政府和购房者的产权份额及将来上市交易所得价款的分配份额，在一定程度上缓解了政府的资金压力，但仍然存在回购期不明确等问题，从而限制了共有产权房的市场化功能。

作为中国经济中心的上海，外来人口多，住房价格高，住房可负担性差，住房保障压力大。上海住房保障组织结构分工明确、市场化程度较高，但共有产权房和公租房的建设、资金来源和管理运营仍然由政府主导。上海住房保障机构主要有以下三类：第一类，住房保障管理与执行机构。市住房和城乡建设管理局主要负责制定全市的住房保障发展规划和政策法规、保障房的分配、参与住房保障资金的管理以及公有住房租金的调整。第二类，保障房建设机构。上海地产集团作为市属功能类国企，是目前上海保障房最主要的建设机构之一。截至2023年，上海地产集团共运营管理10个公共租赁住房项目，供应房源约1.3万套。至"十四五"期末，集团各类租赁住房建设运营规模预计将达6万套，服务超过10万户家庭。除上海地产集团及其下属公司外，其他市场化企业也参与全市保障性住房的建设。第三类，保障房运营机构。2011 年，上海各区开始成立公共租赁房投资运营有限公司，公司以"国有独资、独立法人、封闭运作"为原则，主要负责各区面向社会的公共租赁住房投资、建设和运营、管理，着重体现公共服务功能，以保本微利为营运目标。

二、政府引导的市场化功能定位

与公租房和共有产权房不同，保障性租赁住房在政府引导、探索市场化功能的过程中积累了较为成功的经验。从建设主体方面看，各市场主体均可参与保障性租赁住房建设，建成后的房屋所有权亦归投资者所有。2021 年 7 月 2 日，《国务院办公厅关于加快发展保障性租赁住房的意见》指出，"引导多主体投资、多渠道供给，坚持'谁投资、谁所有'，主要利用集体经营性建设用地、企事业单位自有闲置土地、产业园区配套用地和存量闲置房屋建设，适当利用新供应国有建设用地建设，并合理配套商业服务设施。支持专业化规模化住房租赁企业建设和运营管理保障性租赁住房"。从资产运营方面看，保障性租赁住房建设企业积极运用房地产投资信托基金（REITs）等金融产品，探索"投—融—管—退"全过程链条，加强底层资产运营能力，利用持续的租金现金流与底层资产增值吸引公众投资者进入保障性租赁住房投资领域。2022 年 8 月末，首批保障性租赁住房 REITs 试点项目正式上市。保障性租赁住房的实践为住房保障组织定位由政府主导的非市场化功能转向政府引导的市场化功能作出了良好示范，各地保障性租赁住房市场化功能定位范例如表 11 - 2 所示。

表 11 - 2　　　　　各地保障性租赁住房市场化功能定位示例

名称	城投宽庭	厦门安居	深圳安居
发行时间	2023 年 12 月 22 日	2022 年 8 月 12 日	2022 年 8 月 16 日
项目名称	光华社区、江湾社区	园博公寓、珩琦公寓	安居百泉阁、安居锦园、保利香槟苑、凤凰公馆
建设主体	上海城投房屋租赁有限公司	厦门安居集团有限公司	深圳人才安居集团
运营管理机构	上海城投置业经营管理有限公司	厦门住房租赁发展有限公司	深圳人才安居集团
资金来源	国泰君安城投宽庭保租房 REIT	中金厦门安居 REIT	红土深圳安居 REIT
土地来源	土地出让	土地出让	土地出让
建设方式	自建	自建	自建、配建

三、构建服务与资产运营并重的住房保障组织体系

住房保障体系的良性和高效运行需要准确的信息、科学的管理、充足的供给和稳定的资金支持。从发达国家看，尽管在推进住房保障的历史进程中，理念会更新，制度体系也会调整，但总体上还是相对连贯和持续的，有许多经验值得借鉴。

（一）分工明确、各司其职的住房保障机构

中低收入阶层住房问题需要全社会关注和共同克服。住房保障组织体系的架构一般由决策协调机构、具体执行机构和金融中介机构三个层次构成。

1. 决策协调机构。住房保障体系的高效运行是一个极其复杂的系统工程，涉及财政、税务、土地、规划、司法等部门。为了有效协调各部门的工作，确保相关政策法令的执行，一些国家先后设立了高层次的决策协调机构，负责制定住房保障的规划和政策，合理配置土地、资金等资源，协调住房保障体系的运行。

2. 具体执行机构。除少数国家外，政府决策协调机构一般不直接参与住房市场，而是由专门的机构来具体执行有关政策和计划，以解决中低收入阶层的住房问题。具体执行机构主要包括国有住房公司和民间非营利组织两大类。其中，国有住房公司以地方政府所有为主，民间非营利组织则包含住房协会、私有企业、宗教或慈善机构的住房组织等。

3. 住房金融机构。由于住房价格偏高，中低收入阶层、转移人口在短时间内难以完全通过自有资金来获得住房，于是开展住房信贷的住房金融机构成为解决居民购买住房资金缺口的重要渠道。一方面，鼓励个人储蓄和利用抵押贷款建、购房，由金融机构将量小分散、期限短暂的资金转化为数量较大、期限较长的资金；另一方面，政府给予中低收入家庭的资助性资金也需要金融机构进行营运管理。

（二）服务与资产运营并重的中国住房保障组织设计重点

1. 建立独立的住房保障部门。目前，我国保障性住房管理主要由住房和城乡建设部门、国土部门、民政部门负责，存在多头管理现象，不利于住房保障政策的落实与问责。建议效仿发达国家的做法，设立垂直的住房保障管理机构，由其负责对住房保障的规划、建设、土地资金供给、房屋建设管理，形成

统一建设、分配和管理的运行管理机制，使住房保障的融资机制、土地供给机制、分配机制、审核机制、监管机制、退出机制等能够有效运行。

2. 增加住房保障主体的多样性。住房保障是一项系统工程，单靠政府的力量无法兼顾资金筹集、建设、管理等方面的要求，因此，住房保障组织体系需要积极吸纳社会力量，增加住房保障主体的多样性。政府应将职责更多地转移到政策制定、资金保障和监督监管方面，而将保障住房的建设、管理让渡给市场化的社会组织。从发达国家的住房保障实践来看，市场化的社会组织在住房保障中发挥了重要的作用。20世纪80年代，英国将地方政府负责的公共住房移交给住房协会，由住房协会负责公共住房的供给和管理机构。增加住房保障主体的多样性不仅有利于减轻政府的财政负担，提高市场资金在社会保障领域的参与；同时，也能够激发市场活力，增加保障住房的供给，使住房保障体系发展更为健全。

3. 重视保障房资产的管理与运营。2008年被称为中国住房保障元年。从这年开始了以新建为基本特征的保障之路。由于住房保障的任务主要来自上级政府的要求，中国住房保障组织结构的设计主要是为了完成这一任务。各城市基本设立了相应的国有企业专门负责保障性住房的建设，例如，黄石市众邦住房投资有限公司、芜湖市芜湖宜居投资（集团）有限公司。由于保障房建设资金的不足以及资金运营管理的专业性，很多城市通过这类公司为保障房建设融资，主要方式为发行企业债券、保障房建设用地的抵押贷款等。

在保障性住房大规模新建结束后，这类建设公司的职能必将发生转变，将由建设者变成保障房资产的管理者和运营者，事务管理与资产运营压力明显增大，迫切需要加强管理与运营方面的机构建设与人员投入。

4. 完善住房保障政策性金融机构。通过比较发达国家住房保障组织结构的设计可以知道，政策性金融机构是确保住房保障良好运行的重要支撑。中国保障性金融组织在提高中低收入家庭支付能力方面主要以各城市的住房公积金为主。但由于中低收入家庭参保率较低，同时，面对大中城市的高房价，其购买住房的可能性较低，住房公积金对于改善中低收入家庭住房困难的贡献有限。因此，建议拓宽公积金使用范围，如支付房租、异地购房等。

在保障房建设方面，主要的金融机构是国家开发银行的金融事业部。由于国家开发银行是按市场规律运行的主体，保障房建设投入的资金回收期较长，其很难投入大量资金进行保障房建设。建议借鉴国外的经验，需要建立政策性金融机构，一方面，需要财政给予补贴与优惠；另一方面，需要其能够吸引社会资金。

第三节　住房保障管理：行政化与现代化的融合

在工业化与城镇化进程中，伴随着经济发展、人口流动，中国大中城市居民住房支付能力不足问题将长期存在。同时，持续多年的保障性住房建设已经累积了大量的存量住房。这两方面对中国住房保障管理提出了新的要求。或者说，中国住房保障在新的历史时期面临新的形势、担负着新的使命。既面临如何有效管理巨额存量保障房资产的任务，又面临如何应对保障对象日益提高的住房保障需求的压力。这需要政府在住房保障管理理念与体系设计中有更多的考量。

一、传统中国住房保障的行政化管理方式

迄今为止，中国住房保障管理仍以行政化为特征，其本质在于上级政府对下级政府的行政考核。调研发现，为了达成每年保障性住房建设的数量，中央政府对各省级行政单位进行建设数量指标的下达和考核；同样，省级政府对下属各地市也进行指标下达与考核。如此一级压一级的考核体系保证了巨量保障性住房在短期建成。在对建设量进行行政化管理的同时，对于保障房的分配、信息等方面也进行行政化考核，如安徽省住房保障工作考核评分细则（见表11-3）。

表11-3　　　　　　　　　安徽省住房保障工作考核评分细则

大项与分值	小项与分值
目标任务 （30分）	全面完成省政府与各市政府签订的年度保障性安居工程开工目标任务的（15分）
	全面完成省政府与各市政府签订的年度保障性安居工程基本建成目标任务的（10分）
	全面完成省政府与各市政府签订的年度新增租赁补贴目标任务的（5分）
政策措施 （25分）	资金落实（10分）：按规定使用和管理中央、省各类保障性安居工程补助资金的（4分）；按规定在地方财政年度预算、土地出让收入按规定比例提取、住房公积金增值净收益中落实保障性安居工程建设资金的（4分）；中央代地方发行的债券和经中央批准试点发行的地方债券，优先用于保障性安居工程建设的（2分）
	土地供应（10分）：本地区年度国有建设用地供应计划中将保障性安居工程建设用地单列指标、优先安排，并落实到具体地块的（2分）；依法依规及时办理保障性安居工程建设用地手续的（3分）；保障性安居工程建设项目需要办理土地征收和农用地转用的，及时按项目单独组卷上报审批的（2分）；当年保障性住房、棚户区改造住房和中小套型普通商品住房用地不低于住房建设用地供应总量70%要求的（3分）
	税费优惠（5分）：落实国家关于保障性安居工程建设免收各项行政事业性收费和政府性基金优惠政策的（3分）；落实保障性住房以及棚户区改造涉及的各项税收优惠政策的（2分）

续表

大项与分值	小项与分值
建设管理 （15分）	项目建设（7分）：保障性安居工程立项、用地、规划、施工等前期手续完备的（2分）；结合本地实际，落实5%廉租住房和10%公共租赁住房配建政策的（2分）；各类保障性住房和棚户区改造住房累计竣工率达到全省平均水平以上的（3分）
	工程质量（8分）：保障性安居工程建设项目严格执行省保障性住房建设标准等规定的（4分）；工程质量和施工安全符合标准、总体受控的（4分）
分配管理 （10分）	完善住房保障申请、审核、公示、轮候、复核制度，公布申请范围和条件，健全退出机制的（3分）
	严格执行规定的审核、公示等程序，严把保障性住房准入审核关，做到分配公正、公平、公开的（2分）
	保障性安居工程（含保障性住房和棚户区改造住房）分配率在全省平均水平以上的（2分）
	建立健全保障性住房运营管理机制，规范租售和使用管理，运转有序的（3分）
制度建设与 基础管理 （15分）	规划计划（2分）：制定2013~2017年棚户区改造规划的（2分）
	统计报告（3分）：按照国家和省统计报表制度要求，及时、准确上报数据，无虚报、瞒报、漏报现象的（3分）
	基础管理（10分）：住房保障制度和配套措施健全并做到政务公开（3分）；落实全省住房保障信息管理系统基础数据录入进度要求的（2分）；住房保障信息管理系统投入使用，保障性住房和住房保障档案健全，实行动态监管，并与相关信息系统衔接（3分）；按国家和省要求，公开本地保障性安居工程建设计划和开工、竣工项目，分配信息，并定期更新（2分）
工作绩效 （5分）	工作实绩（3分）：工作成绩突出，措施得力，被省委、省政府领导同志批示肯定；年内在中央或省主要新闻媒体或省委、省政府有关信息专刊上刊登经验、做法或成效；在当地召开现场会的（3分）
	工作创新（2分）：结合地方实际、积极创新推动工作并取得明显成效的（2分）

这种自上而下的行政式考核是全国范围内普遍存在的现象。这一模式的特点从考核分值设计上就可以看出，与建设相关的项目包括目标任务、政策措施、建设管理等方面，共70分。与保障房运营管理有关的包括分配管理与退出管理，共10分。可见，中国现阶段的住房保障侧重建设而轻运营。而且，无论是保障房建设，还是保障房的管理，均采用行政化手段。

二、国外住房保障管理现代化理念的借鉴

国外，特别是西方发达国家在住房保障等公共服务领域进行了大量的探索与革新，对这些实践进行理论总结对于中国建立现代化的住房保障管理体系意

义重大。

西方发达国家鉴于民主政治的制约，政府承担了包括住房保障在内越来越多的公共服务领域的责任。为了更有效率地完成政府对选民的承诺，政府大力借助准政府组织——也被马斯腾·格雷夫、马修·弗林德斯和桑德拉·凡·蒂尔（Carsten Greve, Matthew Flinders and Sandra Van Thiel, 1999）称为准自治组织（Quasi – Autonomous Organization, QAO）——来承担政府提供公共服务的责任。西方准政府组织是在基本法律框架下经由民选政治家的二次委托和授权而产生的，准政府组织与政府的关系是委托人与代理人的关系（Terry M. Moe, 1984）。准政府组织的产生能够降低成本、提高效率。奥利弗·威廉姆森（Oliver E. Williamson, 1981）以及詹姆斯·马奇和约翰奥尔森（James G. March and Johan P. Olson, 1983）从交易成本理论分析认为，准政府组织的产生是由于作为理性行为主体的政府希望用最小的成本获得最大的收益，即用最小的代价实现公共行政的目标。克里斯托弗·胡德（Christopher Hood, 1991）直接把公共行政等同于公共服务的制度安排。他认为，新公共管理的一个重要特征就是在公共部门中引入竞争机制，以降低管理成本，提高服务质量，也就是"在将市场竞争机制引入公共服务组织的运行过程中，实现公共服务市场化"。亨克·博格特（Henk J. Bogt, 2003）认为，准政府组织的大量增加可以提高政府效率、降低行政成本、辅助政府完成政策目标。整个英国住房保障制度的变迁过程，恰恰展现了政府逐步从直接提供住房保障服务到借助准政府组织和其他社会组织完成保障任务的过程。

（一）"新公共管理"的概念与特征

20世纪绝大部分时期，英国公共服务管理被认为属于公共行政的范畴，而公共行政与商业管理是相独立的。住房保障领域的管理理念与一般的公共服务一样，也具有公共行政的特点，由聘任的专业人士在拥有绝对优势的公共服务部门进行管理，被认为是最有效率的。这种理念在最近30年里受到包括"新公共管理""管理主义""现代化"这样一些新观念的巨大冲击。

新公共管理出现于20世纪80~90年代，一般是指在调整公共和私人部门、专业人员和管理者、中央与地方政府之间关系的一系列改革，把居民和当事人当作公共服务的用户对待，在当前英国经济环境下有必要对公共服务机构重新定位。

新公共管理力图推动公共行政转变为公共管理，将私人部门的管理理念与实践应用于公共服务领域。一些学者认为，基于公共服务的特点，公共服务领域的管理理念应以反映社会共同意愿为服务宗旨，而公共管理机构应依据公共意愿来决定其管理项目和管理措施。

新公共管理理念深受公共选择理论和管理主义的影响。公共选择理论认为，鉴于公共服务部门机构庞大、权力垄断、潜在利益很大，但缺乏监管以及消费者选择有限的问题，政府对公共机构的管理应由集中的公共官僚模式转变为分散模式。公共机构应拆分为更小的单位，尽量在市场化运作下去满足服务对象的需求；减少其垄断地位，并控制其预算支出。管理主义认为，现代复杂组织实现目标的能力可以通过非官僚化的机构得以加强，私人部门治理优于公共部门管理，因此，需要扩大私人部门的范围，让管理者自己管理，从而提高效率。对效率的绩效评估采用明确的绩效标准，鼓励其在市场竞争下测定绩效目标，以结果而不是程序的正确性来评估管理水平。

新公共管理主要有以下四个类型：效率提升型、机构精简和分散型、追求卓越型、公共服务取向型。

20世纪80年代，为了提高公共服务机构的效率，英国开始通过四项措施实施效率提升型管理模式：第一，对资金进行更严格的管制；第二，强化监督管理；第三，实行标杆管理；第四，通过建立新激励机制和组建治理机构，把专业人士与工会的权利转移给管理者和用户。效率提升模式引入后，绩效管理体系逐步建立起来，从而降低了公共服务机构的运营成本和住房的空置率，使得住房保障公共机构由松散状态向竞争状态发展，从而更多关注底层民众的利益诉求。

机构精简和分散型模式侧重对基层机构的改革，主要包括：第一，以多个小部门的管理机构取代庞大的等级管理机构；第二，通过合同管理将住房收购从英国公共服务体系之外包出去；第三，强调住房产品的灵活性与多样性，而不是标准化。这些措施的实行，带来了以下变化：住房部门开始分散运作、住房协会的权力增加而地方政府的权力减少、公共机构的管理结构从等级结构向网络结构转变。

追求卓越型模式以管理学中的人际关系理论为基础，强调公共服务机构应建立一种追求卓越的新型组织文化。这种新型组织文化的特点，在于注重赋权、鼓励学习、完善内在行为和塑造信仰。随着卓越管理模式的推进，英国住房部门开始建立由租户和委员会组成的"最佳价值"评估小组，住房部门的服务质量得到不断改进。同时，社会住房机构不再是被动执行政府指令，而是积极提出部门规章的修改意见；英国公共服务机构开始关注组织目标的制定、企业形象的塑造、公关策略的建立以及人力资源职能的强化。

公共服务取向型模式突出公共管理的目的应以服务为宗旨。这一模式包括以下内容：第一，在兼顾成本的情况下，强调服务的质量；第二，关注全体国民的利益；第三，注重住房保障地方责任体系的构建与价值观的提升。在这一改革的推动下，英国住房协会逐步转变为以追求长期利益为目标、以住房租赁为主要业务的半私营部门，从而蜕变为一种全新的住房治理机构。

（二）管理现代化的概念与特征

与管理主义一样，现代化管理理论认为，借鉴私人部门的管理经验有助于解决英国公共服务机构的效率。在此基础上，政府开始加强对公共机构的监管评估，政府采用了公共服务协议（public service agreements，PSAs）来衡量公共机构的绩效。

管理现代化的理念主要体现在最佳价值模式上。这一模式是其核心部分，强调合作、集体商议和服务改进，同时认为服务供给机构不应参与市场竞争。这一模式不同于其之前的强制性竞标模式（compulsory competitive tendering，CCT），这一模式下地方政府公共服务机构需要为项目参加竞标。最佳价值模式重视用户和一线职员对服务的评价，强调协作工作和合作管理。基于此，公共服务体系赋予住房私人维修承包商一定的服务评价权，同时，也不再把竞争看作服务外包的必要条件。

最佳价值模式扩大了新公共管理改革的范畴，把管理主义理念上升为国家政策。到20世纪末，英国住房协会已经采用了外部评估、组织发展管理和组织内部评估等一系列管理方法，具体包括人力投资者认证标准、ISO9000标准、商业优势评估、组织价值观和宗旨、员工和董事会发展计划、社会审计、商业运作评估、作业成本制、风险管理和商业运作规划。最佳价值模式对于大型住房协会来说收益较大，而对小型房企来说成本较高，而且收益不高。若是能够降低成本，则将使整个住房领域的管理发生根本性变化。

三、住房保障现代化管理体系的构建

（一）以新公共管理理论为基础转变管理理念

要从行政化管理理念中走出来，一方面借鉴国外的住房保障先进管理理念，另一方面注重总结市场中房地产物业企业的先进管理经验，建立面向保障对象、服务保障主体与客体、有效配置保障资源、具有现代管理主义取向的价值体系。

传统的住房保障管理方式行政化特征较强，上级政府制定明确的考核细则，对下级政府进行行政考核，地方政府为提升行政考核表现，在工作中过于重视上级政府下达的保障房建设数量、建设用地安排等指标，在一定程度上忽视了保障房后续管理工作及管理程序的落实。同时，对经济发展水平不相同的地区采用相同的考核标准也是不合理、不科学的。新公共管理理论认为，公共服务领域的管理应反映公共服务使用者的社会共同意愿，而公共管理机构应依据社会共同意愿，来决定其管理项目和管理措施。因此，各级政府制定的住房保障管理目标应考虑到本地区经济能力、房地产市场情况和各类困难群体住房需求，因地制宜，而非"一刀切"。政府应积极关注保障对象及社会组织提出的意见，提升保障房的持续运营能力，做好保障房运营管理工作。

（二）规范管理机制，健全监管机制

规范保障房的准入标准，地方政府应根据自身经济发展水平、保障住房供应能力，建立包括收入、财产、纳税额等在内的多方面、全方位的资格审查制度，确保保障对象符合准入标准。建立与民政、公安、社保、公积金、房产、工商、银行等部门联动的住房保障信息系统，形成完整的信息系统管理体系；建立完善的物业管理规章制度，促进有序、和谐的保障房社区氛围的形成；建立保障房退出标准，明确与当地人均收入、人均财产水平相符合的退出标准；强化宣传引导机制，通过政府部门、产权运营单位、物业企业、社会媒体、居民群众等多方努力，开展对保障家庭的提醒告知，增强保障对象对保障房政策的正确认识，向潜在保障对象科普保障房相关政策。

建立健全监管机制，设立违规行为限制机制。建立动态复核标准，对保障对象是否满足保障标准进行定期复核；对违规出租等家庭采取暂停房屋网签、再购房、产权登记等限制措施，并将其纳入人民银行等个人信用管理体系；对因不符合保障标准、不缴纳房租导致需要退出保障政策的保障对象，采取警告、直接清退等措施，同时也将其纳入银行信用管理体系；推行信息公开制度，向社会公开申请人的申请材料、轮候顺序、分配方案等，让全社会对保障房分配进行共同监督，杜绝腐败问题的发生。

（三）优化管理程序，严格违规惩罚

优化保障房准入管理程序，严格按照地方政府规定的准入标准进行核查，确认保障对象的年收入、财产状况等符合规定的准入标准。规范使用信息系统管理体系，对保障对象在各联动系统的财产状况、征信情况进行全面核查，但也必须杜绝私自使用信息系统管理体系查询无关人员信息的情况。

优化保障房退出管理执法程序，其一要规范事前的动态复核程序。对不同对象家庭、企业人才和外省市务工人员的资格进行动态监管，实时复核是否存在因保障对象生活水平提升而不再符合保障标准的情况。监管机构要遵守开展日常巡查、入户调查等工作的规范化管理程序。其二要规范事后的退出执法程序。对于主动退出的保障对象，按正常退出标准执行；对于逾期不缴纳租金导致被强制清退的对象，严格遵照违规行为限制惩罚机制，对该类对象作出暂停网签等处罚。

思 考 题

1. 简述中国住房保障法律体系存在的主要问题。
2. 结合国际经验，阐释中国住房保障法律体系建设应遵循的原则。
3. 如何理解服务与资产运营并重的住房保障组织定位？
4. 试分析政府在住房保障中的主导作用与市场化运作的关系。
5. 如何借鉴国外住房保障管理的现代化理念来完善我国的住房保障管理？

参 考 文 献

[1] 艾斯平·安德森. 福利资本主义国家的三个世界 [M]. 北京：法律出版社，2003.

[2] 曹振良，高晓楚. 中国房地产业发展与管理研究 [M]. 北京：北京人学出版社，2002.

[3] 陈宏胜，李志刚. 中国大城市保障房社区的社会融合研究——以广州为例 [J]. 城市规划，2015（9）.

[4] 陈杰. 我国房价收入比的变动趋势与区域差异 [J]. 价格理论与实践，2009（6）.

[5] 陈杰，曾馨弘. 英国住房保障政策的体系、进展与反思 [J]. 中国房地产，2011（8）.

[6] 陈杰，张鹏飞. 韩国的公共租赁住房体系 [J]. 城市问题，2010（6）.

[7] 陈怡芳，高峰，于江涛. 德国、瑞士低收入家庭住房保障考察报告 [J]. 财政研究，2012（3）.

[8] 陈宇峰，杨雨濛. PPP 模式在保障性住房领域的适用性研究及发展建议 [J]. 科学·经济·社会，2020，38（2）.

[9] 成思危编. 中国城镇住房制度改革——目标模式与实施难点 [M]. 北京：民主与建设出版社，1999.

[10] 程大涛. 住房用地二元体制下地方政府建设保障房动力机制研究 [J]. 浙江学刊，2013（4）.

[11] 褚超孚. 城镇住房保障规模影响因素的相关分析研究 [J]. 浙江大学学报（人文社会科学版），2005（4）：106-113.

[12] 邓泽球，李开明. 共同富裕的实现路径 [N]. 光明日报，2021-09-16（6）.

[13] 丁祖昱. 中国房价收入比的城市分异研究 [J]. 华东师范大学学报

（哲学社会科学版），2013，45（3）.

［14］董昕. 动态趋势与结构性差异：中国住房市场支付能力的综合测度［J］. 经济管理，2012（6）.

［15］高广春. 低公平：住房公积金之痛［J］. 银行家，2017（7）.

［16］高培勇. 为什么说促进共同富裕要正确处理效率和公平的关系［J］. 理论导报，2021（10）.

［17］高培勇. 新型城市化背景下的住房保障［M］. 北京：中国财政经济出版社，2012.

［18］高新，唐永忠. 美德两国住房保障制度之异同及其对我国的启示［J］. 北京交通大学学报（社会科学版），2013（2）.

［19］郭为公. 关于城市住房的居住基本标准［J］. 世界建筑，1994（2）.

［20］郭玉坤. 中国城镇住房保障制度设计研究［M］. 北京：中国农业出版社，2010.

［21］洪亮平，何艺方. 英国住房保障制度与政策评介［J］. 城市建筑，2013（1）.

［22］洪运. 重构农村住房保障制度的必要性与可行性——以成都统筹城乡改革为背景［J］. 中国房地产，2009（10）.

［23］侯军岐，员晓哲. 新阶段我国贫困与反贫困策略［J］. 西北农林科技大学学报（社会科学版），2006（5）.

［24］黄大志，亚得列·雅蒲，张占力. 新加坡：从普遍提供公共住房到满足日益增长的私人住房需求［J］. 经济社会体制比较，2013（4）.

［25］黄海洲，汪超，王慧. 中国城镇化中住房制度的理论分析框架和相关政策建议［J］. 国际经济评论，2015（2）.

［26］黄清. 德国低收入家庭及公务员的住房保障政策［J］. 城乡建设，2009（4）.

［27］黄燕芬，唐将伟. 福利体制理论视阈下英国住房保障政策研究［J］. 价格理论与实践，2018（2）.

［28］贾康，张晓云. 我国住房保障模式选择与政策优化：政府如何权衡"倒 U 曲线"演变中的机会公平与结果均平？［J］. 财政研究，2012（7）.

［29］解海. 基于过滤理论的中国住房保障政策研究［D］. 哈尔滨：哈尔滨工业大学，2013.

［30］亢舒. 加大保障房供给意义重大［N］. 经济日报，2023 – 11 – 15（006）.

［31］况伟大．中国存在住房支付困难吗？［J］．财贸经济，2010（11）．

［32］李高凯，王瑞芳．艰难启动与初步成效：新中国城镇住房制度的改革［J］．兰州学刊，2020（12）．

［33］李国庆，钟庭军．中国住房制度的历史演进与社会效应［J］．社会学研究，2022，37（4）．

［34］李进涛，孙峻．住房政策变化与市场背景策应：观照英国做法［J］．改革，2013（5）．

［35］李娟．基于政府财政能力的住房保障适度水平研究——以南京市为例［J］．中国房地产金融，2008（1）．

［36］李娜．中国城镇适度住房保障水平研究——以北京市为例［D］．北京：中国人民大学，2006．

［37］李实，佐藤宏，史泰丽，等．中国居民收入分配研究 IV 中国收入差距变动分析［M］．北京：人民出版社，2013．

［38］李雄，袁道平．回顾与反思：我国住房制度改革历程与主要困境［J］．改革与战略，2012，28（10）．

［39］李雅菲，祁怀利．国际视角下保障性住房发展对策研究［J］．住宅与房地产，2023（21）．

［40］李英健．国外公共住房政策演变及其启示——以英国、美国、新加坡为例［J］．城市住宅，2021，28（4）．

［41］李正图，杨维刚，马立政．中国城镇住房制度改革四十年［J］．经济理论与经济管理，2018（12）．

［42］利斌．住房公积金之困［J］．中国社会导刊，2006（11）．

［43］廖俊平，高堃．我国经济适用房与美国可支付住宅的政策比较［J］．经济社会体制比较，2007（1）．

［44］列宁选集：第 3 卷［M］．北京：人民出版社，1995．

［45］林志群．中国住宅发展简况［J］．城市规划，1987（6）．

［46］刘定安．新疆农村居民多维住房贫困研究［D］．乌鲁木齐：新疆财经大学，2014．

［47］刘琳．我国城镇住房保障制度研究［M］．北京：中国计划出版社，2011．

［48］刘冉．我国保障房企业公募 REITs 的融资模式发展与探究［J］．市场瞭望，2023（19）．

[49] 柳德荣, 柳琪. 美国财产税制度设计及其启示 [J]. 经济体制改革, 2011 (6).

[50] 吕萍, 邱骏, 丁富军, 等. 住房属性困境、产权残缺与住房制度改革——基于中国住房政策演变和调整讨论 [J]. 公共管理与政策评论, 2021, 10 (5).

[51] 吕萍. 中国城乡住房保障与住房市场——城镇化背景下的困境与出路 [M]. 北京: 中国人民大学出版社, 2020.

[52] 罗楚亮, 王亚柯. 城镇居民的住房贫困: 基于 2000 年与 2005 年人口调查数据的经验研究 [J]. 经济学动态, 2013 (9).

[53] 马克思, 恩格斯. 马克思恩格斯选集 (第二卷) [M]. 北京: 人民出版社, 2012.

[54] 马庆林. 日本住宅建设计划及其借鉴意义 [J]. 国际城市规划, 2012, 27 (4).

[55] 毛泽东文集: 第 6 卷 [M]. 北京: 人民出版社, 1999.

[56] 穆虹. "十二五" 期间住房保障投资的重点和难点 [J]. 行政管理改革, 2011 (9).

[57] 穆怀中. 社会保障适度水平研究 [J]. 经济研究, 1997 (2).

[58] 穆怀中. 社会保障水平发展曲线研究 [J]. 人口研究杂志, 2003, 27 (2).

[59] 倪虹. 国外住房发展报告 第 1 辑 2013 [M]. 北京: 中国建筑工业出版社, 2013.

[60] 倪虹. 以发展保障性租赁住房为突破口破解大城市住房突出问题 [J]. 行政管理改革, 2021 (9).

[61] 倪志纯, 孙金虎, 裴慧敏. 美国住房保障、监管制度及借鉴 [J]. 宏观经济管理, 2013 (5).

[62] 欧阳华生, 裴育, 余宇新. 我国住房保障适度性水平测算与分析: 一个理论框架 [J]. 上海金融学院学报, 2012 (6).

[63] 潘小娟, 吕洪业, 等. 外国住房保障制度研究 [M]. 北京: 国家行政学院出版社, 2014.

[64] 上海市房地产科学研究院. 上海住房保障体系研究与探索 [M]. 北京: 人民出版社, 2012.

[65] 上海市房地产科学研究院. "十二五" 后期上海住房保障发展态势

和相关政策研究 [Z]. 2014.

[66] 申明锐, 罗震东. 英格兰保障性住房的发展及其对中国的启示 [J]. 国际城市规划, 2012, 27 (4).

[67] 石忆邵. 中国"城市病"的测度指标体系及其实证分析 [J]. 经济地理, 2014 (10).

[68] 宋伟轩. 大城市保障性住房空间布局的社会问题与治理途径 [J]. 城市发展研究, 2011 (8).

[69] 孙斌栋, 刘学良. 美国混合居住政策及其效应的研究述评——兼论对我国经济适用房和廉租房规划建设的启示 [J]. 城市规划学刊, 2009 (1).

[70] 孙斌艺. 德国住房保障制度的发展及对我国的借鉴意义 [J]. 上海房地, 2023 (5).

[71] 汤勃, 张炯. 国外住房保障制度之比较研究 [J]. 法制与社会, 2011 (9).

[72] 唐钧. 确定中国城镇贫困线方法的探讨 [J]. 社会学研究, 1997 (2).

[73] 唐黎标. 英国住房保障制度的启示 [J]. 中国房地产金融, 2007 (7).

[74] 万玲妮. 公共租赁住房保障对象甄别指标研究 [D]. 武汉: 中南财经政法大学, 2020.

[75] 汪川, 张明进. 房地产市场调控政策: 国际比较和中国对策 [J]. 国际金融, 2022 (7).

[76] 汪洁. 新中国 60 年城镇住房保障发展的历程及启示 [J]. 理论导刊, 2012 (2).

[77] 王德强, 张灿迎. 德国社会住房制度对中国发展保障性租赁住房的启示 [J]. 城乡建设, 2023 (2).

[78] 王健. 经济全球化条件下中国政府在制度变迁中的作用研究 [D]. 武汉: 武汉大学.

[79] 王蒙徽. 补齐农村贫困人口住房安全短板为全面建成小康社会提供有力支撑 [J]. 人类居住, 2021 (1).

[80] 王旺平. 中国城镇住房政策体系研究 [D]. 天津: 南开大学, 2014.

[81] 王一, 张尚武. 法国《社会团结与城市更新法》对中国保障性住房建设的启示 [J]. 国际城市规划, 2015, 30 (1).

[82] 韦庭学. 贫困定义的伦理转向及其得失 [J]. 文史哲, 2022 (6).

[83] 魏丽艳. 新时代租购并举住房保障制度的实施路径 [J]. 中国行政

管理，2022（5）．

［84］文时萍．住房贫困问题是中国城市化的核心问题——基于中国如何跨越"中等收入陷阱"的思考［J］．重庆交通大学学报（社会科学版），2014（1）．

［85］吴福象，姜凤珍．租售比、房价收入比与房地产市场调控——基于区际差异化市场比较的实证分析［J］．当代财经，2012（6）．

［86］吴志宇．我国农村多元化住房保障体系构建探析［J］．现代经济探讨，2012（5）．

［87］武妍捷，牛渊．住房保障对象范围界定及机制构建研究［J］．经济问题，2018（3）．

［88］习近平．习近平谈治国理政［M］．北京：外文出版社，2014．

［89］习近平．习近平谈治国理政（第二卷）［M］．北京：外文出版社，2017．

［90］习近平．习近平谈治国理政（第四卷）［M］．北京：外文出版社，2022．

［91］谢丹．中国公租房与新加坡组屋制度的比较研究［J］．上海房地，2023（8）．

［92］许家云，郭娟娟．房价上涨是否导致了外资企业撤离［J］．世界经济研究，2022（6）．

［93］薛德升，苏迪德，李俊夫，等．德国住房保障体系及其对我国的启示［J］．国际城市规划，2012，27（4）．

［94］严荣．地方政府集中建设保障房的行为逻辑［J］．同济大学学报（社会科学），2015（2）．

［95］阎明．发达国家住房政策的演变及其对我国的启示［J］．东岳论丛，2007（4）．

［96］杨宏山．政策执行的路径——激励分析框架：以住房保障政策为例［J］．政治学研究，2014（1）．

［97］杨同利，冯鸿雁，刘长滨，等．住房消费支出的国际比较［J］．建筑经济，2000（12）．

［98］杨阳．住房保障财政支出国际比较与借鉴［J］．地方财政研究，2009（7）．

［99］杨瑛．借鉴德国经验加快建设以公租房为主的住房保障体系［J］．城市发展研究，2014（2）．

［100］姚玲珍，刘霞，王芳．中国特色城镇住房保障体系研究［M］．北京：经济科学出版社，2017．

［101］姚玲珍．中国公共住房政策模式研究［M］．上海：上海财经大学出版社，2009．

［102］易宪容．论住房市场的内在本质、功能边界与价格走势［J］．江海学刊（南京），2012（3）．

［103］尹世洪．当前中国城市贫困问题［M］．南昌：江西人民出版社，1998．

［104］尹永钦，杨峥晖．巨变（1978年-2004年中国经济改革历程）［M］．北京：当代世界出版社，2004．

［105］余南平．欧洲社会模式——以欧洲住房政策和住房市场为视角［M］．上海：华东师范大学出版社，2009．

［106］虞晓芬，傅剑，林国栋．社会组织参与住房保障的模式创新与制度保障——英国住房协会的运作经验与借鉴［J］．城市发展研究，2017，24（1）．

［107］虞晓芬．构建"向下有托底、向上有通道"的大城市住房保障供给体系［J］．探索与争鸣，2023（4）．

［108］虞晓芬，金细簪，陈多长．共有产权住房的理论与实践［M］．北京：经济科学出版社，2015．

［109］曾国安，胡晶晶．论中国城镇住房保障体系改革和发展的基本思路与目标构架［J］．江汉论坛，2011（2）．

［110］张丽凤．中国城镇住房制度变迁中政府行为目标的逻辑演进（1949-2008）［D］．沈阳：辽宁大学，2011．

［111］张清勇．房价收入比的起源、算法与应用：基于文献的讨论［J］．财贸经济，2011（12）．

［112］张清勇．中国住房保障百年：回顾与展望［J］．财贸经济，2014（4）．

［113］张锐．我国政府住房保障支出水平分析［J］．山西财经大学学报，2007（S1）．

［114］张跃松，肖雪．新西兰公共住房实践：创新与启示［J］．工程管理学报，2015，29（4）．

［115］张运书．日本住房保障制度的法理分析与借鉴［J］．现代经济探讨，2011（6）．

［116］郑思齐，张英杰．"十二五"期间保障房建设如何"保障"：基于

地方政府策略选择的分析 [J]. 探索与争鸣, 2013 (4).

[117] 郑筱津, 尹稚, 何艳玲, 等. 以人民为中心的新型城镇化 [J]. 城市规划, 2023, 47 (12).

[118] 中国发展研究基金会. 中国城镇化进程中的住房保障问题研究 [M]. 北京: 中国发展出版社, 2013.

[119] 中国李大钊研究会. 李大钊全集: 第4卷 [M]. 北京: 人民出版社, 2013.

[120] 中华人民共和国国家统计局, 中华人民共和国民政部. 中国灾情报告: 1949~1995 [M]. 中国统计出版社, 1995.

[121] 周怀康, 张莉, 刘善仕. 城市房价与企业间高技能人才流动——基于在线简历大数据的实证研究 [J]. 金融研究, 2023 (5).

[122] 周江. 保障房融资可发债券 [J]. 中国经济报告, 2013 (5).

[123] 周冉. 住房保障制度国际比较 [J]. 社会福利 (理论版), 2020 (7).

[124] 朱亚鹏. 中国住房保障政策分析——社会政策视角 [J]. 公共行政评论, 2008, 1 (4).

[125] 邹永华. 中国保障性住房政策: 范式转型与效果评估 [M]. 北京: 科学出版社, 2023.

[126] Angel, S., Mayo, K. "ASEAN Urban Housing Sector Performance." In T. McGee and I. Robinson (eds.), The Mega-Urban Regions of Southeast Asia. Vancouver: UBC Press, 1996.

[127] Barlow, J., Duncan, S. Success and Failure in Housing Provision: European Systems Compared, 1994.

[128] Donnison, D. V. The government of housing, 1967.

[129] Greve, Carsten; Flinders, Matthew; van Thiel, Sandra. Quangos——What's in a Name? Defining Quangos from a Comparative Perspective [J]. Governance, 1999, 12 (2).

[130] Henk J. ter Bogt. A Transaction Cost Approach to the Autonomization of Government Organizations: A Political Transaction Cost Framework Confronted with Six Cases of Autonomization in the Netherlands [J]. European Journal of Law and Economics, 2003, 16 (2).

[131] HooD, C.. A Public Management for All Seasons? [J]. Public Administration, 1991, 69 (1).

[132] James G. March and Johan P. Olson. Organizing Political Life: What Administrative Reorganization Tells Us about Government [J]. The American Political Science Review, 1983, 77 (2).

[133] Jensen, M. "Affordability Indicators." In Vliet, W., (ed.), Encyclo pedia of Housing. Thousand Oaks: Sage, 1998.

[134] Lee. P., Murie, A. "The Price of Social Exclusion.", National Federation of Housing Association (London), 1995.

[135] Moe, Terry M.. The New Economics of Organization [J]. American Journal of Political Science, 1984, 28 (4).

[136] Pigou A. C. The Economics of Welfare [M]. London: Macmillan, 1929.

[137] Room, Graham. Poverty in Europe: competing paradigms of analysis [J]. Policy and Politics, 1995, 23 (2).

[138] Williamson, Oliver E.. The Economics of Organization: The Transaction Cost Approach [J]. The American Journal of Sociology, 1981, 87 (3).